事业单位财务会计管理及应用

韩旭敏　王晓菲　闫　平◎著

经济日报出版社

北　京

图书在版编目(CIP)数据

事业单位财务会计管理及应用 / 韩旭敏,王晓菲,
闫平著. -- 北京:经济日报出版社,2025.1.
ISBN 978-7-5196-1521-5

Ⅰ. F234.4

中国国家版本馆CIP数据核字第 2024V36L46 号

事业单位财务会计管理及应用

SHIYE DANWEI CAIWU KUAIJI GUANLI JI YINGYONG

韩旭敏　王晓菲　闫 平 著

出版发行: 经济日报 出版社

地　　址:北京市西城区白纸坊东街 2 号院 6 号楼

邮　　编:100054

经　　销:全国各地新华书店

印　　刷:北京印刷集团有限责任公司

开　　本:710mm×1000mm　1/16

印　　张:18.25

字　　数:288 千字

版　　次:2025 年 1 月第 1 版

印　　次:2025 年 1 月第 1 次

定　　价:58.00元

前　言

随着社会的进步和经济的发展，事业单位在其管理过程中面临着越来越复杂的财务会计问题。财务管理是事业单位管理中的重要组成部分，通过有效的财务管理，事业单位能准确把握自身的财务状况，进行科学决策、合理规划，最终实现长期可持续的发展。

本书首先对事业单位财务会计管理进行概述，其次对会计要素收入、支出、资产、负债、净资产的基本理论和实务操作进行讲解，同时阐述财务报告与分析的基本理论、编制方法等，本书还对事业单位财务会计管理的新技术应用、不同事业单位财务管理的实践研究等进行论述，将财务会计理论、制度规定、实务处理方法融合在一起，并选用实例加以说明，以贴近工作实际。

本书结构严谨，内容翔实，注重理论，突出实用，具有较强的专业性，希望通过本书能够为事业单位财务会计管理的理论研究和实践应用提供一些有益的参考和指导，帮助读者更好地了解和应用财务管理的知识，促进事业单位财务会计管理水平的提升。同时，我们也希望通过本书，引起更多人对事业单位财务管理的重视和关注，推动事业单位财务管理在实践中的不断创新和发展。

在本书写作的过程中，笔者参考和借鉴了事业单位财务管理相关的研究成果及期刊、著作、论文等，在此对相关作者表示诚挚的感谢。由于笔者的学识和经验有限，书中难免会有疏漏和不足之处，恳请各位专家学者与广大读者批评指正。

韩旭敏　王晓菲　闫平

2023 年 12 月

目 录 ↘

第一章　事业单位财务会计管理总论 ·················· 1

　　第一节　什么是事业单位 ·················· 1

　　第二节　事业单位会计概述 ·················· 4

　　第三节　事业单位财务管理基础 ·················· 20

　　第四节　事业单位财务管理与会计核算提质增效发展 ·················· 31

第二章　事业单位收入的核算与管理 ·················· 38

　　第一节　事业单位收入概述 ·················· 38

　　第二节　事业单位收入的核算 ·················· 43

　　第三节　事业单位收入的管理 ·················· 58

第三章　事业单位支出的核算与管理 ·················· 67

　　第一节　事业单位支出概述 ·················· 67

　　第二节　事业单位支出的核算 ·················· 69

　　第三节　事业单位支出的管理 ·················· 80

第四章　事业单位资产的核算与管理 ·················· 93

　　第一节　事业单位资产概述 ·················· 93

　　第二节　事业单位资产的核算 ·················· 96

　　第三节　事业单位资产的管理 ·················· 159

第五章　事业单位负债的核算与管理 ·················· 177

　　第一节　事业单位负债概述 ·················· 177

第二节　事业单位负债的核算 …………………………… 179

第三节　事业单位负债的管理 …………………………… 201

第六章　事业单位净资产的核算与管理 …………………… 208

第一节　事业单位净资产概述 …………………………… 208

第二节　事业单位净资产的核算 ………………………… 210

第三节　事业单位净资产的管理 ………………………… 228

第七章　不同事业单位财务管理的实践研究 ………… 241

第一节　科研事业单位财务管理及其水平提升 ………… 241

第二节　业财融合下高校财务管理的转型升级 ………… 245

第三节　医疗事业单位财务管理中的财务共享实践 ……… 256

参考文献 …………………………………………………… 264

附　录 ……………………………………………………… 269

第一章

事业单位财务会计管理总论

第一节　什么是事业单位

一、事业单位的含义

事业单位是指国家为了社会公益目的，由国家机关举办或者其他组织利用国有资产举办的，从事教育、科技、文化、卫生等活动的社会服务组织。

事业单位一般要接受国家行政机关的领导，要有其组织或机构的表现形式，要成为法人实体。从目前情况来看，事业单位绝大部分由国家出资建立，大多为行政单位的下属机构，也有一部分由民间建立，或由企业集团建立。

我国的事业单位在功能上对应国外的是非营利组织（NPO）、非政府组织（NGO）。国外的这些组织是社会自治组织，而在我国，事业单位和政府的关系比较密切。这种不同点，有的是社会制度不同造成的，有的是由于我国的社会自治能力不足造成的。

二、事业单位的分类

事业单位分类改革按照政事分开、事企分开和管办分离的要求，以促进公益事业发展为目的，以科学分类为基础，以深化体制机制改革为核心，实行事业单位分类改革，将现有事业单位划分为三个类别：对承担行政职能的，逐步将其行政职能划归行政机构或转为行政机构；对从事生产经营活动的，逐步将其转为企业；对从事公益服务的，继续将其保留在事业单位序列，并强化其公益属性。

根据职责任务、服务对象和资源配置方式等情况，将从事公益服务的事业单位细分为两类：承担义务教育、基础性科研、公共文化、公共卫生及基层的基本医疗服务等基本公益服务，不能或不宜由市场配置资源的，划入公益一类；承担高等教育、非营利医疗等公益服务，可部分由市场配置资源的，划入公益二类。具体由各地结合实际研究确定。下面据此展开分析。

（一）公益一类事业单位

公益一类事业单位是严格以公益为宗旨，专门从事社会公共服务的非营利性机构。它们在国家行政管理部门正式登记注册，以法律形式确立了其社会地位和服务职责。这类单位的核心服务领域包括义务教育、基础性科研、公共文化服务、公共卫生服务以及基层医疗服务等，这些都是社会运转不可或缺的基础服务。由于这些服务不能或不宜由市场来配置资源，因此公益一类事业单位扮演了关键角色。

具体来说，像公共图书馆提供阅读资源、档案馆保存历史记录、博物馆和纪念馆展示文化和历史、疾病预防控制中心负责公共卫生安全等，都是公益一类事业单位的重要职责。它们不参与经营活动，所有经费由国家财政全额拨款，确保服务的无偿性和普遍性。在管理上，这类单位的机构编制受到严格控制，服务质量和社会效益是其首要考虑，确保公共资源的最优配置和社会福祉的最大化。

（二）公益二类事业单位

公益二类事业单位同样是致力于社会公益服务的组织，但它们的服务方式更为灵活。这类单位可以根据政府确定的公益服务价格收取一定费用，其资源在一定区域或特定条件下可以通过市场进行配置。这种灵活性使得公益二类事业单位在提供公共服务时能够更高效地利用资源，并更好地满足社会的多样化需求。

公益二类事业单位的服务领域广泛，包括高等教育、专业医疗服务、文化体育活动、科研设计以及社会福利服务等。与公益一类不同，公益二类事业单位的经费来源更加多元化，除了财政拨款外，还包括社会资本投入和单位自身的经营收入。这种经费结构使得它们在完成公益任务的同时，也能依法开展相关经营活动，实现公益与效益的双赢。

在管理监督方面，公益二类事业单位虽然享有一定的税收优惠和财政支持，但政府对其的监管主要集中在服务质量和价格上。这种管理方式既保证了公益服务的品质，又给予了单位更多的自主权和灵活性，有助于激发其创新活力和提升服务效率。

三、事业单位的特征

（一）事业单位的基本特征

1. 依法设立

事业单位的设立，应区分不同情况由法定审批机关批准、依法登记，或者依照法律规定直接进行法人登记。

2. 从事公益服务

事业单位从事的是教育、科技、文化、卫生等涉及人民群众公共利益的服务活动，一般不履行行政管理职能。

3. 不以盈利为目的

事业单位一般不从事生产经营活动，经费来源有的需要财政完全保证，有的可通过从事一些经批准的服务活动取得部分收入，但取得的收入只能用于事业单位的再发展，不得用于管理层和职员分红等。

4. 社会组织

事业单位是组织机构而不是个人，有自己的名称、组织机构和场所，有与其业务活动相适应的从业人员和经费来源，能够独立承担民事责任。

（二）事业单位的功能特征

1. 服务性

服务性是事业单位最基本、最鲜明的特征。事业单位主要分布在教育、科技、文化、卫生等领域，是保障国家政治、经济、文化生活正常进行的社会服务支持系统。

2. 公益性

公益性是由事业单位的社会功能和市场经济体制的要求决定的。在一些领域，某些产品或服务，如教育、卫生、基础研究、市政管理等，不能或无法由市场来提供，要由政府组织、管理或者委托社会公共服务机构从事社会公共产品的生产，以满足社会发展和公众的需求。

3. 知识密集性

绝大多数事业单位是以脑力劳动为主体的知识密集型组织，专业人才是事业单位的主要构成人员。利用科技文化知识为社会各方面提供服务是事业单位的主要手段。

第二节　事业单位会计概述

一、事业单位会计的概念、特点与要素

（一）事业单位会计的概念

事业单位会计是以货币为主要计量单位，用于确认、计量、记录和报告各类事业单位财务收支活动及其受托责任履行情况的专业会计。其组织系统分为主管会计单位、二级会计单位和基层会计单位。凡是向同级财政部门领报经费关系，下面有所属会计单位的，为主管会计单位；凡是向主管会计单位或上级单位领报经费并发生预算管理关系，下面有所属会计单位的，为二级会计单位；凡是向上级单位领报经费并发生预算管理关系，下面没有所属会计单位的，为基层会计单位。以上三级会计单位实行独立会计核算，负责组织管理本部门、本单位的全部会计工作。不具备独立核算条件、实行单据报账制度的单位为报销单位。

（二）事业单位会计的特点

第一，事业单位会计核算一般采用收付实现制，部分经济业务或者事项采用权责发生制核算的，由财政部在会计制度中规定。

第二，事业单位会计核算目标是向会计信息使用者提供与事业单位财务状况、事业成果、预算执行等有关的会计信息。

第三，事业单位各项财产物资应按照取得或购建时的实际成本进行计量，除国家另有规定外，事业单位不得自行调整其账面价值。

第四，事业单位采用双分录会计处理方法，即同时反映单位财务状况与预算执行情况。

（三）事业单位会计的要素

会计要素是对会计对象的基本分类，是会计对象的具体化。会计要素也是会计报表的构成要素，是财务报告的基本内容。《事业单位会计准则》第十条规定，"事业单位会计要素包括资产、负债、净资产、收入、支出或者费用"。

1. 资产

资产是指事业单位占有或者使用的能以货币计量的经济资源，包括各种财产、债权和其他权利。事业单位的资产按照流动性，分为流动资产和非流动资产。

2. 负债

负债是指事业单位所承担的能以货币计量，需要以资产或者劳务偿还的债务。事业单位的负债按照流动性，分为流动负债和非流动负债。

3. 净资产

净资产是指事业单位资产扣除负债后的余额。事业单位的净资产包括事业基金、非流动资产基金、专用基金、财政补助结转结余、非财政补助结转结余等。

4. 收入

收入是指事业单位开展业务及其他活动依法取得的非偿还性资金。事业单位的收入包括财政补助收入、事业收入、上级补助收入、附属单位上缴收入、经营收入和其他收入等。

5. 支出或者费用

支出或者费用是指事业单位开展业务及其他活动发生的资金耗费和损失。事业单位的支出或者费用包括事业支出、对附属单位补助支出、上缴上级支出、经营支出和其他支出等。

二、事业单位会计的目标与确认基础

（一）事业单位会计的目标

《事业单位会计准则》第四条规定："事业单位会计核算的目标是向会计信息使用者提供与事业单位财务状况、事业成果、预算执行等有关的会计信息，反映事业单位受托责任的履行情况，有助于会计信息使用者进行社会管理、作出经济决策。"事业单位会计应当满足单位财务、预算、资产、成本等方面管理的需要，促使事业单位的财务状况、事业成果、预算执行情况得到全面、真实、合理的反映。

事业单位会计信息使用者包括政府及其有关部门、举办（上级）单位、债权人、事业单位自身和其他利益相关者。各利益相关者对财务信息需求各有侧重，他们通过分析相关信息，对事业单位活动进行评价和预测。事业单位财务信息使用者对信息需求的主要目的不是作出经济决策，而是评价事业单位受托责任的履行情况。

（二）事业单位会计目标的转变

近年来，我国国民经济不断发展，为事业单位发展提供了十分有利的条件。财务管理在整个事业单位的管理体系中占据了不可替代的重要位置，做好事业单位的财务管理工作，不仅可以做到资金的合理有效利用、节约生产与运行成本，还能保障事业单位各部门工作的正常稳定运转，助力事业单位实现科学健康、长效有序地发展。因此，事业单位财务管理工作任重而道远。在日常的工作中，需要顺应社会与单位的发展，发现财务管理工作中存在的难点与问题，科学调整财务管理内容和目标，不断探索事业单位财务管理的新思路、新方法、新路径。

1. 事业单位财务管理目标转变中的困难与挑战

（1）财务管理创新理念相对滞后

长期以来，事业单位的财务管理工作相较于社会营利性单位而言，是较为朴素和简单的，一般都是依据国家和地方现有相关财务管理制度的规定，进行各项费用的收入和支出工作，简言之就是"依章办事"。虽然大部分财务工作都有相对固定的流程，但是随着事业单位日常事务量的逐渐加大，精细化、规范化管理要求的日益增多，大量的程序化财务工作消耗着财务人员的大量精力，财务人员很少有集中的时间进行财务管理业务能力提升培训与学习，即便有经常性的碎片化业务知识学习，但是学习内容不系统、不连贯，无法做到常态化学习。财务管理人员虽然有专业的业务能力，但是财务管理理念相对陈旧，创新意识不强，害怕创新、排斥创新，担心做出改变会出现错误，一定程度上降低了事业单位财务管理工作效率。

（2）财务管理整体效率相对迟缓

目前，在国家相关政策的支持下，很多事业单位的硬件条件有着显著的改善和提升，但是财务管理制度没有完全跟上事业单位发展的步伐。一方面，沿用以往的财务预算管理模式，执行原有的财务管理相关制度，或者没有经过科学研究和规划，在原有的财务管理制度上进行简单调整后形成所谓的新的管理制度，工作效率相对较低，各方面工作进程也相对迟缓。另一方面，部分事业单位财务管理信息化水平不高，财务工作人员已经适应了传统的财会工作方式，思维模式极易固化，面对新的计算机管理软件、各种财务管理小程序等，不能熟练掌握与使用。而财务部门也缺乏业务能力强、信息化水平高的计算机专业人才，即便新引进计算机专业人才，但是由于其非财会专业，即便岗前接受财务管理方面的专业化培训，也很难快速适应和满足财务管理岗位需要。

2. 事业单位财务管理目标转变的现实意义及主要方向

（1）打破传统思维束缚是事业单位财务管理的必经之路

目前，大部分事业单位的建设发展资金来源于国家财政收入、事业收入、其他收入等。很多事业单位也在主动摆脱传统管理思维束缚，积极主动与社会各类相关专业企业合作，比如一些职业院校，通过校企联合以及工学结合等方式来找寻多种融资渠道的市场化办学模式，由原本相对封闭式的管理模式逐步转变为科学开放式的合作发展模式，而其中转型的关键就在于促进管理目标的转变。特别是在当前的社会环境中，传统的财务管理思维模式已经不能满足现有的事业单位可持续发展的要求，必须通过改革与创新来实现事业单位的可持续发展，保障单位各项活动能够由单一化向多元化方向发展，财务管理目标转型成了各大事业单位发展的必经之路。

（2）财务管理制度改革是事业单位发展的重要保障

科学的财务管理制度是财务工作正常运行的重要保障，落后的财务管理制度是财务工作停滞不前的重要枷锁。在信息化高速发展的时代背景下，外部社会环境瞬息万变，内部管理制度也应与时俱进，切不可固守老思想、老传统、老方法。实现经济效益最大化、提高财务管理效率、财务管理制度化改革与转变是事业单位可持续发展的重要基石。财务管理目标内容应根据发展实际进行调整，与之对应的财务管理制度也应适应事业单位的全新发展环境与发展趋势。

（3）财务管理目标转型是财务管理改革的重要内容

财务管理作为事业单位工作中的核心保障，必须具备与之相匹配的财务服务能力与财务管理水平，这样既能极大地提高事业单位工作效率，也能很好地为其他管理工作的顺利开展提供便利。因此，广大事业单位须坚决落实《中共中央关于坚持和完善中国特色社会主义制度 推进国家治理体系和治理能力现代化若干重大问题的决定》和《财政部关于全面推进行政事业单位内部控制建设的指导意见》（财会〔2015〕24号）的精神，建立有效的内控管理体系，提高内部管理水平，加强廉政风险防控机制建设。另外，还应科学做好可持续发展的财务管理目标转型，加大对现阶段短期、中期及长期财务工作的重视程度，解放思想、立足现在、放眼未来，全力配合和保障事业单位高速、健康、稳定发展。

3. 事业单位财务管理目标转变的实现路径

事业单位财务管理目标的转变是一个动态的发展过程，衡量财务管理目标转变是否有效包括两大标准：一是事业单位社会服务质量是否得到保障和提升，二是事业单位内部管理质量和工作效率是否稳步提高。研究者主要从以下几个方面提出事业单位财务管理目标转变的实现路径：

（1）解放思想格局多元，积极促进财务管理理念创新

事业单位财务管理目标的转变，首要是财务管理理念的创新，只有改变因循守旧的惰性思想，才能打开局面产生积极创新、不断改革的内动力。首先，事业单位的财务管理工作，与社会各级各类企业单位不同，不仅涉及专业的财务管理方面，还涉及社会服务方面。因此，财务管理工作理念应以提升事业单位社会服务质量为根本出发点，财务管理目标定位和主要旋律不可偏移。其次，认清事业单位财务管理目标需要由原有的单一化向多元化发展的现实，构建资金来源渠道多样化、资金使用流向高效化、资金流动过程透明化、项目投资风险缩小化等多元化格局。再次，明确财务管理与事业单位稳定发展之间在本质上属于一种利益关系问题，这就需要财务管理人员形成正确的利益观念，处理好事业单位与工作人员的利益关系，为财务管理工作目标转型的顺利开展奠定坚实基础。最后，积极加强与兄弟单位之间的联系，深入开展财务管理经验交流，主动了解财务管理创新理念发展动态，促进整个财务管理团队创新理念提升。

（2）主动学习财务管理知识，稳步推进财务管理工作效率提升

事业单位财务管理工作的现实执行者是该单位的财务工作人员，工作效率提升的主要发力点在于人员的管理、制度的保障、技术的支持等。笔者重点从以下几个方面进行阐述：一是财务管理工作效率的提升，需要有科学的财务管理制度作为保障，加强对事业单位资金管理、绩效管理、内部审计等一系列制度的科学设定和完善，上下联动、工作协同，事业单位各部门都能熟悉财务管理相关制度，专人专员负责与财务管理部门对接相关工作，整体财务管理工作效率才会提升。二是建立健全财务管理绩效考核评价体系，从财务管理服务质量、资金往来账项管理、会计核算质量、税务管理控制、固定资产管理等多维度制定考核和激励目标，深度挖掘财务管理工作人员潜能，积极调动工作人员的积极性、主动性、创造性，最大限度地提升财务管理工作效率。三是带领团队主动学习财务管理知识，严格执行国家相关纪律、政策法规，遵守单位规章制度，明确会计岗位职责，依法管理，依规审批，持续推进预算管理、内控管理等工作。不断学习最

新的财务管理科学理念，加强财务管理工作人员专业技能和业务知识的培训。

（3）科学加强预算一体化建设，促进内控体系不断完善

事业单位财务管理目标转变离不开信息化技术的支撑，事业单位发展不仅要做到整体规划，还应做好财务管理工作从传统的管理方式向科技化管理方式转型。而财务管理信息化技术的目的是由职能型财务向服务型财务转变，即从传统的财务部门核算管理为主，转变为财务资源的综合管理，实现财务服务管理的转型。

第一，财务管理由局部性管理向全局性管理转变。财务部门须站在促进事业单位全面发展的角度上对各类工作事务进行合理安排，对各类财务事务展开统筹规划，从以前的局部财务核算管理向全局性的资金管理转变。要做到全局性资金管理，就需要严格按照内控管理制度、预决算制度、财务管理制度等要求，依托一体化系统，规范进行项目审批，透明公开工作流程，高效实现数据共享，避免重复性劳动耗费精力、财力。

第二，加强预算一体化管理系统建设，实现对资产管理控制的动态长效反馈。由原来的事后监督向事前、事中、事后全方位监督转变。在传统财务管理中，往往是在事后进行财务监督，预算一体化管理系统建成后，能够真正实现对事中的财务资金进行有效监管和形成动态长效管理机制。同时为确保系统的正常运行，还应当分阶段地开展各环节衔接工作，确保各类财务数据信息能够平稳过渡，提高对系统化财务建设工作的重视度，保证各项功能都能够更好地融入新系统。

第三，统一预算一体化管理标准，引进专业技术人才。事业单位财务工作人员不仅需要掌握过硬的专业财务知识，还应积极学习信息化管理技术手段，引进"计算机+财务管理"综合素养相对较高的复合型人才，确保财务数据信息结构清晰有序。通过标准化信息编码设立统一财务系统信息库，保障系统运行的安全性和准确性，辅助财务信息管理工作，共同保障事业单位财务管理目标的转型和发展。

（三）事业单位会计的确认基础

《事业单位会计准则》第九条规定："事业单位会计核算一般采用收付实现

制；部分经济业务或者事项采用权责发生制核算的，由财政部在会计制度中具体规定。行业事业单位的会计核算采用权责发生制的，由财政部在相关会计制度中规定。"事业单位会计的确认基础充分体现了事业单位会计目标兼顾预算管理与财务管理、受托责任与决策有用的要求。

1. 会计确认基础的含义

会计确认是将发生的会计事项归于特定的会计要素及相应账户的过程。事业单位发生一项特定的业务或会计事项，必须首先经过会计确认，才能进行后续的会计计量、会计记录和会计报告等过程。会计确认的内容包括会计要素确认和会计确认基础两个层次。会计要素的确认，是将发生的会计事项，按会计规范的要求，确认为资产、负债、净资产、收入和支出（费用）等会计要素。每一项会计要素均有其含义和确认条件，事业单位发生的业务或会计事项只有符合会计要素的定义及满足规定的条件，才能被确认为相应的会计要素。

会计确认基础是解决何时确认的问题，在发生的会计事项被确认为特定的会计要素后，需要确定其记入相应会计账户的时间。会计确认基础对事业单位会计报告有着较大的影响，不同确认基础下的会计信息有着不同的含义。事业单位会计应当根据会计目标的要求和会计规范的规定，合理选择会计确认基础。

2. 会计确认基础的种类

会计确认基础主要包括收付实现制和权责发生制，也存在介于二者之间的修正的收付实现制或修正的权责发生制。

第一，收付实现制确认基础，也称为收付实现原则、收付实现制，是以实际收到或付出款项为确认本期收入和本期费用的标准。按照收付实现制，收入和支出（或费用）的归属期间，将与现金收支行为的发生与否紧密地联系在一起。只要实际发生了现金收支，即可在发生时确认收入和支出（或费用），而不考虑与现金收支行为相连的经济业务在实质上是否发生。

第二，权责发生制确认基础，也称为应收应付制，是以应收应付为标准，来记录收入的实现和支出（费用）的发生的。按照权责发生制，凡属本期已获得的收入，不管是否已收到现款，均作为本期的收入处理；凡属本期应负担的支出（费用），不管是否付出了现款，都作为本期的支出（费用）处理。

第三，修正的收付实现制或修正的权责发生制，也称为"双基础"，是收付实现制和权责发生制的结合。在这种确认制度下，并不采用单一的收付实现制或权责发生制，而是有些会计事项采用收付实现制，而另一些会计事项采用权责发生制。根据修正程度的不同，分为修正的收付实现制和修正的权责发生制。修正的收付实现制是以收付实现制为基础，特定的会计事项采用权责发生制。修正的权责发生制是以权责发生制为基础，特定的会计事项采用收付实现制。

每一种会计确认基础均有其特点。收付实现制确认基础可以如实地反映会计主体的现金流量，收入和支出（费用）与实际的现金收支保持一致；权责发生制确认基础可以如实地反映归属于会计期间的收入和支出（费用），便于计算财务成果及业绩评价；修正的收付实现制或修正的权责发生制是两种确认基础的结合，兼有两种确认基础的特点。

3. 事业单位会计确认基础的选择

事业单位会计同时存在两种会计确认基础，有些业务采用收付实现制确认，有些业务则采用权责发生制确认。会计制度对会计确认基础的选择进行了具体的规定。

第一，普通事业单位的会计核算以收付实现制为主要确认基础，部分经济业务或事项可以采用权责发生制基础确认。《事业单位会计制度》第四条规定："事业单位会计核算一般采用收付实现制，但部分经济业务或者事项的核算应当按照本制度的规定采用权责发生制。"《事业单位会计制度》中规定采用权责发生制基础确认的事项主要有两项：一是事业单位年终注销未完成实际支付的直接额度和未下达的授权额度时，可以确认本年度的财政补助收入；二是事业单位的经营类业务，要求合理配比一定期间内的收入与费用，一般采用权责发生制基础确认各项收入和费用。

第二，行业事业单位的会计核算，应当根据行业会计制度的要求选择会计确认基础。多数行业事业单位根据成本核算和绩效管理的需要，采用权责发生制作为确认基础。例如，《医院会计制度》规定，"医院会计采用权责发生制作为核算基础"。

三、事业单位会计准则与会计制度

我国现行事业单位会计核算规范体系由《事业单位会计准则》《事业单位会计制度》以及一系列行业事业单位会计制度，如《高等学校会计制度》《医院财务制度》《基层医疗卫生机构财务制度》《中小学校财务制度》《科学事业单位财务制度》等组成。其中，《事业单位会计准则》居统驭地位，即《事业单位会计制度》以及一系列行业事业单位会计制度的内容都应当遵守《事业单位会计准则》的规定。

（一）事业单位会计准则

为了适应社会主义市场经济体制和社会事业发展的需要，规范事业单位会计核算行为，强化事业单位会计的管理与监督职能，财政部制定了新的《事业单位会计准则》。该准则自2013年1月1日起施行。该准则共分为9章49项条款，分别对制定事业单位会计准则的目的、适用范围、核算范围及对象、遵循的基本前提、记账方法和记录使用的文字进行了规范。《事业单位会计准则》中规定的会计信息质量要求包括真实性原则、相关性原则、可比性原则、一致性原则、及时性原则、明晰性原则等。对事业单位各会计要素进行了界定，并规范了确认、计量及账务处理原则，规范了会计报表的内容及编制要求。

（二）事业单位会计制度

为了规范事业单位的会计核算，保证会计信息质量，根据《中华人民共和国会计法》《事业单位会计准则》和《事业单位财务规则》（见附录），制定《事业单位会计制度》。该制度共包括5个部分，对会计制度的适用范围、事业单位的会计组织系统、科目的使用规范等做了详细的说明。对事业单位适用的会计科目及使用说明进行了介绍。对各科目的核算内容和使用方法进行了规范。需要注意的是，《事业单位会计制度》代表了除医院外其他事业单位会计核算的通用方法，现行《医院会计制度》确立了权责发生制的总体会计核算原则。

1. 事业单位会计制度的结构

《事业单位会计制度》详细规定了会计科目使用及财务报表编制，较为全面地规范了事业单位经济业务或者事项的确认、计量、记录和报告方法，为事业单位会计核算的操作提供了指引。

《事业单位会计制度》包括五部分内容：第一部分为总说明，明确了事业单位会计制度的适用范围，界定了事业单位的会计要素和确认基础，提出了会计科目运用、财务报表编制的要求；第二部分为会计科目名称和编号，以会计科目表的形式列出了事业单位会计科目的序号、编号和名称；第三部分为会计科目使用说明，详细说明了事业单位各会计科目的核算内容、明细科目设置和主要账务处理方法；第四部分为会计报表格式，规范了事业单位会计报表的编号、名称、编制日期和表格式样；第五部分为财务报表编制说明，明确了会计报表各栏目、项目的内容和填列方法。

2. 事业单位会计制度的适用范围

所有事业单位均须执行《事业单位会计准则》，事业单位应当根据行业属性选择执行《事业单位会计制度》、相关的行业事业单位会计制度或者其他规范。一般来说，《事业单位会计制度》适用于普通事业单位，不适用于特殊行业事业单位、实行企业化管理的事业单位和参照公务员法管理的事业单位。具体规定如下：

第一，《事业单位会计制度》适用于普通事业单位。普通事业单位与行业事业单位相对应，主要包括行政支持类事业单位、公益类事业单位等。这些事业单位的公益性较强，以财政补助为主要收入来源，需要加强预算管理。

第二，《事业单位会计制度》不适用于执行行业会计制度的事业单位。如果事业单位所处的行业存在国家统一规定的行业事业单位会计制度，则该事业单位适用特定的行业事业单位会计制度。没有国家统一规定的特定行业事业单位会计制度的事业单位，都适用《事业单位会计制度》。

第三，纳入企业财务管理体系的事业单位，执行企业会计准则或小企业会计准则，不执行《事业单位会计制度》。我国有些事业单位，生产经营业务较多，采用企业化管理方法，并逐步向企业组织转变。这些单位尽管属于事业单位，但执行企业会计的有关规范。纳入企业财务管理体系的主要是事业单位附属独立核算的生产经营单位、事业单位经营的接受外单位要求投资回报的项目，以及经主管部门和财政部门批准的具备条件的其他事业单位。

四、事业单位会计信息的质量要求

为保证事业单位会计信息质量，《事业单位会计准则》对事业单位会计信息质量进行了规定，主要包括：

（一）可靠性

事业单位应当以实际发生的经济业务或者事项为依据进行会计核算，如实地反映各项会计要素的情况和结果，保证会计信息真实可靠。

（二）全面性

事业单位应当将发生的各项经济业务或者事项统一纳入会计核算，确保会计信息能够全面反映事业单位的财务状况、事业成果、预算执行等情况。

（三）及时性

事业单位对于已经发生的经济业务或者事项，应当及时进行会计核算，不得提前或者延后。

（四）可比性

同一事业单位不同时期发生的相同或者相似的经济业务或者事项，应当采用一致的会计政策，不得随意变更。确需变更的，应当将变更的内容、理由和对单位财务状况及事业成果的影响在附注中予以说明。同类事业单位中不同单位发生的相同或者相似的经济业务或者事项，应当采用统一的会计政策，确保同类单位会计信息口径一致，相互可比。

（五）相关性

事业单位提供的会计信息应当与事业单位受托责任履行情况的反映、会计信息使用者的管理、决策需要等相关，有助于会计信息使用者对事业单位过去、现在或者未来的情况进行评价或者预测。

（六）明晰性

事业单位提供的会计信息应当清晰明了，便于会计信息使用者理解和使用。

五、事业单位会计的计量方法

（一）会计计量属性

会计计量是以货币形式确定会计要素的价值数量。在进行会计确认后，需要按会计计量属性进行计量，确认其金额。会计计量是会计核算的重要环节，对于正确反映各会计要素的价值有着重要的意义。会计计量存在着许多方法，不同方法下的计量结果表现为不同的计量属性，不同的计量属性会使相同的会计要素表现为不同的货币数量。

（二）会计计量属性的种类

会计计量属性一般包括历史成本、重置成本、可变现净值、现值和公允价值等。根据《企业会计准则——基本准则》，资产的计量属性主要包括历史成本、重置成本、现值、公允价值和名义金额。负债的计量属性主要包括历史成本、现值和公允价值。在政府会计体系中，没有适用可变现净值的经济业务或事项。

不同的计量属性存在着不同的特点，有着不同的适用范围。历史成本通常反映的是资产或者负债过去的价值，而重置成本、现值以及公允价值是与历史成本相对应的计量属性，通常反映的是资产或者负债的现时成本或者现时价值。

（三）事业单位会计计量方法的选择

事业单位会计以历史成本为主要计量方法，少量事项采用历史成本以外的计量方法。《事业单位会计准则》第二十二条规定，"事业单位的资产应当按照取得时的实际成本进行计量。除国家另有规定外，事业单位不得自行调整其账面价值"；第二十八条规定，"事业单位的负债应当按照合同金额或实际发生额进行计量"。会计制度对会计计量方法的选择作出了具体的规定。

1. 初始计量

以支付对价的方式取得的资产，应当按照取得资产时支付的现金或者现金等价物的金额，或者按照取得资产时所付出的非货币性资产的评估价值等金额计量。取得资产时没有支付对价的，其计量金额应当按照有关凭据注明的金额加上相关税费、运输费等确定；没有相关凭据的，其计量金额比照同类或类似资产的市场价格加上相关税费、运输费等确定；没有相关凭据、同类或类似资产的市场价格也无法可靠取得的，所取得的资产应当按照名义金额入账，名义金额一般为人民币1元。事业单位应当在会计报表附注中披露以名义金额计量的资产情况。

2. 后续计量

事业单位资产的后续计量主要包括固定资产的折旧和无形资产的摊销，事业单位应当根据会计制度、财务制度的规定，选择是否计提固定资产折旧和无形资产摊销。计提固定资产折旧和无形资产摊销，可以反映资产因使用中的消耗而发生的价值减少，从而真实体现资产价值，兼顾事业单位预算管理和财务管理的需求。《事业单位会计制度》第五条规定，"事业单位应当按照《事业单位财务规则》或相关财务制度的规定确定是否对固定资产计提折旧、对无形资产进行摊销"。行业事业单位会计制度、财务制度一般要求计提固定资产折旧和无形资产摊销，例如，《医院财务制度》第四十七条规定，"医院原则上应当根据固定资产性质，在预计使用年限内，采用平均年限法或工作量法计提折旧"。

根据《事业单位会计准则》和《事业单位会计制度》，事业单位应当在坚持以历史成本为主要计量属性的同时，适当引入其他计量属性。针对事业单位接受捐赠、无偿调入等以不支付对价的方式取得资产较多的现状，规定其价值如果不能可靠计量则以名义金额入账。允许事业单位计提固定资产折旧和无形资产摊销，创新性地引入了固定资产折旧和无形资产摊销的"虚提"模式，兼顾了预算管理和财务管理的双重需要。

六、事业单位会计记录

（一）会计记录

会计记录是进行了会计确认与会计计量后，通过一定的记账方法，登记总账与明细账的过程。会计记录是会计确认与计量的结果，也是编制会计报表的基础。会计记录是会计核算中的一个重要环节，发生的业务或事项在进行了会计确认与计量后，必须在会计账户中进行记录。会计确认和计量只是解决了发生的经济交易或事项能否记入以及何时记入相应的会计账户的问题，而会计确认和计量的结果必须以适当的方式在会计账户中加以记录、核算，形成系统、连续、全面以及综合的会计核算数据资料，并编制成财务报表，形成有用的会计信息。

会计记录包括会计事项的发生、原始凭证的取得、记账凭证的制作、会计账簿的登记等一系列过程，按照一定的方法与程序进行。会计记录方法，主要包括设置账户、复式记账、填制和审核凭证、登记账簿等。事业单位应当采用借贷记账法记账。

事业单位会计为兼顾预算管理与财务管理的需要，对部分与预算收支相关的资产采用了"双分录"的核算方法，即对发生的某项业务或事项同时进行两项记录，一个侧重确认所形成的资产，另一个侧重确认所发生的预算支出。采用"双分录"核算方法的资产主要是非流动资产，包括固定资产、在建工程、对外投资和无形资产。

（二）事业单位通用会计科目

《事业单位会计制度》中规定的会计科目是各级各类事业单位的通用会计科目，是总账会计科目。由于事业单位的范围较广，不同类别的事业单位的业务有其特殊性，因此，国家在通用会计制度的基础上，又划分了教育、卫生、科研等类事业单位，分别制定了《高等学校会计制度》《医院财务制度》《科学事业单位会计制度》。各单位应根据其业务的内容和繁简程度，选择合适的总账科目，并据此设置总账。

1. 事业单位会计科目

根据现行《事业单位会计制度》的规定，各级各类事业单位的通用会计科目见表1-1。

表 1-1　事业单位的通用会计科目

序号	编号	科目编号	序号	编号	科目编号
一、资产类			26	2305	其他应付款
1	1001	库存现金	27	2401	长期借款
2	1002	银行存款	28	2402	长期应付款
3	1011	零余额账户用款额度	三、净资产类		
4	1101	短期投资	29	3001	事业基金
5	1201	财政应返还额度	30	3101	非流动资产基金
6	1211	应收票据	31	3201	专用基金
7	1212	应收账款	32	3301	财政补助结转
8	1213	预付账款	33	3302	财政补助结余
9	1215	其他应收款	34	3401	非财政补助结转
10	1301	存货	35	3402	事业结余
11	1401	长期投资	36	3403	经营结余
12	1501	固定资产	37	3404	非财政补助结余分配
13	1502	累计折旧	四、收入类		
14	1511	在建工程	38	4001	财政补助收入
15	1601	无形资产	39	4101	事业收入
16	1602	累计摊销	40	4201	上级补助收入
17	1701	待处置资产损溢	41	4301	附属单位上缴收入
二、负债类			42	4401	经营收入
18	2001	短期借款	43	4501	其他收入
19	2101	应缴税费	五、支出类		
20	2102	应缴国库款	44	5001	事业支出
21	2103	应缴财政专户款	45	5101	上缴上级支出
22	2201	应付职工薪酬	46	5201	对附属单位补助支出
23	2301	应付票据	47	5301	经营支出
24	2302	应付账款	48	5401	其他支出
25	2303	预收账款			

2. 事业单位会计科目的使用要求

第一，事业单位应当按照本制度的规定设置和使用会计科目。在不影响会计处理和编制财务报表的前提下，可以根据实际情况自行增设、减少或合并某些明细科目。

第二，本制度统一规定会计科目的编号，以便于填制会计凭证、登记账簿、查阅账目，实行会计信息化管理。事业单位不得打乱重编。

第三，事业单位在填制会计凭证、登记会计账簿时，应当填列会计科目的名称，或者同时填列会计科目的名称和编号，不得只填列科目编号、不填列科目名称。

第三节　事业单位财务管理基础

一、事业单位财务管理的含义

事业单位是行使国家赋予的一定权力、具有一定的政府职能、管理社会公共事务的组织机构。事业单位财务是客观存在于财政、主管部门、事业单位业务工作和经营活动中的资金运动及其所体现的国家与单位、单位与单位以及单位内部的经济关系，它是事业管理的重要内容。事业单位财务管理必须与事业的发展相适应。

财务管理是一个动态的概念，不同时期有不同的时代特征与时代要求。在新的条件下，事业单位进行财务管理，要与时俱进，结合实际，包含科学、依法、成效等新内涵。

事业单位财务管理是指事业单位按照国家有关部门的方针、政策、法规和财务制度的规定，有计划地筹集、分配和运用资金，对事业单位的业务活动进行核算、财务监督与控制，以保证事业计划及任务的全面完成，是事业单位基于行使职能的过程中客观存在的财务活动和财务关系，是单位组织财务活动、处理与各方面财务关系的一项管理工作。

事业单位加强财务管理，具有以下几方面的作用：

（一）全面反映事业单位以各种形式存在的资产

事业单位无论是以实物形态存在的资产还是以非实物形态存在的资产，都同样具有使用价值和价值，需要予以确认。事业单位财务规则明确了资产的概念，对财务管理作出了比较系统、明确的规定，规范和加强事业单位对外投资管理，使事业单位以各种形态存在的资产得到全面的反映，将有利于事业单位加强对资产的全方位管理，更好地发挥资产的作用和效益。

（二）提高事业单位资金效益，强化资金管理

实行会计集中核算后，实体单位的财政资金集中在会计核算中心的单一账户上，有利于财政部门对资金加强统一调度和管理，提高资金使用效益。同时，通过实行会计集中核算，全方位、全过程掌握和监督各事业单位每笔资金的流向。

（三）促进事业单位职能的健康和谐

事业单位要发挥职能，就需要资金，资金如何预算、如何使用，都离不开财务管理。财务部门在实施控制和监督过程中，发现问题并及时反馈给决策者，帮助其改进，以保证职能的顺利发挥。

（四）有效控制事业单位支出

财务部门严格执行财务制度及有效的支出约束机制，预算编制坚持"以收定支、收支平衡、统筹兼顾、保证重点"的原则，合理、科学地安排收支。

（五）健全事业单位财务管理制度

财务部门根据本单位的业务特点、管理要求、资金运动、人员配置等，充分体现本单位的特点，制定规范、合理、人性化的制度，做到有章可循。强化会计监督，减少和杜绝违规、违纪行为的发生。

二、事业单位财务管理的特征

(一) 政策性强

事业单位的资金来源主要依靠财政拨款,其支出是一种无法通过自我资金循环和周转补偿的消耗性支出。因此,事业单位资金的筹集、运用和管理方式都带有很强的政策性。事业单位财务是国家有关方针政策的体现,它的一收一支都直接关系到国家政治、文化建设和群众的切身利益以及事业单位计划的实现。因此,事业单位在办理各项收支业务时,要严格执行有关的收支范围和收支标准,严格执行各项财务规章制度及财经纪律。

(二) 以预算管理为中心

预算管理是指单位为了实现确定的经济目标或者管理目标,利用预算编制、预算执行和预算考核等手段进行的相关财务活动。预算管理是公共组织管理的核心和基础,也是事业单位财务管理的中心。对于事业单位而言,其进行预算管理活动的目的是合理、适时地向社会提供公共产品以及服务而实行的有组织、有计划的管理活动。单位针对预算的管理主要从预算的编制和预算的执行两个方面进行。通过实施预算管理,在发生耗费或者支出最小的情况下,实现事业单位的社会职能。预算管理活动的有效实施对单位目标的实现产生重要的影响,合理科学地实施预算管理可以帮助单位实现资源优化配置,对于单位各项管理制度的实施和综合管理水平的提高有着重要的帮助。

(三) 财务类型不同,管理办法多样

事业单位种类多,业务特点各不相同,财务收支状况也有很大差别。为了适应这些特点,国家对不同类型的单位实行了不同的财务管理办法。在财务制度上,制定了《行政单位财务规则》和适用于各类事业单位的《事业单位财务规则》,同时还制定了分行业的事业单位财务制度。在拨款的形式和数额上,根据各类事业单位的不同情况,分别实行不同的供应资金方式。在内部财务管理上,

事业单位还要根据各自财务管理的不同要求，在执行国家统一的财务制度的前提下，制定各单位内部实行的财务管理办法。

（四）财务管理体系比较简单

体系比较简单最主要的原因是事业单位资金来源单一，主要是财政拨款。虽然事业单位随着体制改革的深入，更多地面向市场、参与市场竞争，也越来越多地吸收了社会资金，但财政拨款和补贴仍然是现阶段绝大多数事业单位的主要资金渠道。这种单一的资金来源，管理事项少、难度小，且资金提供者并不追逐所提供的资金获得的经济收益，资金管理采用会计集中核算，并执行财政预算为主的财务核算体系，做好预算编制、执行与评估以及内部控制、财务监督等重点内容即可，财务管理体系相对比较简单。

（五）兼顾效率和公平

财务管理的本质是提高资金效率，实现价值增值。虽然事业单位开展业务活动的目的是执行或提供社会管理和公益职能，没有直接的经济目的，但同样需要讲求效率，追求费用最低化、回报最高化以及正的净现值等目标。只有这样，才能充分利用公共资源，为社会提供更好的公共服务。当然，事业单位的效率目标可能会与组织的其他目标产生矛盾。因此，在确定财务管理目标、进行财务决策时要兼顾效率和公平。

三、事业单位财务管理的内容

（一）预算管理

事业单位预算资金管理是指行政单位根据行政事业活动计划和任务编制的年度财务收支计划。事业单位属于非物质生产部门，是非营利性组织以实现社会效益为宗旨，向社会提供生产性或生活性服务，其资金来源大多直接或间接来自纳税人及其他出资者，力求做到收支平衡。事业单位的性质及资金来源和支出渠道，决定了其资金管理目标及地位的特殊性。预算管理是对事业单位进行财务监管所使用的主要手段，通过预算编制可以提高组织对未来事务的预见性、计划性，规范组织财务收支活动。预算审批特别是政府部门的公共预算审批，实质上是民主参与公共资源分配决策，提高财务透明度的一种形式，是对事业单位财务活动的一种事前控制。

事业单位预算由收入预算和支出预算组成，包括短期的现金收支预算，长期的资本支出和长期的资金筹措。具体来讲，事业单位由于其特殊性质，预算的内容主要包括以下方面：收入预算，包括财政拨款、财政补助收入、上级补助收入、事业收入、经营收入、附属单位上缴收入和其他收入；支出预算，包括事业支出、经营支出、对附属单位补助支出和上缴上级支出。支出预算按其性质可以细分为：维持单位管理和服务工作正常进行所需的日常经费，包括人员经费和公用经费，即经费预算；单位专项业务活动所需的业务事业费，包括各部门的部门业务费和单位总体业务工作活动费，即业务预算；对下属单位的专项补助；上缴上级的支出。

事业单位的整个预算体系均应有相应完善的预算管理组织机构，相应的授权、分权、资金监控，预算调整审批制度和程序。财务预算管理应定期对照预算指标，及时总结预算执行情况、计划差异、分析原因、提出改进措施、协调各方关系，有计划、有步骤地将单位的长期战略规划、短期策略和发展方向进行有机结合并予以具体化。

（二）收入与支出管理

收入一般是指事业单位为开展业务活动和完成公共任务依法获取的非偿还性资金。支出一般是指事业单位为开展业务活动和完成公共任务发生的各项资金耗费与设施。事业单位的收入大多是靠公共权力强制获得，支出与收益也不存在明显的配比关系。因此，财务管理应更加关注组织收入与支出活动，合理确定收入规模，规范收入来源，优化收入结构，正确界定公共支出范围，规范支出活动，建立合理的理财制度。事业单位收支财务管理制度一般包括以下几个方面。

1. 内部控制制度

在事业单位内部科学设置职务和岗位，使不相容的职务和岗位分离，形成部门和人员间相互牵制、相互监督的机制，防范在收支活动中资金流失、被侵占、挪用、转移和贪污等问题的发生。

2. 财务收支审批制度

建立健全事业单位财务审批制度是部门财务管理工作的关键环节，只有这样，才能保证组织收支的规范化。

3. 内部稽核制度

要建立内部监督审查制度，定期对组织资金的收支情况进行监督审查，及时发现问题，防止资金管理方面出现漏洞。

（三）成本管理

虽然事业单位的主要目的是为公众利益服务的，但并不是不讲成本与效益问题。成本管理应包括以下内容：

1. 综合成本计算

寻找成本驱动因素，按驱动率分配管理费用，并归集到相应的职能、规划、项目和任务中，以便在资源成本率、资源用途、成本和业绩之间构建联系，从而明确各自的责任。

2. 活动分析和成本趋势分析

对政府项目和流程进行分析，寻找较低成本的项目和能减少执行特定任务的成本途径。

3. 目标成本管理

即恰当地制定和公正地实施支出上限，合理控制业务成本。

4. 将成本同绩效管理目标联系起来

实施绩效预算和业绩计量。

（四）债务管理

债务是指以事业单位为主体所承担的需要以公共资源偿还的债务。从财务管理角度实施事业单位债务管理的主要内容有以下几方面。

第一，建立财务风险评估体系，合理控制负债规模，降低债务风险。事业单位为解决资金短缺或扩大业务规模等问题，可以适度举债。

第二，建立偿债准备金制度，避免债务危机。

第三，建立科学的核算制度，全面、系统地反映事业单位债务状况。

（五）资产管理

资产是事业单位提供公共产品和服务的基本物质保障。资产管理的主要内容如下：

第一，编制资产预算表。事业单位在编制预算的同时应编制资产预算表，说明组织资产存量及其使用状况，新增资产的用途、预期效果等，以便于预算审核部门全面了解组织资产状况，对资产配置作出科学决策。

第二，建立健全资产登记、验收、保管、领用、维护、处置等规章制度，防止资产流失。

第三，建立公共资产共享制度，提高公共资产的利用效果。

第四，完善资产核算和信息披露，全面反映事业单位的资产信息。

四、事业单位财务管理的目标与任务

（一）事业单位财务管理的目标

事业单位是以实现社会公益而不是以追逐利润最大化为宗旨的非营利性组织，其财务管理目标应服从于组织宗旨，具体体现在以下三个层次：

1. 保障公共资源的安全完整

保障公共资源的安全完整是财务管理的初级目标，即通过科学编制预算，统筹安排、节约使用各项资金，建立健全事业单位的内部控制制度，加强资产管理，保障预算的严格执行，防止资产流失和无效投资。

2. 提高资源使用效率

提高资源使用效率是财务管理的中级目标，即通过绩效管理、成本控制、资产管理等手段，帮助事业单位科学决策，合理配置使用资源，注重资源的投入产出分析，提高资源的使用效率。

3. 实现效率与公平的统一

实现效率与公平的统一是财务管理的高级目标，即通过财务管理活动，帮助单位科学有效地组织分配财务资源，为社会公众提供更好的公共产品和服务，实现"效率"与"公平"的统一。

（二）事业单位财务管理的任务

事业单位财务管理的任务是依法筹集并合理有效地使用资金，对事业单位的各项财务活动实施有效的综合管理。

第一，加强事业单位预算管理，保证各项事业计划和工作任务的完成。根据国家规定，实事求是、科学合理地编制单位预算，并严格执行审批后的预算，做好预算管理工作。

第二，加强收支管理，提高资金使用效率。组织增收节支，合理安排资金，有效使用资金。

第三，加强资产管理，防止国有资产流失。贯彻"统一领导，分工管理，层层负责，合理调配，管用结合，物尽其用"的原则，防止资产闲置。

第四，建立健全财务制度，实现事业单位财务管理的规范化和法治化。根据财政部门及上级主管部门制定的财务制度，在本单位领导的直接领导下，建立内部财务制度，健全财会机构，切实搞好核算管理、计划管理等各项工作。

第五，按规定及时编报决算，如实反映事业单位财务状况。在规定的时间内，真实、完整地编报决算，是行政事业单位财务管理的重要任务。

第六，加强财务分析与财务监督，保证事业单位各项活动的合理性与合法性。建立一套符合本单位特点的财务分析体系，运用各种分析方法，对财务活动进行全面分析，提出改进意见和措施。财政部门、主管部门和单位领导要科学地运用各种监督手段，对各项财务活动的合法性、合理性、真实性及财会资料的准确性、完整性等进行监督。

五、事业单位财务管理的原则与方法

(一) 事业单位财务管理的原则

事业单位财务管理的原则与企业财务管理的原则不同，这主要是由事业单位的性质决定的。企业是自筹资金进行经营活动，而事业单位多是靠国家拨款（补助），企业经营的目的是获得利润，事业单位的目的并不在于获利，而是为了完成行政任务和事业计划。事业单位财务管理的基本原则如下：

1. 依法管理原则

依法管理是事业单位财务管理应遵循的最基本的原则。在全面协调、统一的前提下，依照相关法律、法规，按照管理资产与管理资金相结合、使用资金与管理资金相结合、管理责任与管理权限相结合的要求，实行各级、各部门共同承担责任的财务管理模式，以调动全体员工管理的积极性，将各项管理措施落到实处、务求有效。

2. 现金收支平衡原则

在财务管理中，要求在业务活动过程中做到现金收入（流入）与现金支出（流出）在数量上、时间上达到动态平衡。

3. 突出重点原则

管理主体可以根据财务管理的全面情况，根据重要程度和紧迫程度进行排列组合。对于多数单位而言，在各个发展时期，全面、系统地查找财务管理过程中存在的问题是有效开展财务管理工作的首要前提，必须综合分析影响财务管理的各种内、外环境要素。在财务管理过程中，及时发现哪些是需要马上解决的、需要着重考虑的，哪些是可以暂缓的、不需要投入大量精力的，从而找出解决问题的途径和办法。

4. 前瞻性原则

财务管理要基于单位的发展战略，根据发展战略制定、实施、评价和优化的实际情况，合理制订计划，紧扣发展走向，卓有成效地开展相关活动。从目标层面上看，财务管理主要是为保证单位持续、健康发展提供有价值的财务信息，这些信息大致分为判断导向和发展导向两种类型，判断导向的评价强调的重点是过去的绩效，为判断哪些方面应该纠正和如何有效地衡量已实施的财务管理提供基础。而发展导向的评价更多关注的是改进未来的绩效，确保绩效预期清晰明确，识别通过相关评价的基本方法，一方面修正和调整财务管理的基本内容；另一方面改进现有管理的方式和方略，进而提高管理绩效和水平。

5. 适应性、可操作性原则

适应性是一项制度的生命。制度的制定必须结合单位实际，不能照搬硬抄《中华人民共和国会计法》（以下简称《会计法》）、《事业单位会计制度》或其他单位的管理方法和管理模式，要与单位其他管理制度相衔接。内部财务制度的条文在表述上应尽量通俗易懂，操作方便，并与日常会计核算的实务紧密联系；要按单位实际情况对有关内容、程序、权限等作出明确规定，使单位会计流程中的各个环节都有章可循、规范有序。

6. 监督性原则

对每项重要经济业务都要安排事前、事中、事后的控制方式，便于及时掌握和归集所需要的信息。对会计账目列示方式、财务报告的披露方式要进行具体详尽的规定。

（二）事业单位财务管理的方法

财务管理方法，简单地说就是财务人员用来进行资金运动管理的各种技术方法的集合。具体而言，财务管理方法是财务管理人员针对业务目标，借助经济数学和电子计算机的手段，运用运筹论、系统论和信息论的方法，结合财务管理活动的具体情况，对资金的筹集、资金的投入、成本费用的形成等管理活动进行财务预测、财务决策、财务控制、财务计量、财务分析、财务报告和财务监督的技术，它是财务人员完成既定财务管理任务的主要手段。

一般来说，财务管理方法可分为定性方法和定量方法两种类型。

定性方法是指依靠个人主观经验、逻辑思维和直观材料进行分析、判断，开展管理活动的方法。常用的方法有个人判断法、集合意见法、德尔菲法（专家调查法）、市场调查法。定量方法是运用数学方法，通过预测模型进行计算来得到预测结果的方法。

定性和定量这两种方法在财务管理过程中都不可缺少、不可偏废。但长期以来，我们侧重于采用定性方法，而忽视了定量方法。其实，定量方法和定性方法一起构成了财务方法体系，而且在这个体系中定量方法占据了重要地位。

1. 财务预测与决策方法

财务预测与决策是进一步强化财务管理的前提，在财务管理体系中居于核心地位。

财务预测是指在现有财务资料的基础上，估计未来财务状况及财务指标，主要有因素分析法、比例法、期末余额法、直接计算法、量本利分析法等预测方法。

财务决策是在财务预测的基础上进行的，它依据财务预测资料及其他相关信息，决定实施方案和财务目标，主要有优选对比法、数学微分法、线性规划法、概率和树形决策法、图表和损益决策法、综合平衡法等方法。

2. 财务预算与计划方法

财务预算是在计划期内预计业务经营成果、现金收支及财务状况的预算，是全面预算管理的一个重要构成部分，也是财务管理工作的一个重要环节。主要有增量预算法、零基预算法。

财务计划是组织财务活动的纲领性方法，主要有余额法、平衡法、定额法等。

3. 财务控制方法

财务控制是在财务管理过程中采取特定的手段影响和调节财务活动，从而确保实现财务目标的一系列方法。一般来说，控制方法有以下三种。

（1）防护性控制（排除干扰法）

在运用这种控制方法前，须制定一系列诸如内控制度的配套制度及各种开支标准，消除资金运转过程中可能发生的偏差，充分保证资金的安全、完整性，同时做到努力节约各种费用开支。

（2）前馈性控制（补偿干扰控制）

在掌握大量可靠信息的条件下，通过密切监控并科学预测实际运行系统可能出现的问题，积极采取相关措施控制并消除差异。

（3）反馈控制（平衡偏差控制法）

平衡偏差（平衡实际产生的偏差）的过程可能有一定的滞后，但整体来看影响不大，应当在认真研究实际情况的基础上，分析实际情况与计划相背离的原因，继而采取有效措施调整相关财务活动，消除差异并努力避免以后发生类似现象。

4. 财务分析与考核方法

财务分析是依据财务信息采用特定方法分析和评价财务活动及结果，全面掌握财务指标的完成情况及财务活动的相关规律。常用的财务分析方法有财务比率综合分析法、杜邦分析法、因素综合分析法等。

财务考核是通过比较规定的考核指标与报告期内财务指标实际完成数，从而确定有关责任部门及个人任务完成情况的活动。财务考核形式多样，主要有适合考核某些财务成果指标和固定性费用开支的"指标考核"、适合综合考核多种财务指标的"评分考核"、适合考核在基期基础上要求增减若干数量的财务指标的"指标完成百分比考核"、适合考核有一定变动规律但变动性较大的"相对指标考核"等。

第四节　事业单位财务管理与会计核算提质增效发展

会计制度的不断改革与发展，对事业单位的财务管理与会计核算提出了新的要求，而财务管理和会计核算工作成效势必成为事业单位有效运行的关键因素。但一些事业单位在财务管理工作开展过程中，存在会计机制执行不到位、会计基础工作操作不规范、内控实施不完善等现象，为此，促进事业单位的财务管理与会计核算工作平稳发展，创新财务管理理念、规范单位财务运转等是必要的。

一、财务管理与会计核算之间的关系

（一）会计核算是财务管理的基础

1. 核算结果是管理决策的前提

在实际会计核算中，应做到核算、记账、对账、结账、制表及财务分析等各方面均准确、规范，借助上述财务会计核算前后环节的紧密衔接，为事业单位财务分析提供帮助，避免在财务管理及相关决策上出现误判。

2. 核算及时是管理数据的支撑

及时、准确的会计核算能够为财务管理工作提供科学、翔实的数据信息，对财务管理工作而言，明确时限是其显著特征，不少财务资料都有规定时限，如财务报表、年终结算、纳税申报等，而收入确认、支出和成本费用计量的及时、准确，可避免对当期损益造成影响。在规范的会计核算工作中，财务管理可利用现有财务数据布置相关工作，根据真实反映单位经营成果的财务数据及时发现问题、解决问题，提高事业单位财务管理水平。

（二）财务管理是会计核算结果的运用

1. 财务分析提高财务管理水平

财务报表是会计核算的成果性资料，属于财务的第一手资料，依据财务指标对照年度预算等，有助于财务管理人员对重大事项进行专项说明、分析，并根据单位现有问题提出对应解决方案，提高单位财务管理水平。

2. 审计、稽查规范管理行为

稽查作为单位日常监督手段，对财务核算、税务风险具有规范和防控作用，有助于财务管理效果的提升。审计作为专项工作，通过在审计中监督，在监督中服务，能够有效提升事业单位服务管理水平，并根据单位内外环境的变化，准确把握发展的方向，提升财务管理工作的规范化。

3. 风险排查消除财务管理隐患

在规范收入确认、支出核算、日常稽核等工作的基础上，财务管理工作可根据会计核算结果列出风险排查清单，或者依靠电子稽核工具，梳理核算和管理中存在的问题，逐项检查，逐项整改。立足于会计核算日常实际工作，紧抓潜在风险，包括党风廉政建设、内部管理等，前移财务风险把控关口，利用健全的财务数据实现现有信息共享，做到事业单位财务管理隐患的有效消除。

二、事业单位财务管理与会计核算优化创新路径的实例分析

（一）实例介绍

F 地区某事业服务中心在会计核算方面，采用以预算会计制度为主的会计核算模式，其经费核算按照各项基金分具体项目核算，以各项目发生的收入与支出核算损益，处理各类基金。随着会计制度改革深化，案例单位调整现有会计核算制度，会计核算模式变更为兼顾财务会计与预算会计的核算方式，对核算科目进行细化，但在实际核算工作中，仍存在业务处理方式与方法不到位、机构设置不健全、管理不到位等问题。而在财务管理方面，案例单位与大多数事业单位一样，存在财务管理体系不完善、内控制度不健全、信息整合度不够、注重预算业务管理等问题，从案例单位发展现状分析，多方并重是事业单位未来财务管理发展的方向。

（二）财务管理创新优化

1. 重塑财务管理理念

为保障事业单位财务管理工作高效发展，单位管理层应注重建立科学的财务制度与会计制度，持续重塑、更新管理理念，将单位业务与财务不断融合，秉持意识先行原则，以此倒逼会计核算创新，实现会计核算准确、有效，财务管理高效有序运行，具体策略如下：

（1）增强创新思维

案例单位与大多数事业单位一样，存在部分高层管理人员忽视财务管理与会

计核算工作、财务管理观念老化、对会计核算与财务管理工作内容缺乏了解等问题。为满足事业单位发展诉求，高层管理人员应树立大财务管理的观念，建立财务集中服务创新发展理念，以集中核算、统一制度、统一管理的财务服务中心代替各自独立的"豆腐块财务运算作坊"，从而实现单位人、财、物充分调度，单位资产高效运作，财务管理与单位经营协调发展。同时，高层管理人员应熟练掌握会计核算工作的内容，引入奖惩与竞争管理机制，将会计核算考核工作纳入单位重要管理体系。

（2）基于会计核算加强财务管理意识

为促进事业单位财务管理与会计核算体系的形成，应持续优化管理方式，对单位业务与财务进行全面融合，既有效提升业务的准确性，又促进资金高效运转。同时在实践中将新的财务管理理念运用于对会计核算结果的分析，以促进单位管理效率提升。

（3）人员培训

应针对单位运行特点，经常性地开展会计培训活动，潜移默化地培养工作人员的财会责任意识，实现全员懂核算，全员遵守规则，从而规避职业道德风险。

（4）健全内部核查制度

为实现权责的有序落实，避免矛盾、新问题的出现，应建立健全内部核查制度，完善财务报表与会计核算内容，强化对财务报表的规范性核查。而单位管理层与财会人员要实时调整、创新工作方式，以提高财务报表编制的科学性和合理性，进一步夯实财务管理基础。

2. 完善单位内部控制体系

随着社会的快速发展，财务风险种类越发丰富，为更好开展会计核算、财务管理等工作，还应建立健全单位内部控制体系，具体策略如下：

（1）单独设置内控部门或者指定部门进行内部控制管理

结合事业单位发展现状与需求，为强化对涉及单位资金支出的有关部门或岗位的监督，对单位公务支出等各项支出环节进行监督管理，以此规避财政风险。

（2）建立议事决策机制

借助科学的决策事项规范、表决规则、纪要撰写制度及决策事项监督程序的落实，确保各项财务管理工作建立在单位规章制度与现有法律法规之上。同时明确单位内部重大经济事项内容与范围，重大经济事项实行集体决策，强化各项财务管理工作理论与实践的结合，提高财务内控水平。

3. 强化资产管理与基础财务工作落实

案例单位将会计核算制度调整为兼顾财务会计与预算会计的会计核算模式，但在实际核算工作中，仍注重预算业务管理，事业单位要落实资产管理与基础财务工作，实现财务管理科学化、合规化，需加强资产管理。为保证财产物资安全，事业单位应建立健全资产管理机制，依靠智能化的技术手段，科学利用资产管理系统，不断优化资产管理模式与方法。

单位资产管理应从采购、申请申报、核查及信息化留痕全方位入手，统一固定资产管理和入账口径，资产保管人员应建册立账对短时间未使用的固定资产、借用与归还的资产等进行登记。利用信息数据的可追溯性为后续核算与管理工作提供支持，促进实物与账务账目一一对应。基于此，案例单位应不断优化信息平台系统，促进资产管理规范化，注重基础财务管理工作的落实。以日常财务管理为抓手，梳理财务管理流程，做好原始财务数据记录，根据其重要程度分清主次顺序。同时落实收支专项使用与管理工作，所有收支足额缴存至财政专户，实行统一的监管机制，从源头上解决财务管理问题，避免贪污腐败等不良现象的出现，让成本开支科学化、合理化。

4. 强化风险防控

事业单位要保证财务活动的规范化，还须加强对单位内部各项财务活动的监督与管控，规避人为财务风险，具体策略如下：

（1）提高风险防控意识

单位领导层要熟悉财政政策，当好内控"领头雁"，自觉落实内控制度，并协调相关部门执行相关财务制度。同时加大财务人员业务能力培训力度，如组织财务人员到财政部门或财经院校进行系统的培训学习，或邀请业内专家面对面培训、交流等，从而提升财务人员业务和职业道德素质，为新制度会计体系的顺利落实提供保障。

（2）加强预算审批与执行

严格按照财务制度规定，明确预算审核与预算执行的具体要求。在进行财务预算审核工作时，将重点放在资产购置、项目支出、"三公"经费等管理和审批流程，并以财务管理的具体利益和成果为依据，对后期预算按规定进行调整，确保预算审批与执行合规化。

（3）落实议事决策机制

对单位领导层在重大经济事务中的决策权进行明确设定，大额资金支出、大额项目立项（如50万元以上的项目与开支）等重大经济事务严格执行议事决策机制，召集涉及部门及领导班子召开会议，采取集体研究决定方式处理重大经济事务。

（4）加强内部监督

内控部门应结合单位实际情况，对单位收支、经费支出、资产负债等各项财务活动进行监督。内审部门应加强对公务支出等环节及涉及单位资金支出的部门或岗位进行重点审计和监管，针对单位实际情况，规范财务运作，实现以审计促监督，以监督促服务，从而持续提升单位管理与服务水平。同时，利用电子稽查工具，实时核查财务基础数据、报表事项间勾稽关系等，实现日常监督不中断。

（三）会计核算创新优化

1. 加强单位会计基础工作

为会计核算工作的开展营造良好环境，推动各项工作的有序展开与落实，具体策略如下：一是梳理岗位职责，将会计核算职责准确且精细化地分摊给财务负责人以及具体办事人员，依托权责到位的工作制度消除不良行为，避免核算不规范、违法违纪等行为产生。二是合理设置机构和岗位，事业单位除设置常规的财务部门外，还应设置内审、稽核与监督等部门，明确岗位分工，做到事前、事中、事后均有监督，确保各项经济活动规范运行。三是注重全员职业道德素养的培养，防止部门衔接不畅、信息质量失真或泄露，保障资金使用合法合规，营造良好的工作氛围。

2. 加强经费支出管理

在当今时代背景下，事业单位已经拥有一定的信息化建设水平，如案例单位，目前部分事业单位已经建立财务集中服务中心。为实现财务集中预算，经费统一管理。

首先，事业单位要制定和遵循统一的财务制度和具体标准，落实经费支出制度，及时发现财务数据存在的问题，确保资产安全。

其次，完善并立足会计集中核算角度盘点项目相关存货与资产，建立有效的资产监控机制，及时发现财务数据异常点，严格遵守规章制度，采取对应措施处理问题。另外，在资产处理方面，与科学、合理的奖罚系统相配合，减少管理工作中的一些不必要的环节，从而让财务管理得到更深层次的提升，为后续财务管理、经济决策的制定和实施打下更好的基础。

第二章

事业单位收入的核算与管理

第一节 事业单位收入概述

事业单位收入是指事业单位为开展业务活动，依法取得的非偿还性资金。

一、事业单位收入的特征

（一）为开展业务活动和其他活动而取得

事业单位属于非物质生产部门，一般不直接从事物质资料的生产、交通运输和商品流通活动，不直接创造物质财富，这些单位的主要任务就是按照国家确定的事业发展方针政策和管理职责开展业务活动。由于事业单位从事的业务活动属于满足社会公共需要的范畴，具有公益性和非营利性的特点，所以事业单位开展业务活动所需要的资金，全部或大部分由国家预算进行拨付。

（二）依法取得

事业单位从事业务活动获得的收入，必须符合国家有关法律、法规和规章制度的规定。从财政部门获得的预算资金，必须按照财政预算规定的科目、内容和程序进行申报、审批和领拨。

（三）通过多种渠道、多种方式取得

收入来源的形式和渠道呈多元化趋势，既有财政预算拨款收入（财政补助收

38

入），也有上级补助收入、事业收入、投资收益、利息收入、捐赠收入等。

（四）是非偿还性资金

事业单位取得的各项收入是不需要偿还的，可以按照规定安排用于开展业务活动。行政事业单位取得的需要偿还的资金，包括各种借入款、应付款项和应缴预算资金、应缴财政专户资金等应缴款项，属于负债的范畴，需要偿还债权人和上缴财政，不能作为本单位的收入。

（五）具有支配的自主性

在有关国家规定前提下，单位可以自主决定收入的使用（专项款项除外），可以按照规定将收入用于开展业务活动及其他活动。

二、事业单位收入来源

事业单位收入分为财政补助收入、上级补助收入、事业收入、经营收入、附属单位缴款、其他收入和基本建设拨款收入等。事业单位的收入来源主要有以下三部分。

（一）财政或上级单位拨入资金

拨入资金是事业单位为了完成国家规定的事业计划，按照批准的经费预算和规定的手续，向财政机关和主管会计单位请领经费的行为。

按所拨入款项的性质和管理要求不同可将其分为：财政补助收入、财政专户返还收入和上级补助收入。

1. 财政补助收入

是指事业单位按核定的预算和经费领报关系从财政部门取得的各类事业经费。

2. 财政专户返还收入

是指核算事业单位收到的从财政专户核拨的预算外资金。

3. 上级补助收入

是指事业单位从主管部门和上级单位取得的非财政补助收入。

拨入资金的依据是经过财政部门或主管单位审核批准后的单位预算。事业单位的季度用款计划是各单位拨入资金的具体执行计划，它是单位在核定的年度预算内，按季根据各月实际需要编制的。

拨入资金的管理应当坚持"按计划、按进度、按支出用途和按预算级次拨款"的原则。

拨入专款用于核算事业单位收到财政部门、上级单位或其他单位拨入的有指定用途，并需要单独报账的专项资金。如果拨入的专款不需要单独报账，则不通过本科目核算，而反映到"上级补助收入"科目中。

从专款资金的来源看，既有财政机关拨入的有预算安排的专款资金和上级主管部门拨入的专款资金，也有由业务协作往来单位拨入的专款资金。从专款资金的内容看，一般有科技三项费用专款、大型设备仪器购置费专款、救灾抢险专款、抗震加固专款、专项补助款及其他专款。

专款资金的管理应坚持"专款专用、按实列报、单独核算、专项结报"的原则。

（二）单位自行组织收入款项

收入款项是事业单位在各项业务活动开展过程中自行组织取得的收入，它是事业单位重要的资金来源，是办理各项业务开支的主要财力保证。按单位所组织取得款项的来源和性质不同，可分为事业收入、经营收入和其他收入。

1. 事业收入

事业收入是指事业单位开展专业业务活动及其辅助活动取得的收入。其中，按照国家有关规定应当上缴国库或者财政专户的资金，不计入事业收入；从财政专户核拨给事业单位的资金和经核准不上缴国库或者财政专户的资金，计入事业收入。

2. 经营收入

经营收入是指事业单位在专业业务活动及辅助活动之外开展非独立核算经营

活动取得的收入。

3. 其他收入

事业单位取得的投资收益、利息收入、捐赠收入等应当作为其他收入处理。

(三) 附属单位上缴的资金

附属单位缴款是指事业单位附属的独立核算单位按规定标准或比例缴纳的各项收入。如分成收入、承包利润和管理费等。它是非财政预算资金在上下级单位进行调剂的事项，以解决各种类型事业单位的收支平衡问题，保证各单位各项业务活动的正常开展和进行。

三、事业单位收入管理的要求

(一) 依法取得收入

事业单位收入的取得必须注意其合法性和合理性，必须依据国家的法律、法规、政策规定的收费标准、收费项目取得，并使用符合国家规定的合法票据。各单位应建立健全各项收费管理制度，切实加强收入管理，保证收入的合法性与合理性，充分利用现有条件积极组织收入，提高自我发展能力。

(二) 科学分类管理

事业单位收入来源是多渠道、多形式的，收入可以划分为财政补助收入、上级补助收入、事业收入、经营收入、附属单位上缴收入和其他收入六大类，要注意划清财政补助收入和上级补助收入、事业收入和经营收入、经营收入和附属单位上缴收入等各项收入的界限，实行科学分类管理，依法缴纳各种税费。

(三) 坚持把社会效益放在首位

事业单位是以增进社会福利，满足社会文化、教育、科学、卫生等方面需要，提供各种社会服务的社会组织，不以盈利为直接目的，其工作成果与价值不直接表现或主要不表现为可以估量的物质形态或货币形态。事业单位的实质就是提供公共服务，主要满足社会发展和公众的需求，所追求的首先是社会效益，同时，有些事业单位在保证社会效益的前提下，为实现事业单位的健康发展和社会服务系统的良性循环，根据国家规定向接受服务或购买商品的单位或个人收取一定的费用。要正确处理社会效益和经济效益的关系，在获得社会效益的前提下讲求经济效益。

（四）各项收入全部纳入单位预算

事业单位所有的收入不论是财政拨款还是非财政拨款都要纳入单位预算，统一核算，统一管理。

（五）加强对应缴资金的管理

事业单位对按照规定上缴国库或者财政专户的资金，应当按照国库集中收缴的有关规定及时足额上缴，不得隐瞒、滞留、截留、挪用和坐支。

四、事业单位收入的确认和计量

（一）收入的确认

事业单位收入主要以收付实现制为核算基础来确认其收入，即在收到款项时予以确认，如财政补助收入、上级补助收入、事业收入、附属单位上缴收入和其他收入。

经营收入以权责发生制为核算基础来确认其收入，即单位在提供劳务或发出商品等，同时收讫价款或者取得索取价款的凭据时予以确认。

（二）收入的计量

第一，事业单位收入中的财政补助收入、上级补助收入、事业收入、附属单位上缴收入和其他收入一般按实际收到的金额进行计量。

第二，经营收入按实际或应收的金额进行计量。

第三，取得的收入为实物时，应根据有关凭据确认其价值；没有凭据可供确认其价值的，根据取得时的市场价格确定。

第四，货币资金、存货的溢余和应付款项核销产生的其他收入，按照货币资金、存货实际溢余的金额和应付款项核销金额进行计量。

第二节　事业单位收入的核算

一、财政补助收入的核算

（一）财政补助收入的确认和计量

财政补助收入的确认和计量与财政资金支付方式有关，事业单位在不同资金支付方式下对财政补助收入的确认和计量有所不同。

1. 财政直接支付方式

财政直接支付方式下，事业单位应于收到财政国库支付执行机构委托代理银行转来的财政直接支付入账通知书时确认财政补助收入，按通知书中标明的财政资金支付金额进行计量入账。

2. 财政授权支付方式

财政授权支付方式下，事业单位应于收到零余额账户代理银行转来的财政授权支付额度到账通知书时确认财政补助收入，按通知书标明的用款额度进行计量入账。

3. 财政实拨资金支付方式

财政实拨资金支付方式下，事业单位根据银行进账单中标明的财政补助到账实际金额，确认为财政补助收入金额并进行计量入账。

年末事业单位对尚未使用的预算指标作如下处理：实行财政直接支付方式的，根据本年度财政直接支付预算指标数与财政直接支付实际支出数的差额确认财政补助收入；实行财政授权支付方式的，根据单位本年度财政授权支付预算指标数和财政授权支付额度下达数的差额确认财政补助收入。

（二）财政补助收入的科目设置

为了核算事业单位从同级财政部门取得的各类财政拨款，在收入要素类设立"财政补助收入"总账科目。本科目贷方登记实际收到的财政补助收入数；借方登记财政补助收入的缴回和结转数。期末，将本科目本期发生额转入财政补助结转，期末结账后，本科目应无余额。

本科目应当设置"基本支出"和"项目支出"两个明细科目；两个明细科目下按照《政府收支分类科目》中"支出功能分类"的相关科目进行明细核算；同时在"基本支出"明细科目下按照"人员经费"和"日常公用经费"科目进行明细核算，在"项目支出"明细科目下按照具体项目进行明细核算。

（三）财政补助收入的主要账务处理

1. 财政直接支付方式

第一，财政直接支付方式下，对财政直接支付的支出，事业单位根据财政国库支付执行机构委托代理银行转来的财政直接支付入账通知书及原始凭证，按照通知书中的直接支付入账金额，借记有关科目，贷记本科目。

【例2-1】2023年12月8日，某文化事业单位收到代理银行转来的工资发放明细表，列明本月应发工资180000元、津贴48000元，扣住房公积金3600元、个人所得税5000元。根据财政直接支付入账通知书、代理银行盖章转回的工资发放明细表、税费计算表、住房公积金明细表等，编制会计分录如下：

计算工资时：

借：事业支出——财政补助支出——基本支出（基本工资）180000元

（津贴补贴）48000元

贷：应付职工薪酬——基本工资 176400元

——津贴 48000元

——住房公积金 3600元

实际发放时：

借：应付职工薪酬——基本工资 176400 元

　　　　　　　——津贴 48000 元

　　　　　　　——住房公积金 3600 元

贷：财政补助收入——财政直接支付（基本支出）219400 元

　　其他应付款——住房公积金 3600 元

　　应缴税费——应缴个人所得税 5000 元

实际缴纳住房公积金和个人所得税时：

借：其他应付款——住房公积金 36000 元

　　应缴税费——应缴个人所得税 5000 元

贷：财政补助收入——财政直接支付（基本支出）41000 元

【例 2-2】2023 年 12 月 18 日，某文化事业单位收到财政部门直接支付的小汽车 2 辆，价值为 350000 元。根据财政直接支付入账通知书、购货发票、验收单等，编制会计分录如下：

借：事业支出——财政补助支出——基本支出（设备购置费）350000 元

贷：财政补助收入——财政直接支付（基本支出）350000 元

同时：

借：固定资产——通用设备 350000 元

贷：非流动资产基金——固定资产 350000 元

第二，因购货退回等发生国库直接支付款项退回的，属于本年度支付的款项，按照退回金额，借记本科目，贷记"事业支出""存货"等有关科目；属于以前年度支付的款项，不在本科目核算，按照退回金额，借记"财政应返还额度"科目，贷记"财政补助结转""财政补助结余""存货"等有关科目。

第三，年度终了，根据本年度财政直接支付预算指标数与当年财政直接支付实际支出数的差额，借记"财政应返还额度——财政直接支付"科目，贷记本科目。

2. 财政授权支付方式

第一，财政授权支付方式下，事业单位根据代理银行转来的财政授权支付额度到账通知书，按照通知书中的授权支付额度，借记"零余额账户用款额度"科目，贷记本科目。

【例2-3】2023年12月2日，某文化事业单位收到代理银行转来的财政授权支付额度到账通知书，列明本月事业经费150000元。根据财政授权支付额度到账通知书，编制会计分录如下：

借：零余额账户用款额度150000元

贷：财政补助收入——财政授权支付（基本支出）150000元

第二，年度终了，事业单位本年度财政授权支付预算指标数大于零余额账户用款额度下达数的，根据未下达的用款额度，借记"财政应返还额度——财政授权支付"科目，贷记本科目。

第三，其他方式。其他方式下，实际收到财政补助收入时，按照实际收到的金额，借记"银行存款"等科目，贷记本科目。

【例2-4】2023年12月8日，某文化事业单位（未实行国库集中支付制）按核定的预算和经费领拨关系，收到主管部门拨来的本月经费200000元，款项存入银行。根据季度分月用款计划表、预算拨款单、银行收款业务回单等，编制会计分录如下：

借：银行存款200000元

贷：财政补助收入——基本支出200000元

3. 财政补助收入期末转账

期末，将本科目本期发生额转入财政补助结转，借记本科目，贷记"财政补助结转"科目。

【例2-5】2023年12月31日，某文化事业单位将"财政补助收入"科目的贷方余额1500000元转入财政补助结转。根据期末收支余额表等，编制会计分录如下：

借：财政补助收入1500000元

贷：财政补助结转1500000元

二、上级补助收入的核算

（一）上级补助收入的确认和计量

事业单位根据实际收到的款项即银行进账单中标明的上级补助收入到账金额，确认为上级补助收入，并按实际收到的金额进行计量入账。

（二）上级补助收入的科目设置

为了核算事业单位从主管部门和上级单位取得的非财政补助收入，在收入要素类设置"上级补助收入"总账科目。本科目贷方登记实际收到的非财政补助收入数；借方登记非财政补助收入的缴回和结转数。期末结账后，本科目应无余额。

本科目应当按照发放补助单位、补助项目、《政府收支分类科目》中"支出功能分类"相关科目等进行明细核算。上级补助收入中如有专项资金收入，还应按具体项目进行明细核算。

（三）上级补助收入的主要账务处理

第一，收到上级补助收入时，按照实际收到的金额，借记"银行存款"等科目，贷记本科目。

【例2-6】2023年12月8日，某文化事业单位收到上级单位拨入的非财政性补助资金150000元（其中，专项资金收入100000元），款项存入银行。根据上级拨款单、银行收款业务回单等，编制会计分录如下：

借：银行存款 150000元

贷：上级补助收入——非财政非专项资金收入 50000元

　　　　　　　——非财政专项资金收入 100000元

第二，期末，将本科目本期发生额中的非财政专项资金收入结转入非财政补助结转，借记本科目下各非财政专项资金收入明细科目，贷记"非财政补助结转"科目；将本科目本期发生额中的非财政非专项资金收入结转入事业结余，借记本科目下各非财政非专项资金收入明细科目，贷记"事业结余"科目。

【例2-7】2023年12月31日，某文化事业单位"上级补助收入"科目的贷方余额为350000元（其中，非财政专项资金收入为100000元）。期末结账时应编制会计分录如下：

借：上级补助收入——非财政非专项资金收入 250000 元

贷：事业结余 250000 元

借：上级补助收入——非财政专项资金收入 100000 元

贷：非财政补助结转 100000 元

事业单位从同级财政部门取得的各类财政拨款属于财政补助收入，来源于财政国库的预算资金和财政专户的预算外资金，但不包括从财政专户返还的事业收入和政府对事业单位的基本建设投资。

事业单位从主管部门和上级单位取得的非财政补助收入属于上级补助收入，来源于上级单位的自身组织的收入（事业收入、经营收入）和集中下级单位的收入（附属单位上缴收入）拨给事业单位的资金。属于事业单位的正常业务资金，弥补支大于收的事业单位资金的不足。

所以财政部门通过主管部门或上级单位转拨的财政资金，应作为财政补助收入处理，不能作为上级补助收入。

三、附属单位上缴收入的核算

（一）附属单位上缴收入的确认和计量

事业单位根据附属单位实际上缴的款项即银行进账单中标明的附属单位上缴收入到账金额，确认为附属单位上缴收入，并按实际收到的金额进行计量入账。

（二）附属单位上缴收入的科目设置

为了核算事业单位附属独立核算单位按照有关规定上缴的收入，在收入要素类设置"附属单位上缴收入"总账科目。本科目贷方登记收到附属独立核算单位实际上缴的款项；借方登记退回数和结转数。期末结账后，本科目应无余额。

本科目应当按照附属单位、缴款项目、《政府收支分类科目》中"支出功能分类"相关科目等进行明细核算。

附属单位上缴收入中如有专项资金收入，还应按具体项目进行明细核算。

（三）附属单位上缴收入的主要账务处理

第一，收到附属单位缴来款项时，按照实际收到金额，借记"银行存款"等科目，贷记本科目。

【例2-8】2023年12月3日，某文化事业单位收到所属独立核算的招待所缴来的管理费收入80000元，款项已存入银行。根据收款收据、银行收款业务回单等，编制会计分录如下：

借：银行存款80000元

贷：附属单位上缴收入——招待所利润80000元

【例2-9】2023年12月8日，某文化事业单位收到所属独立核算的研究所缴来A项目的分成收入250000元，款项已存入银行。根据收款收据、银行收款业务回单等，编制会计分录如下：

借：银行存款250000元

贷：附属单位上缴收入——A项目的分成收入250000元

第二，期末，将本科目本期发生额中的非财政专项资金收入结转入非财政补助结转，借记本科目下各非财政专项资金收入明细科目，贷记"非财政补助结转"科目。

期末，将本科目本期发生额中的非财政非专项资金收入结转入事业结余，借记本科目下各非财政非专项资金收入明细科目，贷记"事业结余"科目。

【例2-10】2023年12月31日，某文化事业单位将"附属单位上缴收入"科目余额350000元（其中，非财政专项资金收入为250000元）结转。编制会计分录如下：

借：附属单位上缴收入——非财政非专项资金收入100000元

贷：事业结余100000元

借：附属单位上缴收入——非财政专项资金收入250000元

贷：非财政补助结转 250000 元

四、事业收入的核算

（一）事业收入的确认和计量

1. 事业收入的确认

不实行成本核算的事业单位，事业收入的确认应当在实际收到款项时予以确认。

实行成本核算的事业单位，其事业收入的确认应以单位在提供劳务或发出商品等，同时收讫价款或者取得索取价款的凭据时予以确认，即凡应属于本期的收入，不论是否实际收到，均应作为本期的收入。

事业单位为取得事业收入而发生的折让和折扣，应当相应冲减事业收入。

2. 事业收入的计量

第一，对于以财政专户返还方式管理的事业收入应按实际收到的金额进行计量。

第二，对于不实行成本核算的事业单位取得的事业收入应按实际收到的金额进行计量。

第三，对于实行成本核算的事业单位取得的事业收入按归属于本期实际收到或应收的金额进行计量。

（二）事业收入的科目设置

为了核算事业单位开展专业业务活动及其辅助活动取得的收入，在收入要素类设置"事业收入"总账科目。本科目贷方登记事业单位开展专业业务活动及其辅助活动取得的收入及从财政专户核拨的资金和经核准不上缴国库或者财政专户的资金；借方登记收入减少数。期末，将本科目余额转入事业结余或非财政补助结转，期末结账后，本科目应无余额。

本科目应当按照事业收入类别、项目、《政府收支分类科目》中"支出功能分类"相关科目等进行明细核算。

事业收入中如有专项资金收入，还应按具体项目进行明细核算。

（三）事业收入的主要账务处理

1. 采用财政专户返还方式管理的事业收入主要账务处理

第一，收到应上缴财政专户的事业收入时，按照收到的款项金额，借记"银行存款""库存现金"等科目，贷记"应缴财政专户款"科目。

第二，向财政专户上缴款项时，按照实际上缴的款项金额，借记"应缴财政专户款"科目，贷记"银行存款"等科目。

第三，收到从财政专户返还的事业收入时，按照实际收到的返还金额，借记"银行存款"等科目，贷记本科目。

【例2-11】2023年12月8日，某文化事业单位收到财政部门通过财政专户核拨的资金1200000元，用于房屋的大修。根据财政专户拨款单、银行收款业务回单等，编制会计分录如下：

借：银行存款 1200000元

贷：事业收入——非财政专项资金收入（房屋修缮）1200000元

2. 其他事业收入的主要账务处理

收到事业收入时，按照收到的款项金额，借记"银行存款""库存现金"等科目，贷记本科目。涉及增值税业务的，相关账务处理参照"经营收入"科目。

【例2-12】2023年12月2日，某文化事业单位收到办公室缴来短期培训收入80000元，款项已存入银行。根据收款收据、银行收款业务回单等，编制会计分录如下：

借：银行存款 80000元

贷：事业收入——培训收入 80000元

【例2-13】2023年12月20日，某文化事业单位销售文化产品一批，价款为100000元，增值税销项税额为17000元（假设该单位属于一般纳税人），款项尚未收到。根据产品销售合同、税费计算单等，编制会计分录如下：

借：应收账款 117000元

贷：事业收入——销售收入 100000元

应缴税费——应缴增值税 17000 元

3. 期末结转结余的账务处理

期末，将本科目本期发生额中的非财政专项资金收入结转入非财政补助结转，借记本科目下各非财政专项资金收入明细科目，贷记"非财政补助结转"科目。

期末，将本科目本期发生额中的非财政非专项资金收入结转入事业结余，借记本科目下各非财政非专项资金收入明细科目，贷记"事业结余"科目。

【例 2-14】2023 年 12 月 31 日，某文化事业单位计算出全年实现事业收入 3500000 元，将"事业收入"科目余额（其中，非财政专项资金收入为 1500000 元）结转。编制会计分录如下：

借：事业收入——非财政专项资金收入 1500000 元

贷：非财政补助结转 1500000 元

借：事业收入——非财政非专项资金收入 2500000 元

贷：事业结余 2500000 元

五、经营收入的核算

（一）经营收入的确认和计量

1. 经营收入的确认

事业单位取得的经营收入应当在提供服务或发出存货等，同时收讫价款或者取得索取价款的凭据时，按照实际收到或应收的金额确认收入。

对经营单位来说，经营收入一般以是否需要进行成本核算作为确定采用哪种原则进行核算的主要依据。由于成本核算必须采用权责发生制，否则就无法计算成本，所以需要进行成本核算的经营单位，必须采用权责发生制。无须进行成本核算，而只是以其收入扣除支出即可计算盈亏的经营单位，既可采用权责发生制，也可以采用收付实现制，根据实际需要可任选其一。

2. 经营收入的计量

第一，对于不实行成本核算的事业单位取得的经营收入应按实际收到的金额进行计量。

第二，对于实行成本核算的事业单位取得的经营收入按归属于本期实际收到或应收的金额进行计量。

（二）经营收入的科目设置

为了核算事业单位在专业业务活动及其辅助活动之外开展非独立核算经营活动取得的收入，在收入要素类设置"经营收入"总账科目。本科目贷方登记取得的经营收入；借方登记经营收入的冲销结转数。期末，将本科目余额转入经营结余，期末结账后，本科目应无余额。

本科目应当按照经营活动类别、项目、《政府收支分类科目》中"支出功能分类"相关科目等进行明细核算。

（三）经营收入的主要账务处理

第一，实现经营收入时，按照确定的收入金额，借记"银行存款""应收账款""应收票据"等科目，贷记本科目。

属于增值税小规模纳税人的事业单位实现经营收入，按实际出售价款，借记"银行存款""应收账款""应收票据"等科目，按出售价款扣除增值税税额后的金额，贷记本科目，按应缴增值税金额，贷记"应缴税费——应缴增值税"科目。

属于增值税一般纳税人的事业单位实现经营收入，按包含增值税的价款总额，借记"银行存款""应收账款""应收票据"等科目，按扣除增值税销项税额后的价款金额，贷记本科目，按增值税专用发票上注明的增值税金额，贷记"应缴税费——应缴增值税（销项税额）"科目。

【例2-15】2023年12月2日，某文化事业单位收到非独立核算的招待所上缴的住宿、餐饮等收入共20000元，存入银行。根据收款收据、银行收款业务回单等，编制会计分录如下：

借：银行存款20000元

贷：经营收入——住宿、餐饮收入20000元

【例2-16】2023年12月8日，某文化事业单位收到非独立核算书店上缴的15000元书款盈利，存入银行。根据收款收据、银行收款业务回单等，编制会计分录如下：

借：银行存款 15000 元

贷：经营收入——书店书款 15000 元

【例2-17】2023年12月10日，某文化事业单位收到非独立核算的汽车车队向外提供运输服务收入12000元，已存入银行。根据收款收据、银行收款业务回单等，编制会计分录如下：

借：银行存款 12000 元

贷：经营收入——运输服务收入 12000 元

【例2-18】2023年12月18日，某文化事业单位开展经营活动向某企业销售文化产品取得收入40000元，增值税税额为1200元（假设该单位为小规模纳税人），款项收到已存入银行。根据销售合同、银行收款业务回单等，编制会计分录如下：

借：银行存款 41200 元

贷：经营收入——文化产品 40000 元

应缴税费——应缴增值税（销项税额）1200 元

【例2-19】2023年12月18日，某文化事业单位开展经营活动向某企业销售文化产品取得收入40000元，增值税税额为2400元（假设该单位为一般纳税人），款项收到已存入银行。根据销售合同、银行收款业务回单等，编制会计分录如下：

借：银行存款 42400 元

贷：经营收入——文化产品 40000 元

应缴税费——应缴增值税（销项税额）2400 元

第二，期末，将本科目本期发生额转入经营结余，借记本科目，贷记"经营结余"科目。

【例2-20】2023年12月31日，某事业单位结转"经营收入"科目的余额47000元，编制会计分录如下：

借：经营收入 47000 元

贷：经营结余 47000 元

六、其他收入的核算

（一）其他收入的确认与计量

1. 其他收入的确认

事业单位的其他收入一般在实际收到时进行确认。因库存现金溢余或其他应付款项核销产生的其他收入，在按照有关规定批准时确认。

2. 其他收入的计量

第一，取得的其他收入为库存现金或银行存款时，按照实际收到的金额进行计量入账。

第二，取得的其他收入为实物时，应根据有关凭据确认其价值；没有凭据可供确认其价值的，根据取得时的市场价格确定。

第三，货币资金、存货的溢余和应付款项核销产生的其他收入，按照货币资金、存货实际溢余的金额和应付款项核销金额进行计量入账。

（二）其他收入的科目设置

为了核算事业单位除财政补助收入、事业收入、上级补助收入、附属单位上缴收入、经营收入以外的其他收入，在收入要素类设置"其他收入"总账科目。本科目贷方登记其他收入的增加数；借方登记其他收入的减少数。期末，将本科目余额转入事业结余或非财政补助结转，期末结账后，本科目应无余额。

本科目应当按照其他收入的类别、《政府收支分类科目》中"支出功能分类"相关科目等进行明细核算。

对于事业单位对外投资实现的投资净损益，应单设"投资收益"明细科目进行核算；其他收入中如有专项资金收入（如限定用途的捐赠收入），还应按具体项目进行明细核算。

（三）其他收入的主要账务处理

1. 取得投资收益的主要账务处理

第一，对外投资持有期间收到利息、利润等时，按实际收到的金额，借记"银行存款"等科目，贷记本科目（投资收益）。

【例 2-21】2023 年 12 月 3 日，某文化事业单位分得所投资的联营单位利润 120000 元，款项已存入银行。根据合同协议、收款收据、银行收款业务回单等，编制会计分录如下：

借：银行存款 120000 元

贷：其他收入——投资收益 120000 元

第二，出售或到期收回国债投资本息，按照实际收到的金额，借记"银行存款"等科目，按照出售或收回国债投资的成本，贷记"短期投资""长期投资"科目，按其差额，贷记或借记本科目（投资收益）。

【例 2-22】2023 年 12 月 5 日，某事业单位购买的 1 年期的国库券到期，实际收到本息 105000 元，款项已存入银行。该国库券的账面成本为 100000 元。根据国库券兑付及利息结算单、银行收款业务回单等，编制会计分录如下：

借：银行存款 105000 元

贷：短期投资 100000 元

其他收入——投资收益 5000 元

2. 取得银行存款利息收入、租金收入的主要账务处理

收到银行存款利息、资产承租人支付的租金，按照实际收到的金额，借记"银行存款"等科目，贷记本科目。

【例 2-23】2023 年 12 月 8 日，某文化事业单位出租闲置的门面房取得租金收入 30000 元，款项已存入银行。根据出租合同、收款收据、银行收款业务回单等，编制会计分录如下：

借：银行存款 30000 元

贷：其他收入——固定资产出租收入 30000 元

3. 收到捐赠收入的主要账务处理

第一，接受捐赠现金资产，按照实际收到的金额，借记"银行存款"等科目，贷记本科目。

【例2-24】2023年12月25日，某文化事业单位收到外单位捐赠款项250000元，用于希望工程图书印刷支出，款项已存入银行。根据捐赠合同、收款收据、银行收款业务回单等，编制会计分录如下：

借：银行存款250000元

贷：其他收入——捐赠收入（图书印刷）250000元

第二，接受捐赠的存货验收入库，按照确定的成本，借记"存货"科目，按照发生的相关税费、运输费等，贷记"银行存款"等科目，按照其差额，贷记本科目。

注：接受捐赠固定资产、无形资产等非流动资产，不通过本科目核算。

4. 现金盘盈收入的主要账务处理

每日现金账款核对中如发现现金溢余，属于无法查明原因的部分，借记"库存现金"科目，贷记本科目。

5. 存货盘盈收入的主要账务处理

盘盈的存货按照确定的入账价值，借记"存货"科目，贷记本科目。

6. 收回已核销应收及预付款项的主要账务处理

已核销应收账款、预付账款、其他应收款在以后期间收回的，按照实际收回的金额，借记"银行存款"等科目，贷记本科目。

7. 无法偿付的应付及预收款项的主要账务处理

无法偿付或债权人豁免偿还的应付账款、预收账款、其他应付款及长期应付款，借记"应付账款""预收账款""其他应付款""长期应付款"等科目，贷记本科目。

8. 期末结转结余的主要账务处理

第一，期末，将本科目本期发生额中的非财政专项资金收入结转入非财政补助结转，借记本科目下各非财政专项资金收入明细科目，贷记"非财政补助结转"科目。

第二，期末，将本科目本期发生额中的非财政非专项资金收入结转入事业结余，借记本科目下各非财政非专项资金收入明细科目，贷记"事业结余"科目。

【例2-25】2023年12月31日，某文化事业单位结转全年的其他收入405000元（其中，非财政专项资金收入为250000元），编制会计分录如下：

借：其他收入——非财政非专项资金收入155000元

贷：事业结余155000元

借：其他收入——非财政专项资金收入250000元

贷：非财政补助结转250000元

第三节　事业单位收入的管理

一、事业单位的财政补助收入管理

事业单位财政补助收入是从财政部门取得的各类行政和事业经费，属于财政资金（预算拨款）。预算拨款是公共部门一项十分重要的资金来源，加强预算拨款资金管理，提高财政资金使用效率，在公共部门收入管理中具有十分重要的意义。事业单位的财政补助收入包括一般预算拨款、基金预算拨款、财政专户管理的非税收入拨款。

财政预算安排用于事业单位的财政补助如表2-1所示。

表2-1　财政预算安排用于事业单位的财政补助收入

财政预算用于财政补助项目	包括一般预算拨款、基金预算拨款、财政专户管理的非税收入拨款
教育事业费	高等学校经费、留学生经费、中等专业学校经费、技工学校经费、职业教育经费、中学经费、小学经费、幼儿教育经费、成人高等教育经费、普通业余教育经费、教师进修及干部培训经费、特殊教育经费、广播电视教育经费、其他教育事业费

文化广播事业费	文化事业费、出版事业费、文物事业费、体育事业费、档案事业费、地震事业费、海洋事业费、通信事业费、广播电影电视事业费、计划生育事业费、党政群干部训练事业费、其他文体广播事业费
科学事业费	自然科学事业费、科协事业费、社会科学事业费、高技术研究专项经费
农林水利气象等部门的事业费	农垦事业经费、农场事业费、农业事业费、畜牧事业费、农机事业费、林业事业费、水利事业费、水产事业费、气象事业费、乡镇企业事业费、农业资源调查和区划费、土地管理事业费、森林工业事业费、森林警察部队经费、其他农林水利事业费
卫生事业费	卫生单位事业费、中医事业费、公费医疗经费
工业交通等部门的事业费	冶金、有色金属、煤炭、石油、石化、电力、化学、机械、汽车、核工业、航空、航天、电子、兵器、船舶、建材、轻工业、烟草、纺织、医药、地质、建设、环保、铁道、交通、邮电、民航、测绘、技术监督、专利等部门的事业费
流通部门事业费	商业事业费、物资管理事业费、粮食事业费、外贸事业费、供销社事业费
抚恤和社会福利救济费	抚恤事业费、军队移交地方安置的离退休人员经费、社会救济福利事业费、救灾支出、其他民政事业费、残疾人事业费

二、事业收入的管理

（一）事业收入的内容

　　由于事业单位类型较多，专业业务活动又各有其特点，因此，不同类型事业单位的事业收入具体内容各不相同（如表 2-2 所示）。

表2-2 事业单位事业收入的具体项目

文化事业单位的事业收入	1. 演出收入；2. 演出分成收入；3. 技术服务收入；4. 委托代培收入；5. 复印复制收入；6. 无形资产转让收入；7. 外借人员劳务收入；8. 合作分成收入
科学事业单位的事业收入	1. 科研收入；2. 技术收入；3. 学术活动收入；4. 科普活动收入；5. 试制产品收入
中小学校的事业收入	1. 非义务教育阶段学生缴纳的杂费；2. 非义务教育阶段学生缴纳的学费；3. 借读学生缴纳的借读费；4. 住宿学生缴纳的住宿费；5. 按照有关规定向学生收取的其他费用
广播电视事业单位的事业收入	1. 广告收入；2. 节目交换收入；3. 合作合拍收入；4. 节目传输收入；5. 门票收入；6. 技术服务收入；7. 无形资产转让收入
体育事业单位的事业收入	1. 竞技体育比赛收入；2. 门票收入；3. 出售广播电视转播权收入；4. 广告赞助收入；5. 体育技术服务收入；6. 体育相关业务收入；7. 无形资产转让收入
文物事业单位的事业收入	1. 门票收入；2. 展览收入；3. 文物勘探发掘收入；4. 文物维修设计收入；5. 文物修复复制收入；6. 文物咨询鉴定收入；7. 影视拍摄收入；8. 文物导游收入；9. 无形资产转让收入
计划生育事业单位的事业收入	1. 技术服务收入；2. 病残儿鉴定收入；3. 代培进修收入；4. 宣传品制作收入；5. 无形资产转让收入

（二）事业收入管理的基本要求

1. 正确划分事业收入和经营收入以及其他收入的界限

由于事业单位类型较多，不同行业有各自的特点，如某个事业单位的专业业务活动可能在另一个事业单位是经营活动，所以事业单位应按本单位特点准确区分事业收入和经营收入，分别核算。同时，个别单位的事业活动和经营活动的性质与内容可能相互交叉，难以准确划分清楚，在这种情况下，应由主管部门和财政部门根据实际情况予以认定。事业单位应当在国家政策允许的范围内，依法组织事业收入，并坚持把社会效益放在首位，同时注重经济效益。

2. 认真执行国家物价政策，严格执行收费标准，并使用符合国家规定的合法票据

各单位应建立健全各项收费管理制度，加强收费管理，充分挖掘潜力，积极合理组织收入。

3. 应按国家规定缴纳税款

事业单位就其事业收入缴纳的税款主要为增值税。在确定事业收入金额时，应扣除代缴的增值税。对于属于一般纳税人的单位取得事业收入款项时，按计算出的应缴增值税的销项税额，计入应缴税费，实际收到的价款扣除增值税销项税额的金额计入事业收入。

4. 事业单位必须使用财政部门和税务部门统一印制的发票，并建立健全各种费用专用收款收据、门票等票据的管理制度

事业单位必须严格按照国家批准的收费项目和收费标准收费，不得违反国家规定擅自设立收费项目，自定收费标准。事业单位应当按照规定加强对账户的统一管理，取得的事业收入应当及时入账，防止流失。事业单位的各项事业收入，必须全部纳入单位核算，统一核算，统一管理。

三、经营收入和其他各项收入的管理

（一）经营收入的管理

1. 经营收入的含义与特征

经营收入是指事业单位在专业业务活动及其辅助活动之外，开展非独立核算经营活动取得的收入。具体是指事业单位的各类非独立核算的附属单位，根据市场需要，以生产、销售产品，调拨销售产品，来料加工服务等方式所取得的收入。其特征如下：

第一，经营收入是开展经营活动所取得的收入，而不是专业业务活动及辅助

活动取得的收入。

例如，科研单位对社会开展咨询服务活动取得的收入，属于经营活动取得的收入；而科研单位为有关单位提供科研服务取得的收入，只能作为事业收入，不能作为经营收入处理。又如，某社会团体对社会开展服务活动，将闲置的固定资产出租、出借，这种活动不属于单位专业业务活动及其辅助活动的范围，而属于经营活动的范围，其取得的收入，应当界定为经营收入。但诸如学校向学生收取学费和杂费，则属于专业业务活动及其辅助活动的范围，取得的收入应当界定为事业收入，不能作为经营收入处理。

第二，经营收入是非独立核算单位开展经营活动所取得的收入，而不是独立核算单位开展经营活动所取得的收入。

事业单位所属的实行独立核算的单位上缴的纯收入应作为"附属单位上缴收入"处理，不列作经营收入。独立核算单位是指对其经营活动的过程及结果，独立完整地进行会计核算。比如学校的校办企业，要单独设置财会机构或配备财会人员、单独设置账目、单独计算盈亏，其开展的经营活动属于独立核算的经营活动，其单位属于独立核算单位。校办企业将纯收入的一部分上缴学校，学校收到后应当作为附属单位上缴收入，而不能作为经营收入处理。事业单位从上级单位领取的一定数额物资、款项从事业务活动，不独立计算盈亏，把日常发生的经济业务资料报由上级单位进行会计核算，称为非独立核算。学校的食堂宿舍等后勤单位，不单独设置财会机构，不单独计算盈亏，如果其对社会开展了有关服务活动，则属于非独立核算的经营活动，其对社会服务取得的收入及支出，报由学校集中进行会计核算，这部分收入和支出，应当作为经营收入和经营支出处理。

2. 经营收入的内容

（1）产品（商品）销售收入

即单位通过销售定型、批量产品（不包括试制产品）和经销商品取得的收入。该项收入一般存在于科学研究事业单位，医院销售药品的收入应纳入事业收入中的药品收入。

（2）经营服务收入

即单位对外提供餐饮、住宿和交通运输等经营服务活动取得的收入。

（3）工程承包收入

即单位承包建筑、安装、维修等工程取得的收入。

（4）租赁收入

即单位出租、出借暂时闲置的仪器设备、房屋、场地等取得的收入。

（5）其他经营收入

即除上述收入以外的经营收入。

3. 经营收入管理的基本要求

（1）正确处理主营业务与附营业务的关系

事业单位履行职责主要是通过开展主营业务，即根据本单位的专业特点开展的专业业务活动，其经营活动属于附营业务，是为主营业务服务的，目的在于为主营业务的健康发展创造良好的经济基础。因此，事业单位在人力、物力、财力的安排上，首先应当保证开展专业业务活动的需要，不应影响正常事业计划的完成。在这个前提下，可以合理配置和有效利用单位所拥有的各种资源，按照规定开展经营活动，增加单位的收入。

（2）按规定的审批程序履行报批手续

在事业单位的经营活动中，将非经营性资产转为经营性资产，要经主管部门审查核实，并由同级国有资产管理部门批准；一次转为经营性资产的价值量数额巨大的，还须报财政部门批准。

（3）经营收入要纳入事业单位预算管理

为了全面反映经营收入状况，对经营活动全过程实行有效的财务管理，按有关规定，单位的经营收入要全部纳入单位预算统一核算、统一管理。事业单位要严格遵守国家规定，加强对经营收入的管理，杜绝私分、瞒报收入现象。

（4）领取营业执照、核准经营范围

根据国家有关规定，事业单位从事经营活动，由该单位申请登记，经登记主管机关核准，领取营业执照，在核准登记的经营范围内依法从事经营活动。

（5）划清经营收入和事业收入的界限

事业收入与经营收入属于两种不同性质的收入，要划清两者的界限。两类活动原则上应分别核算，以正确反映事业单位的业务活动和经营活动的经济成果。

（二）上级补助收入的管理

上级补助收入是指事业单位从主管部门和上级单位取得的非财政补助收入，用于补助正常业务资金的不足。具体地讲，就是事业单位的主管部门或上级单位将财政补助收入之外的收入，如事业单位主管部门或上级单位将自身组织的收入和集中下级单位的收入拨给事业单位，用于补助事业单位的日常业务。若是指定用于专项用途并须单独报账，则称为拨入的事业经费，即拨入专款，不能作为上级补助收入。在某些行业的会计制度中，上级补助收入与财政补助收入合并称为业务补助。

对上级补助收入应当按照主管部门或上级单位的要求进行管理。上级补助资金有些是有专门用途的资金，应按规定方向和用途安排使用，不能擅自挪作他用。同时，要划清上级补助收入和财政补助收入的界限，上级主管部门应加强对事业单位补助收入的监督，促使单位严格收入管理，统筹安排各项资金，使财政补助收入和上级补助收入的安排使用符合财政政策的要求以及事业发展的需要。

（三）附属单位上缴收入的管理

附属单位上缴收入是指事业单位附属独立核算单位按有关规定上缴的收入。包括附属的事业单位上缴的收入和附属的企业上缴的利润等。它可用于弥补自身的开支，还可采用对附属单位补助支出的形式，用于弥补收入情况不佳的附属事业单位或附属企业的开支。

附属单位是指与该事业单位（或称主体单位）间除资金联系之外还存在其他联系的事业单位或企业。一般而言，附属事业单位与主体事业单位之间存在预算上的拨付关系及行政上的隶属关系。附属企业在历史上曾经属于主体事业单位的一个组成部分，从事专业业务及其辅助业务，后因种种原因，从原事业单位中独立出来，成为管理上和财务上独立核算的法人实体，但它仍旧在许多方面与原事业单位存在联系。这些联系一般包括：主体事业单位有权任免其管理人员的职务；修改或通过其预算；支持、否决或修改其决策等。如果一个企业只与该事业单位存在资金上的联系，则一般认为该企业只是事业单位的投资单位，而非附属单位。

随着从事社会服务性业务的附属单位市场化程度的加深，事业单位与这些附属单位的联系也越来越市场化，在这种情况下，有时很难区分一个被投资单位是否为附属单位，因此，也很难区分一笔收入是属于附属单位缴款还是投资收益。在这种情况下，事业单位可根据判断进行区分，一旦设定其性质，在以后各年的会计核算上应尽量保持一致。

非财政补助收入超出其正常支出较多的事业单位的上级单位可会同同级财政部门，根据该事业单位的具体情况，确定对这些事业单位实行收入上缴的办法。收入上缴主要有两种形式，一是定额上缴，即在核定预算时，确定一个上缴的绝对数额；二是按比例上缴，即根据收支情况，确定按收入的一定比例上缴。对于上级单位而言，这些附属事业单位上缴的收入即为附属单位缴款。应注意的是，附属单位返还事业单位在其事业支出中垫支的工资、水电费、房租、住房公积金和福利费等各种费用，应当冲减相应支出，不能作为附属单位缴款处理。

（四）其他收入的管理

其他收入是指事业单位取得的除财政补助收入、上级补助收入、拨入专款、事业收入、经费收入、附属单位缴款以外的各项收入。其他收入包括投资收益、利息收入、捐赠收入、固定资产租赁收入、收取的违约金等各种杂项收入。

1. 投资收益

投资收益是指事业单位向除附属单位以外其他单位投资而取得的收益，不包括附属单位上缴的收入。投资收益通常包括两部分，一是投资期间分得的利息或红利；二是出售或收回投资时形成的买卖差价或收回价值与最初投资价值的差额，该差额为正数时，即为收益；为负数时，即为损失。

2. 利息收入

利息收入是指事业单位因在银行存款或与其他单位或企业的资金往来中而取得的利息收入。它不包括事业单位在各种债券投资上的利息收入，如国库券利息收入、金融债券的利息收入等，这些利息收入应列为事业单位的投资收益。

3. 捐赠收入

捐赠收入是指事业单位以外的单位或个人（包括内部职工）无偿赠送给事业单位的未限定用途的财物，包括实物或现金。限定用途的捐赠财物应在拨入专款中单独反映。

4. 固定资产租赁收入

固定资产租赁收入是指事业单位将闲置的固定资产出租给其他单位或团体使用而取得的租金收入。

5. 收取的违约金

收取的违约金是指依据有关合同或契约，事业单位对违反合同或契约条款的单位、企业或个人收取的罚金。

由于其他收入来源种类多，事业单位应合理核算，认真监督、检查收到的各项其他收入，并按照每项收入的相关规定，分别进行管理。

第三章

事业单位支出的核算与管理

第一节 事业单位支出概述

一、事业单位支出的含义

事业单位支出是指事业单位开展业务及其他活动所发生的资金耗费和损失。事业单位的支出或者费用包括以下方面。

第一，事业支出是指事业单位开展专业业务活动及其辅助活动发生的基本支出和项目支出。

第二，对附属单位补助支出是指事业单位用财政补助收入之外的收入对附属单位补助发生的支出。

第三，上缴上级支出是指事业单位按照财政部门和主管部门的规定上缴上级单位的支出。

第四，经营支出是指事业单位在专业业务活动及其辅助活动之外开展非独立核算经营活动发生的支出。

第五，其他支出是指事业支出、对附属单位补助支出、上缴上级支出和经营支出以外的各项支出，包括利息支出、捐赠支出等。

二、事业单位支出的分类

事业单位支出范围很广，项目繁多，为了便于对各项支出的研究分析，认识它们之间的区别与联系，有针对性地加强支出管理和监督，不断提高资金的使用效益，应对行政事业单位支出进行科学的分类。

事业单位支出分类的方法主要有以下三种。

（一）按性质分类

按单位性质事业单位支出可以分为：①教育事业支出；②文体广播事业支出；③科学事业支出；④农林水利气象事业支出；⑤卫生事业支出；⑥工业交通事业支出；⑦流通事业支出；⑧抚恤和社会福利救济事业支出等。

按支出的性质事业单位支出分为事业支出、经营支出、对附属单位补助支出、上缴上级支出和自筹基本建设支出。

（二）按预算科目分类

按政府收支分类科目的要求分类，事业单位支出分为工资福利支出、商品和服务支出、对个人和家庭的补助、基本建设支出、其他资本性支出、其他支出。

按部门预算的要求分类，事业单位支出分为基本支出、项目支出、经营支出、对附属单位补助支出、上缴上级支出。

（三）按支出用途分类

事业单位人员支出包括：基本工资、绩效工资、津贴、补贴、职工福利费、社会保障缴费、对个人和家庭的补助支出等。

三、事业单位支出管理的规定

依据《事业单位会计准则》，国家对事业单位支出管理的规定主要有以下两个方面。

第一，事业单位开展非独立核算经营活动的，应当正确归集开展经营活动发生的各项费用；无法直接归集的，应当按照规定的标准或比例合理分摊。事业单位的经营支出与经营收入应当相配比。（第三十七条）

第二，事业单位的支出一般应当在实际支付时予以确认，并按照实际支付金额进行计量。采用权责发生制确认的支出或者费用，应当在其发生时予以确认，

并按照实际发生额进行计量。(第三十八条)

事业单位的支出包括事业支出、经营支出、对附属单位补助支出和上缴上级支出四个部分，后两项支出属调剂性支出，不是单位开展业务及其他活动的开支。因此，单位支出管理的重点是事业支出和经营支出。

第二节　事业单位支出的核算

一、事业支出的核算

(一) 事业支出的确认和计量

事业支出一般根据有关规定在发生款项支付时确认，并按实际支付的金额进行计量入账，具体如下：

第一，对于发给个人的工资、津贴、补贴等，在确认应付职工薪酬时确认为事业支出，应按照应付职工薪酬确认的金额进行计量入账。

第二，购入办公用品可根据购货发票金额直接确认支出和计量入账。购入其他各种材料可在领用时确认支出，按照规定的方法计算出发出存货的金额进行计量入账。

第三，社会保障费、职工福利费和管理部门支付的工会经费，按照规定标准和实有人数每月在计算提取时确认支出，按照实际提取的金额进行计量入账。

第四，固定资产修购基金按核定的比例在提取时确认为支出，按照提取的金额进行计量入账。

第五，购入固定资产，经验收后确认为支出，按照购入的实际成本进行计量入账。

事业单位的应付职工薪酬的发生时间和支付时间间隔较短，在确认应付职工薪酬时同时确认相应的支出。

（二）事业支出的科目设置

为了核算事业单位开展专业业务活动及其辅助活动发生的基本支出和项目支出，在支出要素类设置"事业支出"总账科目。本科目借方登记事业支出的增加数；贷方登记事业支出的减少数；借方余额反映实际支出累计数。期末结账后，本科目应无余额。

本科目应当按照"基本支出"和"项目支出"，"财政补助支出""非财政专项资金支出"和"其他资金支出"等层级进行明细核算；"基本支出"和"项目支出"明细科目下应当按照《政府收支分类科目》中"支出经济分类"的"款"级科目进行明细核算；同时在"项目支出"明细科目下按照具体项目进行明细核算。

（三）事业支出的主要账务处理

第一，为从事专业业务活动及其辅助活动人员计提的薪酬等，借记本科目，贷记"应付职工薪酬"等科目。

【例3-1】2023年12月6日，某文化事业单位根据工资标准计算本月应付工资总额864000元。其中，基本工资600000元，津贴140000元，奖金124000元。本单位代扣水电费65000元，住房公积金115000元。根据财政直接支付入账通知书、工资明细表等，编制会计分录如下：

1. 计算12月份应付工资：

借：事业支出——财政补助支出——基本支出（基本工资）600000元

　　　　——财政补助支出——基本支出（津贴）140000元

　　　　——财政补助支出——基本支出（奖金）124000元

贷：应付职工薪酬——基本工资485000元

　　　　——津贴140000元

　　　　——奖金124000元

　　　　——住房公积金115000元

2. 实际发放时：

借：应付职工薪酬——基本工资485000元

　　　　　　　　——津贴 140000 元

　　　　　　　　——奖金 124000 元

　　　　　　　　——住房公积金 115000 元

　　贷：财政补助收入——财政直接支付（基本支出）684000 元

　　　　其他应付款——住房公积金 115000 元

　　　　其他应收款——水电费 65000 元

　　3. 转缴水电费和住房公积金时：

　　借：其他应收款——水电费 65000 元

　　　　其他应付款——住房公积金 115000 元

　　贷：财政补助收入——财政直接支付（基本支出）180000 元

　　【例 3-2】2023 年 12 月 6 日，某文化事业单位根据有关规定计算本月应付职工住房公积金（单位）并缴纳职工住房公积金 60000 元，根据住房公积金计算表、财政直接支付入账通知书等，编制会计分录如下：

　　1. 计算应付职工住房公积金时：

　　借：事业支出——财政补助支出——基本支出（住房公积金）60000 元

　　贷：应付职工薪酬——住房公积金 60000 元

　　2. 实际缴纳时：

　　借：应付职工薪酬——住房公积金 60000 元

　　贷：财政补助收入——财政直接支付（基本支出）60000 元

　　第二，开展专业业务活动及其辅助活动领用的存货，按领用存货的实际成本，借记本科目，贷记"存货"科目。

　　第三，开展专业业务活动及其辅助活动中发生的其他各项支出，借记本科目，贷记"库存现金""银行存款""零余额账户用款额度""财政补助收入"等科目。

　　【例 3-3】2023 年 12 月 6 日，某文化事业单位经批准，通过政府采购购买大轿车一辆，用于某项目使用，价款 280000 元，税费 75600 元，款项已通过国库直接支付。根据财政直接支付入账通知书、购货发票、轿车验收单等，编制会计分录如下：

借：事业支出——财政补助支出——项目支出（交通工具购置费）355600 元

贷：财政补助收入——财政直接支付（项目支出）355600 元

同时：

借：固定资产——专用设备 355600 元

贷：非流动资产基金——固定资产 355600 元

【例 3-4】2023 年 12 月 10 日，某文化事业单位用现金购买价值 800 元的办公用品。根据购货发票、现金支付等凭证，编制会计分录如下：

借：事业支出——基本支出（办公费）800 元

贷：库存现金 800 元

【例 3-5】2023 年 12 月 15 日，某文化事业单位收到银行转来的委托收款凭证，支付上月水费 8000 元、电费 15000 元、电话费 6500 元，款项已支付。根据水费、电费、电话费结算单，委托收款凭证，银行付款业务回单等，编制会计分录如下：

借：事业支出——基本支出（水费）8000 元

　　　　　　——基本支出（电费）15000 元

　　　　　　——基本支出（电话费）6500 元

贷：银行存款 29500 元

【例 3-6】2023 年 12 月 16 日，某文化事业单位支付临时出国人员制装费、差旅费、国外生活补助 36200 元，款项已支付。根据制装费和差旅费报销单、银行付款业务回单等，编制会计分录如下：

借：事业支出——基本支出（差旅费）36200 元

贷：银行存款 36200 元

【例 3-7】2023 年 12 月 18 日，某文化事业单位支付车船保养修理费 24000 元，机动车船燃料费 31000 元，保险费和养路费 45000 元。根据支付车船保养修理费、燃料费、保险费、养路费等结算单及银行付款业务回单等，编制会计分录如下：

借：事业支出——基本支出 100000 元

贷：银行存款 100000 元

第四，期末，将本科目（财政补助支出）本期发生额结转入"财政补助结转"科目，借记"财政补助结转——基本支出结转、项目支出结转"科目，贷记本科目（财政补助支出——基本支出、项目支出）或本科目（基本支出——财政补助支出、项目支出——财政补助支出）；将本科目（非财政专项资金支出）本期发生额结转入"非财政补助结转"科目，借记"非财政补助结转"科目，贷记本科目（非财政专项资金支出或项目支出——非财政专项资金支出）；将本科目（其他资金支出）本期发生额结转入"事业结余"科目，借记"事业结余"科目，贷记本科目（其他资金支出或基本支出——其他资金支出、项目支出——其他资金支出）。

【例3-8】2023 年 12 月 31 日，某文化事业单位结转事业支出科目余额 1446100 元，其中，"事业支出——财政补助支出（基本支出）"科目余额 924000 元，"事业支出——财政补助支出（项目支出）"科目余额 355600 元；"事业支出——基本支出（其他资金支出）"科目 166500 元。编制会计分录如下：

1. 结转财政补助支出：

借：财政补助结转——基本支出结转 924000 元

　　　　　　　　——项目支出结转 355600 元

贷：事业支出——财政补助支出（基本支出）924000 元

　　　　　　　——财政补助支出（项目支出）355600 元

2. 结转其他资金支出：

借：事业结余 166500 元

贷：事业支出——基本支出（其他资金支出）166500 元

二、事业单位经营支出和其他支出的核算

（一）经营支出的核算

1. 经营支出的确认和计量

经营支出应在经济业务行为发生时，具有支付的义务和责任时确认为支出，

并根据实际和应付的款项数进行计量入账。

在确认职工薪酬时，应按照应付职工薪酬确认的金额进行计量入账。

2. 经营支出的科目设置

为了核算事业单位在专业业务活动及其辅助活动之外开展非独立核算经营活动发生的支出，在支出要素类设置"经营支出"总账科目。本科目借方登记经营支出的增加数；贷方登记经营支出的减少数；借方余额反映经营支出的实际支出累计额。期末结账后，本科目应无余额。

3. 经营支出的主要账务处理

第一，为在专业业务活动及其辅助活动之外开展非独立核算经营活动人员计提的薪酬等，借记本科目，贷记"应付职工薪酬"等科目。

【例3-9】2023 年 12 月 5 日，某文化事业单位计算上月开展经营活动的职工工资 153000 元，其中，基本工资 110000 元，补助工资 23000 元，其他工资 20000 元。本单位代扣住房公积金 20000 元。根据工资计算单、住房公积金缴付单、银行付款业务回单等，编制会计分录如下：

（1）计算 11 月份工资：

借：经营支出——基本工资 110000 元

    ——补助工资 23000 元

    ——其他工资 20000 元

贷：应付职工薪酬 153000 元

（2）发工资，扣职工住房公积金 20000 元：

借：应付职工薪酬 153000 元

贷：银行存款 133000 元

  其他应付款——住房公积金（个人部分）20000 元

（3）代缴职工住房公积金 20000 元，单位为职工支付住房公积金 20000 元：

借：经营支出——住房公积金（单位部分）20000 元

贷：应付职工薪酬——住房公积金（单位部分）20000 元

借：应付职工薪酬——住房公积金（单位部分）20000 元

  其他应付款——住房公积金（个人部分）20000 元

贷：银行存款 40000 元

第二，在专业业务活动及其辅助活动之外开展非独立核算经营活动领用、发出的存货，按领用、发出存货的实际成本，借记本科目，贷记"存货"科目。

第三，在专业业务活动及其辅助活动之外开展非独立核算经营活动中发生的其他各项支出，借记本科目，贷记"库存现金""银行存款""应缴税费"等科目。

【例 3-10】2023 年 12 月 20 日，某文化事业单位以银行存款 1200 元购买经营活动用日常用品。根据购货发票、银行付款业务回单等，编制会计分录如下：

借：经营支出 1200 元

贷：银行存款 1200 元

【例 3-11】2023 年 12 月 21 日，某文化事业单位以银行存款支付开展经营活动发生的水电费 1800 元。根据水电费结算单、银行付款业务回单等，编制会计分录如下：

借：经营支出 1800 元

贷：银行存款 1800 元

【例 3-12】2023 年 12 月 22 日，某文化事业单位购入生产用设备一台，发票金额总计为 120000 元，款已付。根据购货发票、固定资产验收单、银行付款业务回单等，编制会计分录如下：

借：经营支出 120000 元

贷：银行存款 120000 元

同时：

借：固定资产——专用设备 120000 元

贷：非流动资产基金——固定资产 120000 元

第四，期末，将本科目本期发生额转入经营结余，借记"经营结余"科目，贷记本科目。

【例 3-13】2023 年 12 月 22 日，某文化事业单位销售开展经营活动生产的产品一批，销售价格为 82000 元，生产成本为 60000 元，本单位为增值税一般纳税人，适用的增值税税率为 17%，款项已收到。根据产品销售合同、税费计算单、收款收据、银行收款业务回单、产品出库单、成本计算单等，编制会计分录如下：

借：银行存款 95940

贷：经营收入——其他收入 82000 元

应缴税费——应缴增值税（销项税额）13940

月末结转成本：

借：经营支出——其他支出 60000 元

贷：存货——库存商品 60000 元

【例3-14】2023 年 12 月 31 日，某文化事业单位将"经营支出"科目借方余额 338400 元转入"经营结余"科目。

借：经营结余 338400 元

贷：经营支出 338400 元

（二）其他支出的核算

1. 其他支出的确认与计量

其他支出一般在发生其他支出的款项支付时确认，并按实际支付的金额进行计量入账。

事业单位的货币性资金损失及核销其他应收款的损失，按照实际损失金额进行计量入账。

2. 其他支出的科目设置

为了核算事业单位除事业支出、上缴上级支出、对附属单位补助支出、经营支出以外的各项支出，在支出要素类设置"其他支出"总账科目。本科目借方登记其他支出的增加数；贷方登记其他支出的减少数；借方余额反映其他支出的累计数。期末结账后，本科目应无余额。

本科目应当按照其他支出的类别、《政府收支分类科目》中"支出功能分类"相关科目等进行明细核算。其他支出中如有专项资金支出，还应按具体项目进行明细核算。

3. 其他支出的主要账务处理

（1）利息支出

支付银行借款利息时，借记本科目，贷记"银行存款"科目。

【例3-15】2023年12月5日，某文化事业单位以银行存款支付短期借款利息9000元。根据利息结算单、银行付款业务回单等，编制会计分录如下：

借：其他支出——利息9000元

贷：银行存款9000元

（2）捐赠支出

对外捐赠现金资产，借记本科目，贷记"银行存款"等科目。对外捐出存货，借记本科目，贷记"待处置资产损溢"科目。

对外捐赠固定资产、无形资产等非流动资产，不通过本科目核算。

（3）现金盘亏损失

每日现金账款核对中如发现现金短缺，属于无法查明原因的部分，报经批准后，借记本科目，贷记"库存现金"科目。

【例3-16】2023年12月8日，某文化事业单位盘点现金，发现缺少280元，经单位领导批准报销。根据库存现金盘亏报告单、处置批示文件等，编制会计分录如下：

借：其他支出——库存现金盘亏280元

贷：库存现金280元

（4）资产处置损失

报经批准核销应收及预付款项、处置存货，借记本科目，贷记"待处置资产损溢"科目。

【例3-17】2023年12月10日，某文化事业单位经局党委会研究决定，将5年前应收账款150000元作坏账损失处理。根据党委会批示文件等，编制会计分录如下：

转入待处置资产时：

借：待处置资产损溢150000元

贷：应收账款150000元

报经批准予以核销时：

借：其他支出——应收款项核销 150000 元

贷：待处置资产损溢 150000 元

（5）接受捐赠（调入）非流动资产发生的税费支出

接受捐赠、无偿调入非流动资产发生的相关税费、运输费等，借记本科目，贷记"银行存款"等科目。

以固定资产、无形资产取得长期股权投资，所发生的相关税费计入本科目。具体账务处理参见"长期投资"科目。

（6）期末

将本科目本期发生额中的专项资金支出结转入非财政补助结转，借记"非财政补助结转"科目，贷记本科目下各专项资金支出明细科目；将本科目本期发生额中的非专项资金支出结转入事业结余，借记"事业结余"科目，贷记本科目下各非专项资金支出明细科目。

【例 3-18】2023 年 12 月 31 日，某文化事业单位将"其他支出"科目借方余额 159280 元（非专项资金支出）结转入事业结余，编制会计分录如下：

借：事业结余 159280 元

贷：其他支出——非财政非专项资金支出 159280 元

三、事业单位上缴上级支出和对附属单位补助的核算

（一）上缴上级支出的核算

1. 上缴上级支出的确认与计量

上缴上级支出应当在事业单位按照有关规定向上级单位上缴款项时确认，按照实际上缴的金额进行计量入账。

2. 上缴上级支出的科目设置

为了核算事业单位按照财政部门和主管部门的规定上缴上级单位的支出，在支出要素类设置"上缴上级支出"总账科目。本科目借方登记上缴上级单位的资金数；贷方登记上缴资金的退还数和期末转账数；借方余额反映实际上缴上级资

金的累计数。期末结账后，本科目应无余额。

本科目应当按照收缴款项单位、缴款项目、《政府收支分类科目》中"支出功能分类"相关科目等进行明细核算。

3. 上缴上级支出的主要账务处理

第一，按规定将款项上缴上级单位的，按照实际上缴的金额，借记本科目，贷记"银行存款"等科目。

【例3-19】2023年12月3日，某文化事业单位开出转账支票，按规定向上级单位上缴管理费100000元。根据上缴管理费的文件、银行转账支票存根等，编制会计分录如下：

借：上缴上级支出 100000元

贷：银行存款 100000元

第二，期末，将本科目本期发生额转入事业结余，借记"事业结余"科目，贷记本科目。

【例3-20】2023年12月31日，某文化事业单位将"上缴上级支出"科目借方余额100000元转入"事业结余"科目。

借：事业结余 100000元

贷：上缴上级支出 100000元

（二）对附属单位补助支出的核算

1. 对附属单位补助支出的确认与计量

对附属单位补助支出应当在事业单位按照有关规定对下级单位进行款项补助时确认，按照实际补助款项的金额进行计量入账。

2. 对附属单位补助支出的科目设置

为了核算事业单位用财政补助收入之外的收入对附属单位补助发生的支出，在支出要素类设置"对附属单位补助支出"总账科目。本科目借方登记事业单位对附属单位补助发生的支出数；贷方登记对附属单位补助的收回数和期末转账数；借方余额反映对附属单位补助支出的累计数。期末结账后，本科目应无余额。

本科目应当按照接受补助单位、补助项目、《政府收支分类科目》中"支出功能分类"相关科目等进行明细核算。

3. 对附属单位补助支出的主要账务处理

第一，发生对附属单位补助支出的，按照实际支出的金额，借记本科目，贷记"银行存款"等科目。

【例3-21】2023年12月5日，某文化事业单位用自有资金拨给附属甲单位一次性补助64000元。根据拨款凭证、银行付款业务回单等，编制会计分录如下：

借：对附属单位补助支出——甲单位 64000元

贷：银行存款 64000元

第二，期末，将本科目本期发生额转入事业结余，借记"事业结余"科目，贷记本科目。

【例3-22】2023年12月31日，某文化事业单位将"对附属单位补助支出"科目的借方余额64000元全数转入"事业结余"科目，编制会计分录如下：

借：事业结余 64000元

贷：对附属单位补助支出 64000元

第三节　事业单位支出的管理

一、事业单位支出管理的要求

事业单位的支出既要保证本单位事业发展的需要，又要遵守国家有关财务规章制度的规定，控制不合理的资金耗费和支出，精打细算，厉行节约，提高资金的使用效率。在管理各项支出时，应做到以下几个方面：

（一）严格遵守国家有关财务规章制度的规定

事业单位支出应当严格执行国家有关财务规章制度规定的开支范围及开支标

准；国家有关财务规章制度没有统一规定的，由事业单位规定，报主管部门和财政部门备案。对违反法律和国家政策的，主管部门和财政部门应当责令改正。

（二）勤俭节约，提高资金的使用效益

事业单位要精打细算，厉行节约，既要考虑完成事业计划的资金需要，又要合理节约地使用资金，加强经济核算，提高资金的使用效益。

（三）对支出实行分类管理，保持合理的支出结构

事业单位的各项支出应当按规定的渠道分别列支，按收入的情况统筹安排，同时要保持一个合理的支出结构，尤其是人员经费和公用经费应保持一个合理的比例。控制人员经费支出，相对增加公用经费支出，以促进事业活动不断发展。

（四）划清各项支出的界限

1. 划清基建支出与事业支出的界限

凡是达到基本建设额度的支出，应报请主管部门从基建投资中安排，不得占用事业经费。

2. 划清单位支出和个人支出的界限

应由个人负担的支出，不得由单位负担。

3. 划清事业支出与经营支出的界限

应当列入事业支出的项目，不得列入经营支出；同样，应当列入经营支出的项目，也不得列入事业支出。单位从事各项业务活动发生的支出，应当正确予以归集；无法直接归集的，应当按标准和规定的比例在事业支出和经营支出中进行合理分摊。

4. 划清事业支出与对附属单位补助支出和上缴上级支出的界限

对附属单位补助支出和上缴上级支出，属于本系统内部调剂性质的支出，这部分支出最终将体现在本系统内部其他单位，不能计入本单位的事业支出，以免虚增事业支出。

5. 专项资金要专款专用

事业单位从财政部门和主管部门取得的有指定项目和用途的专项资金，应当专款专用、单独核算，并按照规定向财政部门或者主管部门报送专项资金使用情况；项目完成后，应当报送专项资金支出决算和使用效果的书面报告，接受财政部门或者主管部门的检查、验收。

二、事业单位支出管理的原则

第一，事业单位的支出应严格执行国家有关财务规章制度规定的开支范围及开支标准；国家有关财务规章制度没有统一规定的，由事业单位规定，报主管部门和财政部门备案；事业单位的规定违反法律制度和国家政策的，主管部门和财政部门应当责令改正。

第二，事业单位从财政部门和主管部门取得的有指定项目和用途的专项资金，应当专款专用、单独核算，并按照规定报送专项资金使用情况的报告，接受财政部门或者主管部门的检查、验收。

第三，事业单位应当加强经济核算，可以根据开展业务活动及其他活动的实际需要，实行成本核算。成本核算的具体办法按照国务院财政部门相关规定执行。

第四，事业单位应当严格执行国库集中支付制度和政府采购制度等有关规定。

第五，事业单位应当依法加强各类票据管理，确保票据来源合法、内容真实、使用正确，不得使用虚假票据。

三、事业单位支出的确认和计量

（一）支出的确认

支出的确认需要同时满足以下两个条件：

第一，符合支出的定义。

第二，与支出相关的货币资产已经流出。

需要注意的是，事业单位的应付职工薪酬的发生时间和支付时间间隔较短，在确认应付职工薪酬时同时确认相应的支出。

（二）支出的计量

第一，事业单位的支出一般按照实际支付的金额进行计量入账。

第二，事业单位在确认职工薪酬时，应按照应付职工薪酬确认的金额进行计量入账。

第三，事业单位的货币性资金损失及核销其他应收款的损失，按照实际损失金额进行计量。

四、事业支出管理

事业支出是指事业单位开展专业业务活动及其辅助活动所发生的支出。事业支出是事业单位支出的主体，其管理是事业单位财务管理的重点。

（一）事业支出内容

事业支出是指事业单位开展专业业务活动及其辅助活动发生的基本支出和项目支出，它构成了事业单位支出的主体。事业支出使用的资金既包括财政补助资金，也包括除经营收入以外的其他资金。事业支出按支出用途具体分为以下几类：

1. 工资福利支出

工资福利支出反映了事业单位开支的在职职工和临时聘用人员的各类劳动报酬，以及为上述人员缴纳的各项社会保险费等，一般称为人员支出，主要包括：

（1）基本工资

反映按规定发放的基本工资，包括事业单位工作人员的岗位工资、薪级工资，各类学校毕业生试用期（见习期）工资，新参加工作工人学徒期、熟练期工资等。

（2）津贴补贴

反映经国家批准建立的事业单位艰苦边远地区津贴、事业单位工作人员特殊岗位津贴补贴等。

（3）奖金

反映事业单位工作人员年终一次性奖金等。

（4）社会保障缴费

反映事业单位为职工缴纳的基本养老、基本医疗、失业、工伤、生育等社会保险费，残疾人就业保障金，军队（含武警）为军人缴纳的伤亡、退役医疗等社会保险费。

（5）伙食补助费

反映事业单位发给职工的伙食补助费，如误餐补助等。

（6）绩效工资

反映事业单位人员的绩效工资。

（7）其他工资福利支出

反映上述项目未包括的人员支出，如各种加班工资、病假两个月以上期间的人员工资、编制外长期聘用人员和长期临时工工资，参照和依照公务员制度管理的事业单位工作人员转入企业工作并按规定参加企业职工基本养老保险后给予的一次性补贴等。

2. 商品和服务支出

商品和服务支出反映单位购买商品和服务的支出（不包括用于购置固定资产的支出、战略性和应急储备支出），主要包括：

（1）办公费

反映单位购买按财务会计制度规定不符合固定资产确认标准的日常办公用品、书报杂志等支出。

（2）印刷费

反映单位的印刷费支出。

（3）咨询费

反映单位咨询方面的支出。

（4）手续费

反映单位的各类手续费支出。

（5）水费

反映单位的水费、污水处理费等支出。

（6）电费

反映单位的电费支出。

（7）邮电费

反映单位的信函、包裹、货物等物品的邮寄费及电话费、电报费、传真费、网络通信费等。

（8）取暖费

反映单位取暖用燃料费、热力费、炉具购置费、锅炉临时工的工资、节煤奖以及由单位支付的未实行职工住房采暖补贴改革的在职职工和离退休人员宿舍取暖费等。

（9）物业管理费

反映单位的办公用房以及未实行职工住宅物业服务改革的在职职工和离退休人员宿舍等的物业管理费，包括综合治理、绿化、卫生等方面的支出。

（10）差旅费

反映单位工作人员出差发生的城市间交通费、住宿费、伙食补助费和市内交通费等。

（11）因公出国（境）费用

反映单位工作人员公务出国（境）的国际旅费、国外城市间交通费、住宿费、伙食费、培训费、公杂费等支出。

（12）维修（护）费

反映单位日常开支的固定资产（不包括车船等交通工具）修理和维护费用，网络信息系统运行与维护费用，以及按规定提取的修购基金。

（13）租赁费

反映租赁办公用房、宿舍、专用通信网以及其他设备等方面的费用。

（14）会议费

反映单位在会议期间按规定开支的住宿费、伙食费、会议室租金、交通费、文件资料印刷费、医药费等支出。

（15）培训费

反映除因公出国（境）培训费以外的各类培训支出。

（16）公务接待费

反映单位按规定开支的各类公务接待（含外宾接待）费用。

（17）专用材料费

反映单位购买日常专用材料的支出，具体包括药品及医疗耗材，农用材料，兽医用品，实验室用品，专用服装，消耗性体育用品，专用工具和仪器，艺术部门专用材料和用品，广播电视台发射台发射机的电力、材料等方面的支出。

（18）被装购置费

事业单位的被装购置支出。

（19）专用燃料费

反映用作业务工作设备的车、船设施等的油料支出。

（20）劳务费

反映支付给单位和个人的劳务费用，如临时聘用人员和钟点工工资、稿费、翻译费、评审费等。

（21）委托业务费

反映因委托外单位办理业务而支付的委托业务费。

（22）工会经费

反映单位按规定提取的工会经费。

（23）福利费

反映单位按规定提取的福利费。

（24）公务用车运行维护费

反映单位按规定保留的公务用车租用费、燃料费、维修费、过桥过路费、保险费、安全奖励费用等支出。

（25）其他交通费用

反映单位除公务用车运行维护费以外的其他交通费用，如飞机、船舶等的燃料费、维修费、过桥过路费、保险费、出租车费用等。

（26）税金及附加费用

反映单位提供劳务或销售产品应负担的税金及附加费用，包括消费税、城市维护建设税、资源税和教育费附加等。

（27）其他商品和服务支出

反映上述科目未包括的日常公用支出，如行政赔偿费和诉讼费、国内组织的会员费、来访费、广告宣传费、其他劳务费及离休人员特需费、公用经费等。

3. 对个人和家庭的补助

对个人和家庭的补助支出反映单位用于对个人和家庭的补助支出，主要包括：

（1）离休费

反映单位和军队移交政府安置的离休人员的离休费、护理费和其他补贴。

（2）退休费

反映单位和军队移交政府安置的退休人员的退休费和其他补贴。

（3）退职（役）费

反映单位退职人员的生活补贴，一次性支付给职工或军官、军队无军籍退职职工、运动员的退职补助，一次性支付给军官、文职干部、士官、义务兵的退役费，按月支付给自主择业的军队转业干部的退役金。

（4）抚恤金

反映按规定开支的烈士遗属、牺牲及病故人员遗属的一次性和定期抚恤金，伤残人员的抚恤金，离退休人员等其他人员的各项抚恤金。

（5）生活补助

反映按规定开支的优抚对象定期定量生活补助费，退役军人生活补助费，单位职工和遗属生活补助，因公负伤等住院治疗、住疗养院期间的伙食补助费，长期赡养人员补助费，由于国家实行退耕还林禁牧舍饲政策补偿给农牧民的现金、粮食支出，对农村党员、复员军人以及村干部的补助支出，看守人员和犯人的伙食费、药费等。

（6）救济费

反映按规定开支的城乡贫困人员、灾民、归侨、外侨及其他人员的生活救济费，包括城市居民的最低生活保障费，随同资源枯竭矿山破产但未参加养老保险统筹的矿山所属集体企业退休人员按最低生活保障标准发放的生活费，农村五保供养对象、贫困户、麻风病人的生活救济费，精简退职老弱残职工救济费，福利、救助机构发生的收养费以及救助支出等。实物形式的救济也在此科目反映。

（7）医疗费

反映单位在职职工、离退休人员的医疗费，军队移交政府安置的离退休人员的医疗费，学生医疗费，优抚对象医疗补助，以及按国家规定资助农民参加新型农村合作医疗和城镇居民参加城镇居民基本医疗保险的支出与对城乡贫困家庭的医疗救助支出。

（8）助学金

反映各类学校学生助学金、奖学金、学生贷款、出国留学（实习）人员生活费，青少年业余体校学员伙食补助费和生活费补贴，按照协议由我方负担或享受我方奖学金的来华留学生、进修生生活费等。

（9）奖励金

反映政府各部门的奖励支出，如对个体私营经济的奖励、独生子女父母奖励等。

（10）生产补贴

反映各种对个人发放的生产补贴支出，如国家对农民发放的农机具购置补贴、良种补贴、粮食直补以及发放给残疾人的各种生产经营补贴等。

（11）住房公积金

反映单位按人力资源和社会保障部、财政部规定的基本工资和津贴补贴以及规定比例为职工缴纳的住房公积金。

（12）提租补贴

反映按房改政策规定的标准，单位向职工（含离退休人员）发放的租金补贴。

（13）购房补贴

反映按房改政策规定，单位向符合条件职工（含离退休人员）、军队（含武警）向转业复员离退休人员发放的用于购买住房的补贴。

（14）采暖补贴

反映单位按规定向在职职工和离退休人员发放的住房采暖补贴。

（15）物业服务补贴

反映单位按规定向在职职工和离退休人员发放的物业服务补贴。

（16）其他对个人和家庭的补助支出

反映未包括在上述科目的对个人和家庭的补助支出，如婴幼儿补贴、职工探亲旅游、退职人员及随行家属路费、符合条件的退役回乡义务兵一次性建房补助、符合安置条件的城镇退役士兵自谋职业的一次性经济补助费、对农户的生产经营补贴、保障性住房租金补贴等。

4．资本性支出

资本性支出反映事业单位用于购置固定资产、战略性和应急性储备、土地和无形资产，以及购建基础设施、大型修缮所发生的支出，主要包括：

（1）房屋建筑物购建

反映用于购买、自行建造办公用房、仓库、职工生活用房、教学科研用房、学生宿舍、食堂等建筑物（含附属设施，如电梯、通信线路、水气管道等）的支出。

（2）办公设备购置

反映用于购置并按财务会计制度规定纳入固定资产核算范围的办公家具和办公设备的支出，以及按规定提取的修购基金。

（3）专用设备购置

反映用于购置具有专门用途并按财务会计制度规定纳入固定资产核算范围的各类专用设备的支出，如通信设备、发电设备、交通监控设备、卫星转发器、气象设备、进出口监管设备等，以及按规定提取的修购基金。

（4）基础设施建设

反映用于农田设施、道路、铁路、桥梁、水坝和机场、车站、码头等公共基础设施建设方面的支出。

（5）大型修缮

反映按财务会计制度规定允许资本化的各类设备、建筑物、公共基础设施等大型修缮的支出。

（6）信息网络及软件购置更新

反映政府用于信息网络方面的支出，如计算机硬件、软件购置、开发、应用支出等。如果购置的计算机硬件、软件等不符合财务会计制度规定的固定资产确认标准的，不在此科目反映。

（7）物资储备

反映政府、军队为应对战争、自然灾害或意料不到的突发事件而提前购置的具有特殊重要性的军事用品、石油、医药、粮食等战略性和应急性物资储备支出。

（8）公务用车购置

反映公务用车车辆购置支出（含车辆购置税）。

（9）其他交通工具购置

反映除公务用车外的其他各类交通工具（如船舶、飞机等）购置支出。

（10）土地补偿

反映地方人民政府在征地和收购土地过程中支付的土地补偿费。

（11）安置补助

反映地方人民政府在征地和收购土地过程中支付的安置补助费。

（12）地上附着物和青苗补偿

反映地方人民政府在征地和收购土地过程中支付的地上附着物和青苗补偿费。

（13）拆迁补偿

反映地方人民政府在征地和收购土地过程中支付的拆迁补偿费。

（14）其他资本性支出

反映著作权、商标权、专利权等无形资产购置支出，以及其他上述科目中未包括的资本性支出，如娱乐、文化和艺术原作的使用权，购买国内外影片播映权，购置图书等。

需要注意，以上分类是按《政府收支分类科目》的"支出经济分类"的"类""款"级科目进行的分类，事业单位的事业支出必须按《政府收支分类科目》的"支出经济分类"的"款"级科目进行明细核算。如果《政府收支分类科目》更改，那么事业支出内容随之更改。

（二）事业支出管理的原则

1. 量入为出，统筹安排各项事业支出

事业单位的事业支出应当根据财政补助收入、上级补助收入、事业收入和其他收入等情况统筹安排。

2. 正确界定事业支出的范围，如实反映事业发展的规模和支出水平

划清事业支出与经营支出的界限，凡是直接用于经营活动的费用，应当直接在经营支出中反映；已在事业支出中统一垫支的各项费用，应如数归还；对实在难以划清的费用，应当按照规定比例合理分摊，在经营支出中列支，冲减事业支出。

3. 加强经济核算制度，提高资金使用效益

树立成本费用意识和投入产出意识，并根据自身的业务特点，建立经济核算制度；区别不同性质的支出，实施不同的核算办法。

4. 按照专款专用原则，加强支出管理

按要求专款专用，定期向财政部门或者主管部门报送专项资金使用情况，项目完成后，要报送专项资金支出决算和使用效果的书面报告，接受财政部门或主管部门的检查、验收。

五、经营支出管理

经营支出是指事业单位在专业业务活动及其辅助活动之外开展非独立核算经营活动发生的支出。越来越多的事业单位，在完成专业业务活动及其辅助活动之外还开展一些非独立核算的经营活动，如从事一些简单的产品生产、商品购销及有偿服务活动等。按照财务规定，事业单位非独立核算的经营活动所发生的全部支出，都应当纳入经营支出核算与管理；事业单位在经营活动中应正确归集实际发生的各项费用，无法归集的，应按规定的比例分摊；实行内部成本核算管理，

使经营支出与经营收入相配比，确保成本费用项目与有关经营支出相衔接。

六、对附属单位补助支出和上缴上级支出管理

对附属单位的补助支出是事业单位用财政补助收入以外的收入对附属单位进行补助发生的支出。附属单位一般是指事业单位所属独立核算的单位，如高等院校附属的中学、小学，科学院附属研究所等。事业单位转拨财政部门拨入的各类事业费，不能列入对附属单位的补助支出中。对属于补助性质支出的，应当按规定的标准和资金渠道列支，并用于规定的受补助单位。

上缴上级支出是指实行收入上缴办法的事业单位按照规定的定额或者比例上缴上级单位的支出。一般只有少数事业单位因占有较多的国有资产，或得到国家特殊政策，以及收支归集配比不清等原因，取得较多收入，这类事业单位可以实行收入上缴办法，由此而发生的支出，反映在该单位的上缴上级支出中。对属于上缴性质的支出，应按核定的定额或收入的一定比例上缴到上级单位。

七、其他支出管理

事业单位其他支出管理要把握好以下两个方面：

第一，必须从严控制其他支出。事业单位对其他支出列支应从严把握，列支其他支出必须符合规定的开支范围，不得随意列支。

第二，必须严格审核列支的项目和内容。事业单位列支其他支出必须有详细的项目名称，内容必须详实，不能把没有名目的支出、没有详细内容的支出等纳入其他支出。

第四章

事业单位资产的核算与管理

第一节　事业单位资产概述

一、事业单位资产的概念

事业单位的资产是指事业单位占有或者使用的、能以货币计量的经济资源，包括各种财产、债权和其他权利。事业单位的资产分为流动资产、对外投资、固定资产、无形资产等。它是事业单位开展业务活动，实现其自身目标不可缺少的物质保障。其特征有：

第一，是事业单位拥有或控制的经济资源，具有为事业单位服务的潜能或某些特定权利，事业单位可以自主地运用其进行经济活动，并承担由此产生的各种风险。

第二，具有价值，可以用货币来计量，并据以登记入账、核算、反映的经济资源。

第三，必须通过已经发生的交易或事项为事业单位所取得，由事业单位占有或使用。

二、事业单位资产的分类

（一）按资产的属性进行分类

事业单位的资产按资产的属性分为流动资产、固定资产、在建工程、无形资产和长期投资等。

（二）按资产的流动性进行分类

事业单位为了有效地管理各项资产，通常将资产按照流动性分为流动资产和非流动资产。

流动资产是指预计在1年内（含1年）变现或者耗用的资产，包括货币资产、应收及预付款项、存货和短期投资等，具有周转快、变现能力强，以及实物形态不断变化等特点。

货币资金包括库存现金、银行存款、零余额账户用款额度等。

短期投资是指事业单位依法取得的，持有时间不超过1年（含1年）的投资。

应收及预付款项是指事业单位在开展业务活动中形成的各项债权，包括财政应返还额度、应收票据、应收账款、其他应收款等应收款项和预付账款。

存货是指事业单位在开展业务活动及其他活动中为耗用而储存的资产，包括材料、燃料、包装物和低值易耗品等。

非流动资产是指流动资产以外的资产，包括固定资产、在建工程、无形资产和长期投资等，具有不易变现、流动性弱等特点。

长期投资是指事业单位依法取得的，持有时间超过1年（不含1年）的各种股权和债权性质的投资。

在建工程是指事业单位已经发生必要支出，但尚未完工交付使用的各种建筑（包括新建、改建、扩建、修缮等）和设备安装工程。

固定资产是指事业单位持有的使用期限超过1年（不含1年），单位价值在规定标准以上，并在使用过程中基本保持原有物质形态的资产，包括房屋及构筑物、专用设备、通用设备等。单位价值虽未达到规定标准，但是耐用时间超过1年（不含1年）的大批同类物资，应当作为固定资产核算。

无形资产是指事业单位持有的没有实物形态的可辨认非货币性资产，包括专利权、商标权、著作权、土地使用权、非专利技术等。

三、事业单位资产的确认与计量

（一）资产的确认

资产的确认需要同时满足以下两个条件：

第一，成本或价值能可靠地计量。

第二，事业单位资产的确认时间为事业单位取得资产相关权利的时间。

在事业单位资产管理中，会存在一些无法可靠计量的资产，须按要求登记入账，对资产进行价值核算和实物核算，以形成内部控制，防止资产流失，制度规定，要以名义金额对资产进行计量，并在资产负债表中反映。

（二）资产的计量

资产计量包括取得资产时的初始计量和取得资产后的后续计量。

1. 初始计量

初始计量是指资产初始确认时入账金额的确定。事业单位在确认资产时，通常按照取得资产时所发生的实际成本进行计量。除国家另有规定外，事业单位不得自行调整其账面价值。

以支付对价方式取得的资产，应当按照取得资产时支付的现金或者现金等价物的金额，或者按照取得资产时所付出的非货币性资产的评估价值等金额计量。

取得资产时没有支付对价的，其计量金额应当按照有关凭据注明的金额加上相关税费、运输费等确定；没有相关凭据的，其计量金额比照同类或类似资产的市场价格加上相关税费、运输费等确定；没有相关凭据、同类或类似资产的市场价格也无法可靠取得的，所取得的资产应当按照名义金额入账。

2. 后续计量

资产的后续计量是指事业单位资产存续期内的各期末，对资产账面价值重新计价。事业单位对资产的后续计量主要包括固定资产的累计折旧、改扩建修缮后的固定资产价值计量和无形资产的累计摊销、功能发生变化的无形资产价值的后续计量。

此外，对于盘盈实物资产的计量方法规定了如下顺序：按照同类或类似资产的实际成本或市场价格确定入账价值；同类或类似资产的实际成本、市场价格均无法可靠取得的，按照名义金额入账。

第二节　事业单位资产的核算

一、事业单位流动资产核算

（一）库存现金的核算

事业单位的库存现金是指由专职出纳经管的用于日常零星开支的款项，包括人民币现金和外币现金。

1. 现金的管理要求

由于现金流动性最强，是可以立即投入流通的交换媒介，因此事业单位应当严格按照国家有关现金管理的规定收支现金。

2. 库存现金的确认和计量

库存现金应当在收到时进行确认，按照实际收到的金额进行计量入账。

3. 库存现金的科目设置

为了核算事业单位的库存现金，在资产要素类设置"库存现金"总账科目。本科目借方登记库存现金的增加数；贷方登记库存现金的减少数；期末借方余额，反映事业单位实际持有的库存现金数。

事业单位有外币现金的，应当分别按照人民币、各种外币设置"库存现金日记账"进行明细核算。有关外币现金业务的账务处理参见"银行存款"科目的相关规定。

4. 库存现金的账务处理

第一，从银行等金融机构提取现金，按照实际提取的金额，借记本科目，贷记"银行存款"等科目；将现金存入银行等金融机构，按照实际存入的金额，借记"银行存款"科目，贷记本科目。

【例4-1】2023年12月5日，某文化事业单位开出"现金支票"从银行提取现金20000元备用。根据现金支票存根，编制会计分录如下：

借：银行存款20000元

贷：库存现金20000元

【例4-2】2023年12月5日，某文化事业单位下班前将超过库存现金限额的10000元送存银行。根据现金支票存根和送款簿回单等，编制会计分录如下：

借：银行存款10000元

贷：库存现金10000元

第二，因内部职工出差等原因借出的现金，按照实际借出的现金金额，借记"其他应收款"科目，贷记本科目；出差人员报销差旅费时，按照应报销的金额，借记有关科目，按照实际借出的现金金额，贷记"其他应收款"科目，按其差额，借记或贷记本科目。

【例4-3】2023年12月5日，某文化事业单位职工李某预借差旅费1000元，根据借款单，编制会计分录如下：

借：其他应收款——李某1000元

贷：库存现金1000元

【例4-4】2023年12月5日，某文化事业单位职工王某出差回来，报销差旅费1500元，原借2000元，余款交回现金。根据差旅费报销单、借款单等，编制会计分录如下：

借：事业支出1500元

库存现金500元

贷：其他应收款——王某2000元

第三，因开展业务等其他事项收到现金，按照实际收到的金额，借记本科目，贷记有关科目；因购买服务或商品等其他事项支出现金，按照实际支出的金额，借记有关科目，贷记本科目。

【例4-5】2023年12月5日，某文化事业单位出售废旧报纸收取现金600

元。根据收款收据，编制会计分录如下：

借：库存现金 600 元

贷：其他收入——废旧物品变卖收入 600 元

【例 4-6】2023 年 12 月 5 日，某文化事业单位购买办公用品支用现金 800元。根据购货发票，编制会计分录如下：

借：事业支出——基本支出（办公费）800 元

贷：库存现金 800 元

第四，对于每日账款核对中发现现金溢余或短缺的，应当及时进行处理。如发现现金溢余，属于应支付给有关人员或单位的部分，借记本科目，贷记"其他应付款"科目；属于无法查明原因的部分，借记本科目，贷记"其他收入"科目。如发现现金短缺，属于应由责任人赔偿的部分，借记"其他应收款"科目，贷记本科目；属于无法查明原因的部分，报经批准后，借记"其他支出"科目，贷记本科目。

【例 4-7】2023 年 12 月 6 日，某事业单位进行现金清查发现下列情况：

现金实际库存数比账面数多出 520 元，暂时没有查明原因。根据库存现金盘盈报告单，编制会计分录如下：

借：库存现金 520 元

贷：其他应付款 520 元

经过调查，发现盈余的 520 元现金为错收现金所致，则相应归还盈余款。根据相关凭证，编制会计分录如下：

借：其他应付款 520 元

贷：库存现金 520 元

假设经过调查，没有发现款项盈余的原因，或者无法找到还款人。根据相关凭证，编制会计分录如下：

借：其他应付款 520 元

贷：其他收入 520 元

【例 4-8】2023 年 12 月 8 日，某事业单位进行现金清查发现下列情况：

现金实际库存数比账面数少 300 元，暂时没有查明原因。根据库存现金盘亏报告单，编制会计分录如下：

借：其他应收款 300 元

贷：库存现金 300 元

经过调查，发现缺少的 300 元现金为出纳人员错付现金所致，由该出纳人员赔偿。收到出纳人员赔偿金时，根据收款收据，编制会计分录如下：

借：库存现金 300 元

贷：其他应收款 300 元

假设经过调查，没有发现款项缺少的原因，经单位领导批准列支。根据领导签字列支的批文，编制会计分录如下：

借：其他支出 300 元

贷：其他应收款 300 元

5. 事业单位库存现金日记账的设置

事业单位应当设置"库存现金日记账"，对库存现金进行明细核算。由出纳人员根据收付款凭证，按照业务发生顺序逐笔登记。每日终了，应当计算当日的现金收入合计数、现金支出合计数和结余数，并将结余数与实际库存数核对，做到账款相符。

现金收入业务较多、单独设有收款部门的事业单位，收款部门的收款员应当将每天所收现金连同收款凭据等一并交财务部门核收记账；或者将每天所收现金直接送存开户银行后，将收款凭据及向银行送存现金的凭证等一并交财务部门核收记账。

（二）银行存款的核算

银行存款是指事业单位存放在银行和其他金融机构的各种存款。银行存款包括人民币存款和外币存款两种。事业单位应当严格按照国家有关支付结算办法的规定办理银行存款收支业务。

1. 银行存款的确认和计量

银行存款应当在收到时进行确认，按照实际收到的金额进行计量入账。因存款产生的利息，应当在收到有关凭证证明存款增加时予以确认。

2. 银行存款的科目设置

为了核算事业单位存入银行或其他金融机构的各种存款，在资产类设置"银行存款"总账科目。本科目借方反映银行存款的增加数；贷方反映银行存款的减少数；期末借方余额反映事业单位实际存放在银行或其他金融机构的款项。

国库集中支付制度下，财政资金全部存放在国库单一账户，事业单位自行在银行开设的银行存款账户存放财政资金，因此"银行存款"科目，核算内容为事业单位的自筹资金收入、以前年度结余和各项往来款项等。

3. 银行存款的账务处理

第一，将款项存入银行或其他金融机构，借记本科目，贷记"库存现金""事业收入""经营收入"等有关科目。

【例4-9】2023年12月20日，某文化事业单位收到附属独立核算单位交来管理费收入100000元。根据收款收据和银行收款业务回单等，编制会计分录如下：

借：银行存款100000元

贷：附属单位上缴收入100000元

第二，提取和支出存款时，借记有关科目，贷记本科目。

【例4-10】2023年12月20日，某文化事业单位签发现金支票，提取现金5000元备用。根据现金支票存根等，编制会计分录如下：

借：库存现金5000元

贷：银行存款5000元

【例4-11】2023年12月20日，某文化事业单位签发转账支票，购买办公用品花费12000元。根据购货发票和银行转账支票存根等，编制会计分录如下：

借：事业支出——基本支出（办公费）12000元

贷：银行存款12000元

【例4-12】2023年12月20日，某文化事业单位收到委托收款凭证及收据，支付电费28000元。根据电费收据、委托收款凭证和银行付款业务回单等，编制会计分录如下：

借：事业支出——基本支出（电费）28000元

贷：银行存款 28000 元

【例4-13】2023 年 12 月 20 日，某文化事业单位签发转账支票支付业务培训费用 16000 元。根据收款收据和银行转账支付，编制会计分录如下：

借：事业支出——基本支出（培训费）16000 元

贷：银行存款 16000 元

第三，事业单位发生外币业务的，应当按照业务发生当日（或当期期初，下同）的即期汇率，将外币金额折算为人民币记账，并登记外币金额和汇率。

期末，各种外币账户的外币余额应当按照期末的即期汇率折算为人民币，作为外币账户期末人民币余额。调整后的各种外币账户人民币余额与原账面人民币余额的差额，作为汇兑损益计入相关支出。

（1）以外币购买物资、劳务等，按照购入当日的即期汇率将支付的外币或应支付的外币折算为人民币金额，借记有关科目，贷记本科目、"应付账款"等科目的外币账户。

（2）以外币收取相关款项等，按照收取款项或收入确认当日的即期汇率，将收取的外币或应收取的外币折算为人民币金额，借记本科目、"应收账款"等科目的外币账户，贷记有关科目。

（3）期末，根据各外币账户按期末汇率调整后的人民币余额与原账面人民币余额的差额，作为汇兑损益，借记或贷记本科目、"应收账款"、"应付账款"等科目，贷记或借记"事业支出""经营支出"等科目。

4. 银行存款日记账的设置

事业单位应当按开户银行或其他金融机构、存款种类及币种等，分别设置"银行存款日记账"，由出纳人员根据收付款凭证，按照业务的发生顺序逐笔登记，每日终了应结出余额。

"银行存款日记账"应定期与"银行对账单"核对，至少每月核对一次。月度终了，事业单位银行存款账面余额与银行对账单余额之间如有差额，必须逐笔查明原因并进行处理，按月编制"银行存款余额调节表"，调节相符。

上述会计事务中有关银行存款的收付业务，一方面要在"银行存款"总分类账户中进行总分类核算，另一方面要登记"银行存款日记账"进行明细分类核算。

（三）零余额账户用款额度的核算

1. 零余额账户用款额度的概念

零余额账户用款额度是指实行国库集中支付的事业单位根据财政部门批复的用款计划收到和支用的零余额账户用款额度。

零余额账户是指财政部门为本部门和预算单位在商业银行开设的账户，分为财政零余额账户和预算单位零余额账户。

预算单位零余额账户用于财政授权支出；财政零余额账户用于财政直接支付。

2. 零余额账户用款额度的确认和计量

零余额账户用款额度应当在收到财政部门下达的财政授权支付额度（财政授权支付额度到账通知书）时确认，按照财政授权支付额度到账通知书所列数额进行计量入账。

3. 零余额账户用款额度的科目设置

为了核算实行国库集中支付的事业单位根据财政部门批复的用款计划收到和支用的零余额账户用款额度，事业单位在资产类设"零余额账户用款额度"总账科目。本科目借方登记财政部门批准下达的零余额账户用款额度；贷方登记财政授权支付的支出数和提现数；期末借方余额，反映事业单位尚未支用的零余额用款账户额度。本科目年末无余额。

4. 零余额账户用款额度的账务处理

第一，在财政授权支付方式下，收到代理银行盖章的财政授权支付额度到账通知书时，根据通知书所列数额，借记本科目，贷记"财政补助收入"科目。

【例4-14】2023年12月3日，某文化事业单位收到财政部门下达的授权支付额度360000元。根据财政授权支付额度到账通知书，编制会计分录如下：

借：零余额账户用款额度 360000元

贷：财政补助收入——财政授权支付 360000元

第二，按规定支用额度时，借记有关科目，贷记本科目。

【例4-15】2023年12月3日，某文化事业单位通过零余额账户支付购买甲材料 150000 元。根据财政授权支付凭证等，编制会计分录如下：

借：存货——甲材料 150000 元

贷：零余额账户用款额度 150000 元

【例 4-16】2023 年 12 月 3 日，某文化事业单位通过零余额账户支付水电费 13000 元。根据财政授权支付凭证等，编制会计分录如下：

借：事业支出——基本支出（水电费）13000 元

贷：零余额账户用款额度 13000 元

第三，从零余额账户提取现金时，借记"库存现金"科目，贷记本科目。

【例 4-17】2023 年 12 月 3 日，某文化事业单位从零余额账户提取现金 5000 元备用。根据现金支票存根，编制会计分录如下：

借：库存现金 5000 元

贷：零余额账户用款额度 5000 元

第四，向按账户管理规定保留的相应账户划拨工会经费、住房公积金及提租补贴以及经财政部门批准的特殊款项时，借记"银行存款"等科目，贷记本科目。

第五，年度终了，依据代理银行提供的对账单作注销额度的相关账务处理，借记"财政应返还额度——财政授权支付"科目，贷记本科目。

事业单位本年度财政授权支付预算指标数大于零余额账户用款额度下达数的，借记"财政应返还额度——财政授权支付"科目，贷记"财政补助收入"科目。

下年初，事业单位依据代理银行提供的额度恢复到账通知书作恢复额度的相关账务处理，借记本科目，贷记"财政应返还额度——财政授权支付"科目。事业单位收到财政部门批复的上年末未下达零余额账户用款额度的，借记本科目，贷记"财政应返还额度——财政授权支付"科目。

（四）财政应返还额度的核算

1. 财政应返还额度的概念

财政应返还额度是指实行国库集中支付的事业单位应收财政返还的资金额

度，一般表现为年度终了结转下年应使用的用款额度。

国库集中支付下如果预算单位在年终尚有未使用的直接支付指标数和授权支付额度数，财政部门采取先注销后恢复的办法，于当年末将这些指标收回，第二年再恢复上一年度未使用的指标和额度，于是形成预算单位对财政的一种债权。现行制度规定预算单位对这部分财政收回的额度在"财政应返还额度"科目作债权处理。

2. 财政应返还额度的确认与计量

事业单位年末国库集中支付尚未使用的资金额度，如实行财政直接支付方式，应当根据本年度财政直接支付预算指标数与财政直接支付实际支出数的差额确认；如实行财政授权支付方式，应当根据年末注销额度金额，以及单位本年度财政授权支付预算指标数和财政授权支付额度下达数的差额确认。

3. 财政应返还额度的科目设置

为了核算实行国库集中支付的事业单位应收财政返还的资金额度，事业单位在资产要素类设置"财政应返还额度"总账科目。本科目借方登记年末财政注销的应在下年返还的预算指标数和授权资金额度数；贷方登记下年财政恢复的预算指标数和授权资金额度数；期末借方余额，反映事业单位应收财政下年度返还的资金额度数。

本科目下设置"财政直接支付""财政授权支付"两个明细科目，进行明细核算。

4. 财政应返还额度的账务处理

（1）财政直接支付年终结余资金的账务处理

年度终了，事业单位根据本年度财政直接支付预算指标数与当年财政直接支付实际支出数的差额，借记本科目（财政直接支付），贷记"财政补助收入"科目。

下年度恢复财政直接支付额度后，事业单位以财政直接支付方式发生实际支出时，借记有关科目，贷记本科目（财政直接支付）。

【例4-18】某文化事业单位为财政全额拨款事业单位，目前实行国库集中支付和政府采购制度。2023 年，该事业单位财政直接支付预算指标为 16000000 元，实际支付 15800000 元，结转结余 200000 元，年终结余资金财政收回并于下年初返还单位。

年终，根据本年度财政直接支付预算指标数 16000000 元与当年财政直接支付实际支出数 15800000 元的差额 200000 元，编制会计分录如下：

借：财政应返还额度——财政直接支付 200000 元

贷：财政补助收入——财政直接支付 200000 元

下年初，恢复财政直接支付额度后，如果事业单位发生实际支出 100000 元（支付水电费），根据财政直接支付入账通知书和水电费交费单据等，编制会计分录如下：

借：事业支出——财政补助支出——基本支出（水电费）100000 元

贷：财政应返还额度——财政直接支付 100000 元

需要注意，下年度恢复财政直接支付额度后，如果事业单位不发生实际支出，则不作账务处理。

（2）财政授权支付年终结余资金的账务处理

年度终了，事业单位依据代理银行提供的对账单作注销额度的相关账务处理，借记本科目（财政授权支付），贷记"零余额账户用款额度"科目。事业单位本年度财政授权支付预算指标数大于零余额账户用款额度下达数的，借记本科目（财政授权支付），贷记"财政补助收入"科目。

下年初，事业单位依据代理银行提供的额度恢复到账通知书作恢复额度的相关账务处理，借记"零余额账户用款额度"科目，贷记本科目（财政授权支付）。事业单位收到财政部门批复的上年末未下达零余额账户用款额度的，借记"零余额账户用款额度"科目，贷记本科目（财政授权支付）。

【例 4-19】某文化事业单位为财政全额拨款事业单位，自 2009 年起，实行国库集中支付和政府采购制度。2023 年，该事业单位财政授权预算指标为 3500000 元，本年度财政实际下达授权支付额度 3460000 元，单位实际使用额度为 3400000 元，年终结余资金财政收回并于下年初返还单位。

年度终了，事业单位根据代理银行对账单注销已下达的授权额度数为 60000

元。编制会计分录如下：

借：财政应返还额度——财政授权支付 60000 元

贷：零余额账户用款额度 60000 元

年度终了，事业单位本年度授权支付预算指标数 3500000 元大于零余额账户用款额度下达数 3460000 元，根据两者之间的差额 40000 元，编制会计分录如下：

借：财政应返还额度——财政授权支付 40000 元

贷：财政补助收入——财政授权支付 40000 元

下年初，事业单位根据代理银行提供的额度恢复到账通知书作恢复额度的相关账户处理，编制会计分录如下：

借：零余额账户用款额度 60000 元

贷：财政应返还额度——财政授权支付 60000 元

下年初，事业单位收到财政部门批复的上年未下达零余额账户用款额度，编制会计分录如下：

借：零余额账户用款额度 40000 元

贷：财政应返还额度——财政授权支付 40000 元

（五）存货的核算

存货是指事业单位在开展业务活动及其他活动中为耗用而储存的资产，包括各种材料、燃料、包装物和低值易耗品及达不到固定资产标准的用具、装具、动植物等。

事业单位随买随用的零星办公用品，可以在购进时直接列作支出，不属存货范围。

1. 存货的确认与计量

（1）存货的确认

事业单位确认的存货应当同时满足以下两个条件：

第一，存货是事业单位在工作中为耗用而储存的；

第二，存货的成本能够可靠地计量。

事业单位应当对满足上述确认条件的存货，在该存货验收合格并且入库或到达储存的指定地点时予以确认。

（2）存货的计量

第一，取得存货的计量。事业单位对取得的存货，应当按照取得时的实际成本进行计量。存货取得的成本按照如下规定确定：

①购入的存货，其成本包括购买价款、相关税费、运输费、装卸费、保险费以及其他使得存货到达目前场所和达到目前状态所发生的其他支出。

事业单位按照税法规定属于增值税一般纳税人的，其购进非自用（如用于生产对外销售的产品）材料所支付的增值税税款不计入材料成本。

②自行加工的存货，其成本包括耗用的直接材料费用、发生的直接人工费用和按照一定方法分配的与存货加工有关的间接费用。

③接受捐赠、无偿调入的存货，其成本按照有关凭据注明的金额加上相关税费、运输费等确定；没有相关凭据的，其成本比照同类或类似存货的市场价格加上相关税费、运输费等确定；没有相关凭据、同类或类似存货的市场价格也无法可靠取得的，该存货按照名义金额（即人民币1元，下同）入账。相关财务制度仅要求进行实物管理的除外。

第二，发出存货的计量。存货在发出时，应当根据实际情况采用先进先出法、加权平均法或者个别计价法确定发出存货的实际成本。计价方法一经确定，不得随意变更。低值易耗品的成本于领用时一次摊销。

第三，存货盘盈的计量。盘盈的存货，按照同类或类似存货的实际成本或市场价格确定入账价值；同类或类似存货的实际成本、市场价格均无法可靠取得的，按照名义金额入账。

第四，存货盘亏或者毁损、报废的计量。盘亏或者毁损、报废的存货，转入待处置资产时，按照待处置存货的账面余额记账。

2. 存货的科目设置

为了核算事业单位在开展业务活动及其他活动中为耗用而储存的各种材料、燃料、包装物、低值易耗品及达不到固定资产标准的用具、装具、动植物等的实际成本，在资产要素类设置"存货"总账科目。本科目借方登记存货的增加数；

贷方登记存货的减少数；期末借方余额，反映事业单位存货的实际成本。

本科目应当按照存货的种类、规格和保管地点等进行明细核算。

事业单位应当设置存货备查簿，在取得存货时登记存货的资金来源。

事业单位应当通过明细核算或辅助登记方式，登记取得存货成本的资金来源（区分财政补助资金、非财政专项资金和其他资金）。

发生自行加工存货业务的事业单位，应当在本科目下设置"生产成本"明细科目，归集核算自行加工存货所发生的实际成本（包括耗用的直接材料费用、发生的直接人工费用和分配的间接费用）。

事业单位随买随用的零星办公用品，可以在购进时直接列作支出，不通过本科目核算。

3. 存货的账务处理

（1）购入的存货

购入的存货验收入库，按确定的成本，借记本科目，贷记"银行存款""应付账款""财政补助收入""零余额账户用款额度"等科目。

属于增值税一般纳税人的事业单位购入非自用材料的，按确定的成本（不含增值税进项税额），借记本科目，按增值税专用发票上注明的增值税税额，借记"应缴税费——应缴增值税（进项税额）"科目，按实际支付或应付的金额，贷记"银行存款""应付账款"等科目。

【例4-20】2023年12月8日，某文化事业单位（小规模纳税人）购入自用A材料一批，材料价款为75000元，增值税税额为12750元，运杂费为450元，以上款项均用银行存款支付，材料已验收入库。根据购货发票、增值税专用发票、材料入库单、银行转账支票存根等，编制会计分录如下：

借：存货——A材料 88200元

贷：银行存款 88200元

【例4-21】2023年12月8日，某文化事业单位（小规模纳税人）向某公司购入非自用B材料一批，材料价款为45000元，增值税税额为7650元，运杂费为1200元，以上款项均未支付。根据购货发票、增值税专用发票、材料入库单等，编制会计分录如下：

借：存货——B 材料 53850 元

　　贷：应付账款——某公司 53850 元

【例 4-22】2023 年 12 月 8 日，某文化事业单位（一般纳税人）向某公司购入非自用 B 材料一批，材料价款为 45000 元，增值税税额为 7650 元，运杂费为 1200 元，以上款项均未支付，材料已验收入库。根据购货发票、增值税专用发票、材料入库单等，编制会计分录如下：

借：存货——B 材料 46200 元

　　　应缴税费——应缴增值税（进项税额）7650

　　贷：应付账款——某公司 53850 元

（2）自行加工的存货

自行加工的存货在加工过程中发生各种费用时，借记本科目（生产成本），贷记本科目（领用材料相关的明细科目）、"应付职工薪酬"、"银行存款"等科目。

加工完成的存货验收入库，按照所发生的实际成本，借记本科目（相关明细科目），贷记本科目（生产成本）。

（3）接受捐赠、无偿调入的存货

接受捐赠、无偿调入的存货验收入库，按照确定的成本，借记本科目，按照发生的相关税费、运输费等，贷记"银行存款"等科目，按照其差额，贷记"其他收入"科目。

按照名义金额入账的情况下，按照名义金额，借记本科目，贷记"其他收入"科目；按照发生的相关税费、运输费等，借记"其他支出"科目，贷记"银行存款"等科目。

（4）领用出库的存货

开展业务活动等领用、发出存货，按领用、发出存货的实际成本，借记"事业支出""经营支出"等科目，贷记本科目。

【例 4-23】2023 年 12 月末，某文化事业单位（小规模纳税人）对 12 月份发出的 A 材料进行账务处理（假设采用先进先出法）。2023 年 12 月 A 材料明细账见表 4-1。

表 4-1　材料明细账　（金额单位：元数　量单位：千克）

2023 年		摘要	收入			发出			结存		
月	日		数量	单价	金额	数量	单价	金额	数量	单价	金额
12	1	期初结存							400	8	3200
	8	发出				200			200		
	10	购入	500	8.2	4100				700		
	15	发出				400			300		
	20	购入	700	9	6300				1000		
	25	发出				800			200		
	31	月计	1200			1400			200		

①根据表 4-1，按先进先出法计算本月发出 A 材料的实际成本。

第一次发出 A 材料的实际成本 = 200×8 = 1600（元）

第二次发出 A 材料的实际成本 = 200×8+200×8.2 = 3240（元）

第三次发出 A 材料的实际成本 = 300×8.2+500×9 = 6960（元）

本月发出 A 材料的实际成本 = 1600+3240+6960 = 11800（元）

②根据上述计算的发出 A 材料的实际成本编制会计分录如下：

借：事业支出 11800 元

贷：存货——A 材料 11800 元

【例 4-24】2023 年 12 月末，某体育事业单位（小规模纳税人）对 12 月份发出的 B 材料进行账务处理（假设该单位采用全月一次加权平均法计算）。2023 年 12 月 B 材料明细账见表 4-2。12 月份 B 材料发出材料汇总表见表 4-3。

表 4-2　材料明细账金额　　（单位：元　数量单位：千克）

2023 年		摘要	收入			发出			结存		
月	日		数量	单价	金额	数量	单价	金额	数量	单价	金额
12	1	期初结存							1500	3	4500
	8	购入	3000	3.2	9600				4500		
	10	发出				4100			400		
	15	购入	4000	3	12000				4400		
	20	发出				3500			900		
	26	购入	2000	3.3	6600				2900		
	31	月计	9000		28200	7600	3.11	23636	2900	3.11	9019

①根据表4-2，按加权平均法计算本月发出B材料的实际成本。

B材料平均单价=（月初结存材料总金额+本月入库材料总金额）÷（月初结存材料数量+本月入库材料数量）=（4500+28200）÷（1500+9000）=3.11（元）

发出B材料的实际成本=（4100+3500）×3.11=23636（元）

②根据上述计算的发出B材料的单价编制发出材料汇总表（见表4-3）编制会计分录如下：

业务用：

借：事业支出6220元

贷：存货——B材料6220元

非业务用：

借：经营支出17416元

贷：存货——B材料17416元

表4-3　发出材料汇总表金额　　　　　　　　　　　　　　单位：元

编号	材料名称	计量单位	单价	业务用		非业务用		合计	
				数量	金额	数量	金额	数量	金额
3140	B材料	千克	3.11	2000	6220	5600	17416	7600	23636
	本月发料合计		3.11	2000	6220	5600	17416	7600	23636

（5）对外捐赠、无偿调出的存货

对外捐赠、无偿调出的存货，转入待处置资产时，按照存货的账面余额，借记"待处置资产损溢"科目，贷记本科目。

属于增值税一般纳税人的事业单位对外捐赠、无偿调出购进的非自用材料，转入待处置资产时，按照存货的账面余额与相关增值税进项税额转出金额的合计金额，借记"待处置资产损溢"科目，按存货的账面余额，贷记本科目，按转出的增值税进项税额，贷记"应缴税费——应缴增值税（进项税额转出）"科目。

实际捐出、调出存货时，按照"待处置资产损溢"科目的相应余额，借记"其他支出"科目，贷记"待处置资产损溢"科目。

（6）盘盈、盘亏的存货

事业单位的存货应当定期进行清查盘点，每年至少盘点一次。对于发生的存货盘盈、盘亏或者报废、毁损，应当及时查明原因，按规定报经批准后进行账务处理。

第一，盘盈的存货，按照确定的入账价值，借记本科目，贷记"其他收入"科目。

【例4-25】2023年12月28日，某文化事业单位（小规模纳税人）对库存A材料进行清查。清查结果盘盈100千克，账面金额共为850元。经领导批准后调整账面记录。根据领导批准文件，编制会计分录为：

借：存货——A材料850元

贷：其他收入——资产处置损溢850元

第二，盘亏或者毁损、报废的存货，转入待处置资产时，按照待处置存货的账面余额，借记"待处置资产损溢"科目，贷记本科目。

属于增值税一般纳税人的事业单位购进的非自用材料发生盘亏或者毁损、报废的，转入待处置资产时，按照存货的账面余额与相关增值税进项税额转出金额的合计金额，借记"待处置资产损溢"科目，按存货的账面余额，贷记本科目，按转出的增值税进项税额，贷记"应缴税费——应缴增值税（进项税额转出）"科目。

报经批准予以处置时，按照"待处置资产损溢"科目的相应余额，借记"其他支出"科目，贷记"待处置资产损溢"科目。

处置存货过程中所取得的收入、发生的费用，以及处置收入扣除相关处置费用后的净收入的账务处理，参见"待处置资产损溢"科目。

【例4-26】2023年12月28日，某文化事业单位（小规模纳税人）对库存生产B材料进行清查。清查结果盘亏4000千克，账面金额为12000元。经领导批准后调整账面记录。根据领导批准文件，编制会计分录为：

转入待处置资产时：

借：待处置资产损溢12000元

贷：存货——B材料12000元

报经批准予以处置时：

借：其他支出——资产处置损溢12000元

贷：待处置资产损溢 12000 元

（六）应收票据的核算

应收票据指事业单位因开展经营活动销售产品、提供有偿服务收到的商业汇票。所谓商业汇票，是指由收款人（或付款人）签发，由承兑人（付款人或付款人的委托银行）承兑，并于到期日向收款人（或背书人）支付款项的票据。商业汇票的付款期限在我国最长不超过 6 个月。

1. 商业汇票的分类

第一，按承兑人不同，分为商业承兑汇票和银行承兑汇票两种。商业承兑汇票由银行以外的付款人承兑（付款人为承兑人），银行承兑汇票由银行承兑。

第二，按是否带息，分为不带息商业汇票（又称为不带息票据）和带息商业汇票（又称为带息票据）两种。不带息票据是指到期时根据票据面值收取款项的商业汇票；带息票据是指到期时根据票据面值和利息率收取本息的商业汇票。对于带息票据，应计算票据利息，其计算公式是：

应收票据利息＝应收票据票面金额×日（月）利率×票据到期天（月）数

2. 票据贴现

票据贴现是持票人在需要资金时，将其收到的未到期承兑汇票，经过背书转让给银行，先向银行贴付利息，银行以票面余额扣除贴现利息后的票款付给收款人，汇票到期时，银行凭票向承兑人收取现款。就客户而言，贴现即贴息取现。一般地讲，用于贴现的商业汇票主要包括商业承兑汇票和银行承兑汇票两种。

应收票据在到期限前可以向银行申请贴现。应收票据的贴现要计算贴现息和贴现净额（或称贴现实收金额）。其计算公式为：

票据到期值＝票据面值+票据利息

贴现息＝票据到期值×贴现率×贴现期

贴现净额＝票据到期值−贴现息

【例 4-27】假设某事业单位持有一张票面金额为 46800 元的不带息商业汇票，出票日为 2023 年 3 月 1 日，到期日为 2023 年 6 月 1 日，该单位于 2023 年 4 月 1 日向银行贴现，年贴现率为 8%。

（1）贴现期限＝30+31+1-1=61（天）

其中：4月30天、5月31天、6月1天。

（2）贴现息＝46800×（8%：360）×61＝634.4（元）

（3）贴现净额＝46800-634.4=46165.6（元）

3. 应收票据的确认与计量

按现行制度规定，事业单位收到商业汇票，无论是否带息，均按应收票据的票面价值入账。

4. 应收票据的科目设置

为了核算事业单位因开展经营活动销售产品、提供有偿服务等而收到的商业汇票，应在资产要素类设置"应收票据"总账科目。本科目借方反映事业单位收到商业票据的票面金额；贷方反映应收票据到期收回的票面金额；期末借方余额反映事业单位持有的商业汇票票面金额。

本科目应当按照开出、承兑商业汇票的单位等进行明细核算。

事业单位应当设置"应收票据备查簿"，逐笔登记每一应收票据的种类、号数、出票日期、到期日、票面金额、交易合同号和付款人、承兑人、背书人姓名或单位名称、背书转让日、贴现日期、贴现率和贴现净额、收款日期、收回金额和退票情况等资料。应收票据到期结清票款或退票后，应当在备查簿内逐笔注销。

5. 应收票据的账务处理

第一，因销售产品、提供服务等收到商业汇票，按照商业汇票的票面金额，借记本科目，按照确认的收入金额，贷记"经营收入"等科目，按照应缴增值税金额，贷记"应缴税费——应缴增值税"科目。

【例4-28】某文化事业单位2023年3月1日因从事经营活动，向A企业销售产品一批，货款为40000元，增值税税额为6800元，收到3个月的不带息商业承兑汇票一张，面值为46800元。根据增值税专用发票、商业承兑汇票复印件等，编制会计分录如下：

借：应收票据——A企业 46800元

贷：经营收入 40000 元

　　应缴税费——应缴增值税 6800 元

【例 4-29】某文化事业单位 2023 年 4 月 21 日向 B 企业销售货物一批，货款为 30000 元，增值税税额为 5100 元，收到 3 个月的带息银行承兑汇票一张，该汇票的面值为 35100 元，票面年利率为 5%。根据增值税专用发票、银行承兑汇票复印件等，编制会计分录如下：

借：应收票据——B 企业 35100 元

贷：经营收入 30000 元

　　应缴税费——应缴增值税 5100 元

第二，持有未到期的商业汇票向银行贴现，按照实际收到的金额（即扣除贴现息后的净额），借记"银行存款"等科目，按照贴现息，借记"经营支出（利息支出）"科目，按照商业汇票的票面金额，贷记本科目（若银行无追索权）或"短期借款"科目（若银行有追索权）。

应收票据到期时，因付款人无力支付票款，按照应收票据的账面余额，转入"应收账款"科目处理。

如果实收金额小于票面金额，其差额作为利息费用处理，记入"经营支出——利息支出"科目。

第三，将持有的商业汇票背书转让以取得所需物资时，按照取得物资的成本，借记有关科目，按照商业汇票的票面金额，贷记本科目，如有差额，借记或贷记"银行存款"等科目。

第四，商业汇票到期时，应当分别按以下情况处理。

（1）收回应收票据，按照实际收到的商业汇票的票面金额，借记"银行存款"科目，贷记本科目等。

【例 4-30】假设某文化事业单位商业承兑汇票于 2023 年 6 月 2 日到期，单位办理商业承兑汇票托收手续，收到款项 46800 元。根据委托收款凭证收账通知联，编制会计分录如下：

借：银行存款 46800 元

贷：应收票据 46800 元

【例4-31】假设某文化事业单位2023年7月21日，一张票面金额为30000元、年息率为5%、期限为3个月的商业承兑汇票到期，本金和利息存入银行。应收利息（＝30000×5%÷12）×3＝375（元）。根据委托收款凭证收账通知联、银行利息结算单等，编制会计分录如下：

借：银行存款30375元

贷：应收票据30000元

经营收入——利息收入375元

（2）因付款人无力支付票款，或到期不能收回应收票据，收到银行退回的商业承兑汇票、委托收款凭证、未付票款通知书或拒付款证明等，按照商业汇票的票面金额，借记"应收账款"科目，贷记本科目。

【例4-32】假设某文化事业单位的一张票面金额为46800元的商业承兑汇票到期，对方企业无力偿还票款，该单位应将到期的商业承兑汇票的票面金额转入"应收账款"科目。根据委托收款凭证回单联，编制会计分录如下：

借：应收账款46800元

贷：应收票据46800元

（七）应收账款的核算

应收账款是指事业单位因开展经营活动销售产品、提供有偿服务等形成的应收未收款项。会计上的应收账款有其特定的范围。

第一，应收账款只反映销售产品或提供有偿劳务等形式的债权，主要包括事业单位因销售产品或提供有偿劳务等应向债务人收取的款项及代购货单位垫付的运杂费等。

第二，应收账款是流动资产性质的债权，其回收期通常不应超过一年或超过一年的一个营业周期。

1. 应收账款的确认与计量

应收账款因开展经营活动销售产品、提供有偿服务等而产生，因此应收账款应与销售收入同步确认。只有当产品销售收入或提供有偿劳务收入等的确认条件成立而货款尚未收取时，才能确认为应收账款。

应收账款通常按实际发生额入账，即收付款双方成交的价款，主要包括产品或劳务的售价、增值税税款及因销售产品为购买方垫付的运杂费等。

2. 应收账款科目设置

为了核算事业单位因开展经营活动销售产品、提供有偿服务等而形成的应收未收款项，在资产要素类设置"应收账款"总账科目。本科目借方登记应收账款发生的增加数；贷方登记应收账款发生的减少数，即已收回的应收账款和已转作商业汇票结算方式的款项；期末借方余额反映事业单位尚未收回的应收账款。

本科目应当按照对方单位（或个人）进行明细核算。

3. 应收账款的账务处理

第一，发生应收账款时，按照应收未收金额，借记本科目，按照确认的收入金额，贷记"经营收入"等科目，按照应缴增值税金额，贷记"应缴税费——应缴增值税"科目。

【例4-33】2023年12月10日，某文化事业单位（小规模纳税人）向甲单位提供劳务，应收取劳务费用50000元（不含税价），增值税税额为1500元，款项尚未收到。根据增值税专用发票，编制会计分录如下：

借：应收账款——甲单位51500元

贷：经营收入50000元

应缴税费——应缴增值税1500元

第二，收回应收账款时，按照实际收到的金额，借记"银行存款"等科目，贷记本科目。

【例4-34】承【例4-33】2023年12月15日，该文化事业单位（小规模纳税人）接到银行通知，已收到为甲单位提供的劳务费用。根据银行收款业务回单等，编制会计分录如下：

借：银行存款51500元

贷：应收账款——甲单位51500元

上缴增值税时：

借：应缴税费——应缴增值税1500元

贷：银行存款1500元

第三，逾期 3 年或以上、有确凿证据表明确实无法收回的应收账款，按规定报经批准后予以核销。核销的应收账款应在备查簿中保留登记。

（1）转入待处置资产时，按照待核销的应收账款金额，借记"待处置资产损溢"科目，贷记本科目。

（2）报经批准予以核销时，借记"其他支出"科目，贷记"待处置资产损溢"科目。

（3）已核销应收账款在以后期间收回的，按照实际收回的金额，借记"银行存款"科目，贷记"其他收入"科目。

【例 4-35】2023 年 12 月 20 日，某文化事业单位（小规模纳税人）调查证实乙单位所欠 100000 元款项确实不能收回，转入待处置资产。根据应收账款处置单，编制会计分录如下：

借：待处置资产损溢 100000 元

贷：应收账款——乙单位 100000 元

经批准作为坏账损失予以核销，编制会计分录如下：

借：其他支出——应收款项核销 100000 元

贷：待处置资产损溢 100000 元

（八）预付账款的核算

预付账款是指事业单位按照购货、劳务合同的规定，预付给供应单位的款项。

1. 预付账款的确认与计量

预付账款应当在已经支付款项且尚未收到所购物资或劳务时确认，按照实际支付的金额进行计量入账。

2. 预付账款的科目设置

为了核算事业单位依据合同约定预付的款项，资产要素类设有"预付账款"总账科目。该科目的借方记录单位预付的资金；贷方登记收到所购物资或劳务的结算；期末借方余额体现事业单位已实际预付但尚未结算的款项。

科目应当按照供应单位（或个人）进行明细核算。

3. 预付账款的账务处理

第一，发生预付账款时，按照实际预付的金额，借记本科目，贷记"财政补助收入""零余额账户用款额度""银行存款"等科目。

【例4-36】2023年12月10日，某文化事业单位向A公司订购材料一批（用于专业业务活动），合同价款为380000元（含税价），采用财政授权支付方式。通过零余额账户按照合同规定预付定金100000元，待收到货物经验收合格后，再补付其余的货款280000元。

预付定金时，根据订货合同、财政授权支付凭证等，编制会计分录如下：

借：预付账款——A公司 100000元

贷：零余额账户用款额度 100000元

第二，收到所购物资或劳务，按照购入物资或劳务的成本，借记有关科目，按照相应预付账款金额，贷记本科目，按照补付的款项，贷记"银行存款"等科目。

【例4-37】3天后，收到A公司发来的材料及发票，含税价款为380000元。材料验收入库，并支付余款280000元。根据材料购货发票、验收单、财政授权支付凭证等，编制会计分录如下：

借：存货 380000元

贷：预付账款——A公司 100000元

零余额账户用款额度 280000元

第三，预付账款的核销。逾期3年或以上、有确凿证据表明因供货单位破产、撤销等原因已无望再收到所购物资或劳务，且确实无法收回的预付账款，按规定报经批准后予以核销。核销的预付账款应在备查簿中保留登记。

（1）转入待处置资产时，按照待核销的预付账款金额，借记"待处置资产损溢"科目，贷记本科目。

（2）报经批准予以核销时，借记"其他支出"科目，贷记"待处置资产损溢"科目。

（3）已核销预付账款在以后期间收回的，按照实际收回的金额，借记"银行存款"等科目，贷记"其他收入"科目。

【例4-38】2023年12月18日，某文化事业单位（小规模纳税人）调查证实2011年2月10日预付B单位（已破产）的劳务款200000元确实不能收回，转入待处置资产，根据预付账款处置申请单，编制会计分录如下：

借：待处置资产损溢 200000元

贷：预付账款——B单位 200000元

经批准作为坏账损失予以核销，根据经批准的核销单，编制会计分录如下：

借：其他支出——预付款项核销 200000元

贷：待处置资产损溢 200000元

（九）其他应收款的核算

其他应收款是指事业单位除财政应返还额度、应收票据、应收账款、预付账款以外的其他各项应收及暂付款项，如职工预借的差旅费、拨付给内部有关部门的备用金、应向职工收取的各种垫付款项等。

1. 其他应收款的确认与计量

其他应收款应当在事业单位其他应收款项实际支付时确认，按照实际发生的金额入账。

2. 其他应收款的科目设置

为了核算事业单位除财政应返还额度、应收票据、应收账款、预付账款以外的其他各项应收及暂付款项，在资产要素类设置"其他应收款"总账科目。本科目借方登记发生的各种其他应收款项的增加数；贷方登记收回的各种其他应收款项及结转情况；期末借方余额反映事业单位尚未收回的其他应收款。

本科目应当按照其他应收款的类别以及债务单位（或个人）进行明细核算。

3. 其他应收款的账务处理

第一，发生其他各种应收及暂付款项时，借记本科目，贷记"银行存款""库存现金"等科目。

【例4-39】2023年12月5日，某文化事业单位职工李某出差借差旅费3000元，以现金支付。根据借款单，编制会计分录如下：

借：其他应收款——李某 3000 元

贷：库存现金 3000 元

第二，收回或转销上述款项时，借记"库存现金""银行存款"等科目，贷记本科目。

【例 4-40】2023 年 12 月 7 日，某文化事业单位职工李某出差回来报差旅费 3500 元，补付现金 500 元。根据差旅费报销单、借款单等，编制会计分录如下：

借：事业支出——基本支出（差旅费）3500 元

贷：库存现金 500 元

其他应收款——李某 3000 元

第三，事业单位内部备用金的核算。事业单位内部实行备用金制度的，有关部门使用备用金以后应当及时到财务部门报销并补足备用金。财务部门核定并领用备用金时，借记本科目，贷记"库存现金"等科目。根据报销数用现金补足备用金定额时，借记有关科目，贷记"库存现金"等科目，报销数和拨补数都不再通过本科目核算。

【例 4-41】某文化事业单位对其总务科实行定额备用金制度，核定备用金定额为 8000 元，以现金拨付。根据单位批复的有关文件、付款单据等，编制会计分录如下：

借：其他应收款——备用金 8000 元

贷：库存现金 8000 元

【例 4-42】某文化事业单位上述总务科按规定报销办公费支出 5000 元，财务部门核销后补足现金余额。根据购货发票，编制会计分录如下：

借：事业支出——基本支出（办公费）5000 元

贷：库存现金 5000 元

第四，其他应收款的核销。逾期 3 年或以上、有确凿证据表明确实无法收回的其他应收款，按规定报经批准后予以核销。核销的其他应收款应在备查簿中保留登记。

（1）转入待处置资产时，按照待核销的其他应收款金额，借记"待处置资产损溢"科目，贷记本科目。

（2）报经批准予以核销时，借记"其他支出"科目，贷记"待处置资产损溢"科目。

（3）已核销其他应收款在以后期间收回的，按照实际收回的金额，借记"银行存款"等科目，贷记"其他收入"科目。

（十）短期投资的核算

短期投资是指事业单位依法取得的，持有时间不超过 1 年（含 1 年）的投资，主要是国债投资。其特点是持有时间短且容易变现，属于流动资产。

1. 短期投资的确认与计量

短期投资应当在事业单位款项实际支付时确认，按照实际发生的金额进行计量入账。

2. 短期投资的科目设置

为了核算事业单位依法取得的，持有时间不超过 1 年（含 1 年）的投资，在资产要素类设置"短期投资"总账科目。本科目借方登记取得的短期投资增加数；贷方登记短期投资的收回、核销等减少数；期末借方余额反映事业单位持有的短期投资成本。

本科目应当按照国债投资的种类等进行明细核算。

3. 短期投资的主要账务处理

第一，短期投资在取得时，应当按照其实际成本（包括购买价款以及税金、手续费等相关税费）作为投资成本，借记本科目，贷记"银行存款"等科目。

【例 4-43】2023 年 1 月 1 日，某文化事业单位购入发行的 1 年期国债 20000 元，年利率为 4.2%，并支付相应的手续费 60 元。根据国债复印件、银行付款业务回单等，编制会计分录如下：

借：短期投资——债券投资 20060 元

贷：银行存款 20060 元

第二，短期投资持有期间收到利息时，按实际收到的金额，借记"银行存款"科目，贷记"其他收入——投资收益"科目。

第三，出售短期投资或到期收回短期国债本息，按照实际收到的金额，借记"银行存款"科目，按照出售或收回短期国债的成本，贷记本科目，按其差额，贷记或借记"其他收入——投资收益"科目。

【例4-44】承【例4-43】2023年12月30日，该文化事业单位购入的1年期国债到期，收到本息20840元。根据国债兑付及利息结算单、银行收款业务回单等，编制会计分录如下：

借：银行存款20840元

贷：短期投资——债券投资20060元

其他收入——投资收益780元

二、事业单位非流动资产的核算

事业单位的非流动资产是指流动资产以外的资产，包括长期投资、在建工程、固定资产、无形资产等。

（一）长期投资的核算

长期投资是指事业单位依法取得的，持有时间超过1年（不含1年）的各种股权和债权性质的投资。长期投资包括债券投资和股权投资。债券投资是事业单位通过利用货币资金购买国债的方式取得的投资；股权投资是事业单位利用货币资金、实物和无形资产方式向其他单位投资入股而取得的投资。

1. 长期投资的科目设置

事业单位设置"长期投资"科目，核算事业单位依法取得的，持有时间超过1年（不含1年）的股权和债权性质的投资。本科目应当根据长期投资的种类和被投资单位的性质等进行明细核算。本科目期末借方余额，反映事业单位持有的长期投资成本。

2. 长期投资的账务处理

（1）长期股权投资

第一，长期股权投资的取得。

取得长期股权投资的方式包括以货币资金购入、以固定资产对外投资、以无形资产对外投资等。长期股权投资在取得时，应当按照其实际成本作为投资成本。

①以货币资金取得的长期股权投资，按照实际支付的全部价款（包括购买价款以及税金、手续费等相关税费）作为投资成本，借记"长期投资"科目，贷记"银行存款"等科目；同时，按照投资成本金额，借记"事业基金"科目，贷记"非流动资产基金——长期投资"科目。

【例4-45】某文化事业单位2023年8月10日向甲企业投资2000000元，取得股权，发生相关税费15000元。根据投资协议、银行转账支票存根等，编制会计分录如下：

借：长期投资——股权投资 2015000元

贷：银行存款 2015000元

同时：

借：事业基金 2015000元

贷：非流动资产基金——长期投资 2015000元

对于发生的税费：

借：其他支出 15000元

贷：银行存款 15000元

②以固定资产取得的长期股权投资，按照投出固定资产的评估价值加上相关税费作为投资成本，借记"长期投资"科目，贷记"非流动资产基金——长期投资"科目，按发生的相关税费，借记"其他支出"科目，贷记"银行存款""应缴税费"等科目；同时，按照投出固定资产对应的非流动资产基金，借记"非流动资产基金固定资产"科目，按照投出固定资产已计提折旧，借记"累计折旧"科目，按投出固定资产的账面余额，贷记"固定资产"科目。

【例4-46】某文化事业单位2023年8月10日按协议规定，以房屋一幢对甲企业进行投资，取得股权，房屋原价为8000000元，已提折旧600000元，评估价为9000000元，用银行存款支付相关税费20000元。根据出资证明、投资协议、评估报告、银行转账支票存根等，编制会计分录如下：

对于投资成本：

借：长期投资——股权投资 9020000 元

贷：非流动资产基金——长期投资 9020000 元

对于发生的相关税费：

借：其他支出 20000 元

贷：银行存款 20000 元

同时：

借：非流动资产基金——固定资产 7400000 元

　　　累计折旧 600000 元

贷：固定资产——房屋 8000000 元

③以已入账无形资产取得的长期股权投资，按照投出无形资产的评估价值加上相关税费作为投资成本，借记"长期投资"科目，贷记"非流动资产基金长期投资"科目，按发生的相关税费，借记"其他支出"科目，贷记"银行存款""应缴税费"等科目；同时，按照投出无形资产对应的非流动资产基金，借记"非流动资产基金——无形资产"科目，按照投出无形资产已计提摊销，借记"累计摊销"科目，按照投出无形资产的账面余额，贷记"无形资产"科目。以未入账无形资产取得的长期股权投资，按照评估价值加上相关税费作为投资成本，借记"长期投资"科目，贷记"非流动资产基金——长期投资"科目，按发生的相关税费，借记"其他支出"科目，贷记"银行存款""应缴税费"等科目。

【例 4-47】某文化事业单位 2023 年 8 月 10 日按协议规定以 MY 专利权向甲企业进行投资，取得股权，该专利权账面原价为 500000 元，合同确认价值为 400000 元，累计摊销 200000 元，用银行存款支付相关税费 5000 元。根据出资证明、投资协议、银行转账支票存根等，编制会计分录如下：

对于投资成本：

借：长期投资——股权投资 405000 元

贷：非流动资产基金——长期投资 405000 元

对于发生的相关税费：

借：其他支出 5000 元

贷：银行存款 5000 元

同时：

借：非流动资产基金——无形资产 300000 元

累计摊销 200000 元

贷：无形资产——MY 专利权 500000 元

【例 4-48】承【例 4-47】假如 2023 年 8 月 10 日按协议规定以 MY 专利权向甲企业进行投资，取得股权，该专利权没有账面价值，合同确认价值为 400000 元，用银行存款支付相关税费 5000 元。根据出资证明、投资协议、银行转账支票存根等，编制会计分录如下：

对于投资成本：

借：长期投资——股权投资 405000 元

贷：非流动资产基金——长期投资 405000 元

对于发生的相关税费：

借：其他支出 5000 元

贷：银行存款 5000 元

第二，长期股权投资的收益。

长期股权投资持有期间，收到利润等投资收益时，按照实际收到的金额，借记"银行存款"等科目，贷记"其他收入投资收益"科目。

第三，长期股权投资的损失。

因被投资单位破产清算等原因，有确凿证据表明长期股权投资发生损失，按规定报经批准后予以核销。将待核销长期股权投资转入待处置资产时，按照待核销的长期股权投资账面余额，借记"待处置资产损溢"科目，贷记"长期投资"科目。报经批准予以核销时，借记"非流动资产基金——长期投资"科目，贷记"待处置资产损溢"科目。

第四，长期股权投资的转让。

事业单位转让长期股权投资，转入待处置资产时，按照待转让长期股权投资的账面余额，借记"待处置资产损溢——处置资产价值"科目，贷记"长期投资"科目。实际转让时，按照所转让长期股权投资对应的非流动资产基金，借记"非流动资产基金——长期投资"科目，贷记"待处置资产损溢——处置资产价值"科目。

转让长期股权投资过程中取得价款、发生相关税费，以及转让价款扣除相关税费后的净收入的账务处理，参见"待处置资产损溢"科目。

【例4-49】某文化事业单位2023年8月9日报经批准转让对乙企业的部分长期股权投资，账面余额为10000000元，转让价为15000000元，已存入银行，并用银行存款支付转让过程中实际发生的有关费用30000元。根据出资证明、投资协议、银行收款业务回单、银行转账支票存根等，编制会计分录如下：

转入待处置资产时：

借：待处置资产损溢——处置资产价值10000000元

贷：长期投资——股权投资10000000元

实际转让时：

借：非流动资产基金——长期投资10000000元

贷：待处置资产损溢——处置资产价值10000000元

实际取得价款时：

借：银行存款15000000元

贷：待处置资产损溢——处置净收入15000000元

发生处置费用时：

借：待处置资产损溢——处置净收入30000元

贷：银行存款30000元

处置完毕，剩余款项应上缴国库：

借：待处置资产损溢——处置净收入14970000元

贷：应缴国库款14970000元

实际上缴国库时：

借：应缴国库款14970000元

贷：银行存款14970000元

第五，因被投资单位破产清算等原因，有确凿证据表明长期股权投资发生损失，按规定报经批准后予以核销。将待核销长期股权投资转入待处置资产时，按照待核销的长期股权投资账面余额，借记"待处置资产损溢"科目，贷记本科目。

报经批准予以核销时，借记"非流动资产基金——长期投资"科目，贷记"待处置资产损溢"科目。

【例4-50】某文化事业单位2023年12月8日收到乙企业破产清算的文件，其对乙企业的长期股权投资账面余额为18000000元，按规定报经批准后予以核销。根据企业破产清算文件、上级单位或同级财政批准核销文件等，编制会计分录如下：

转入待处置资产时：

借：待处置资产损溢18000000元

贷：长期投资——股权投资18000000元

报经批准予以核销时：

借：非流动资产基金——长期投资18000000元

贷：待处置资产损溢18000000元

（2）长期债券投资

第一，长期债券投资的取得。

债券投资是事业单位通过利用货币资金购买国债的方式取得的投资。长期债券投资在取得时，应当按照其实际成本作为投资成本。以货币资金购入的长期债券投资，按照实际支付的全部价款（包括购买价款以及税金、手续费等相关税费）作为投资成本，借记"长期投资"科目，贷记"银行存款"等科目；同时，按照投资成本金额，借记"事业基金"科目，贷记"非流动资产基金——长期投资"科目。

【例4-51】某文化事业单位2023年1月1日购入发行的3年期国债20000元，年利率为5.2%，并支付相应的手续费60元。根据国债复印件、银行付款业务回单等，编制会计分录如下：

借：长期投资——债券投资20060元

贷：银行存款20060元

同时：

借：事业基金20060元

贷：非流动资产基金——长期投资 20060 元

第二，长期债券投资的利息。

长期债券投资持有期间收到利息时，按照实际收到的金额，借记"银行存款"等科目，贷记"其他收入——投资收益"科目。

第三，长期债券投资的到期和转让。

对外转让或到期收回长期债券投资本息时，按照实际收到的金额，借记"银行存款"等科目，按照收回长期投资的成本，贷记"长期投资"科目，按照其差额，贷记或借记"其他收入——投资收益"科目；同时，按照收回长期投资对应的非流动资产基金，借记"非流动资产基金——长期投资"科目，贷记"事业基金"科目。

【例 4-52】承【例 4-51】假如该单位急用资金，将国债于 2023 年 12 月 10 日出售，取得价款 20500 元，款项存入银行。根据国债出售审批文件、国债兑付及利息结算单、银行收款业务回单等，编制会计分录如下：

借：银行存款 20500 元

贷：长期投资——债券投资 20060 元

　　其他收入——投资收益 440 元

同时：

借：非流动资产基金——长期投资 20060 元

贷：事业基金 20060 元

（二）固定资产的核算

1. 固定资产的内容

根据中华人民共和国财政部令第 108 号《事业单位财务规则》第四十一条："固定资产是指使用期限超过一年，单位价值在 1000 元以上，并在使用过程中基本保持原有物质形态的资产。单位价值虽未达到规定标准，但是耐用时间在一年以上的大批同类物资，作为固定资产管理。"根据《政府会计准则第 3 号——固定资产》，"固定资产是指政府会计主体为满足自身开展业务活动或其他活动需要而控制的，使用年限超过 1 年（不含 1 年）、单位价值在规定标准以上，并在使用过程中基本保持原有物质形态的资产，一般包括房屋及构筑物、专用设备、通用设备等。单位价值虽未达到规定标准，但是使用年限超过 1 年（不含 1 年）的大批同类物资，如图书、家具、用具、装具等，应当确认为固定资产"。

事业单位固定资产是指事业单位长期使用的、不易转化为现金的有形资产。它们通常用于事业单位的生产、经营和管理活动，并在一定期限内对其产生经济效益。事业单位固定资产的定义主要包括以下几个方面：

（1）有形性

事业单位固定资产是指可以看得见、摸得着的具体物体，如土地、建筑、机械设备等。

（2）长期使用

事业单位固定资产一般具有较长的使用寿命，在其使用期间内，将为事业单位创造经济效益。

（3）不易转化为现金

事业单位固定资产相对于流动资产，其转化为现金的难度较大。因此，在融资企业贷款过程中，对事业单位固定资产的价值评估至关重要。

2. 固定资产的确认与计量

（1）固定资产的确认

事业单位取得的固定资产，应当按照以下条件进行确认：

第一，购入、无偿调入、接受捐赠等不需安装的固定资产，在固定资产验收合格时确认。

第二，购入、无偿调入、接受捐赠等需安装的固定资产，在固定资产安装完成交付使用时确认。

第三，自行建造、改建、扩建的固定资产，在建造完成交付使用时确认。

（2）固定资产的计量

第一，购入的固定资产，其成本包括购买价款、相关税费以及固定资产交付使用前所发生的可归属于该项资产的运输费、装卸费、安装调试费和专业人员服务费等。

需要注意，以一笔款项购入多项没有单独标价的固定资产，按照各项固定资产同类或类似资产市场价格的比例对总成本进行分配，分别确定各项固定资产的入账成本。

第二，自行建造的固定资产，其成本包括建造该项资产至交付使用前所发生的全部必要支出。

第三，在原有固定资产基础上进行改建、扩建、修缮后的固定资产，其成本按照原固定资产账面价值（"固定资产"科目账面余额减去"累计折旧"科目账面余额后的净值）加上改建、扩建、修缮发生的支出，再扣除固定资产拆除部分的账面价值后的金额确定入账。

第四，以融资租赁租入的固定资产，其成本按照租赁协议或者合同确定的租赁价款、相关税费以及固定资产交付使用前所发生的可归属于该项资产的运输费、途中保险费、安装调试费等确定入账。

第五，接受捐赠、无偿调入的固定资产，其成本按照有关凭据注明的金额加上相关税费、运输费等确定入账；没有相关凭据的，其成本比照同类或类似固定资产的市场价格加上相关税费、运输费等确定入账；没有相关凭据、同类或类似固定资产的市场价格也无法可靠取得的，该固定资产按照名义金额入账。

第六，投资者投入固定资产，按照评估或者合同、协议确认的价值计价入账。

第七，已投入使用但尚未办理移交手续的固定资产，可先按估计价值入账，待确定实际价值后，再进行调整。

第八，盘盈的固定资产，按照同类或类似固定资产的市场价格确定入账价值；同类或类似固定资产的市场价格无法可靠取得的，按照名义金额入账。

需要注意，固定资产借款利息和有关费用，以及外币借款的汇兑差额，在固定资产办理竣工决算之前发生的，应当计入固定资产价值；在竣工决算之后发生的，应当计入当期支出或费用。购置固定资产过程中发生的差旅费不计入固定资产价值。

3. 固定资产的科目设置

事业单位设置"固定资产"科目，核算事业单位固定资产的原价。事业单位应当根据固定资产定义，结合本单位的具体情况，制定适合本单位的固定资产目录、具体分类方法，作为进行固定资产核算的依据。事业单位应当设置"固定资产登记簿"和"固定资产卡片"，按照固定资产类别、项目和使用部门等进行明细核算。出租、出借的固定资产，应当设置备查簿进行登记。本科目期末借方余额，反映事业单位固定资产的原价。

事业单位"固定资产"科目核算的内容包括：

第一，符合前述事业单位固定资产定义的资产。

第二，对于应用软件，如果其构成相关硬件不可缺少的组成部分，应当将该软件价值包括在所属硬件价值中，一并作为固定资产进行核算；如果其不构成相关硬件不可缺少的组成部分，应当将该软件作为无形资产核算。

第三，以融资租赁租入的固定资产，作为事业单位的固定资产核算；以经营租赁租入的固定资产，不作为固定资产核算，应当另设备查簿进行登记。

第四，购入需要安装的固定资产，应当先通过"在建工程"科目核算，安装完毕交付使用时再转入本科目核算。

4. 固定资产的账务处理

（1）固定资产的取得

固定资产的取得主要包括购入、自行建造、改扩建、融资租赁、接受捐赠、无偿调入等。

固定资产在取得时，应当按照其实际成本入账。

第一，购入的固定资产。

事业单位以货币资金购入固定资产时，其成本包括购买价款、相关税费以及固定资产交付使用前所发生的可归属于该项资产的运输费、装卸费、安装调试费和专业人员服务费等。以一笔款项购入多项没有单独标价的固定资产，按照各项固定资产同类或类似资产市场价格的比例对总成本进行分配，分别确定各项固定资产的入账成本。

购入不需安装的固定资产，按照确定的固定资产成本，借记"固定资产"科目，贷记"非流动资产基金——固定资产"科目；同时，按照实际支付金额，借记"事业支出""经营支出""专用基金——修购基金"等科目，贷记"财政补助收入""零余额账户用款额度""银行存款"等科目。

【例4-53】2023年12月5日，某文化事业单位用非财政专项资金购入计算机2台，价税款合计20500元，运杂费500元，款项用银行存款支付。根据购货发票、验收单、银行付款业务回单等，编制会计分录如下：

借：事业支出——非财政专项资金支出21000元

贷：银行存款21000元

同时：

借：固定资产——通用设备21000元

贷：非流动资产基金——固定资产21000元

【例4-54】2023年12月8日，某文化事业单位收到以政府采购方式购置的交通工具小汽车一辆，价税款合计150000元。根据财政直接支付入账通知书、购货发票及汽车验收单等，编制会计分录如下：

收到小汽车时：

借：事业支出——财政补助支出150000元

贷：财政补助收入——财政直接支付（基本支出）150000元

同时：

借：固定资产——通用设备150000元

贷：非流动资产基金——固定资产150000元

购入需要安装的固定资产，先通过"在建工程"科目核算。安装完工交付使用时，借记"固定资产"科目，贷记"非流动资产基金——固定资产"科目；同时，借记"非流动资产基金——在建工程"科目，贷记"在建工程"科目。

【例4-55】2023年12月15日，某文化事业单位购入需安装的供电设备一台，价税款合计260000元，安装费40000元，通过财政授权支付。根据财政授权支付凭证、购货发票、设备验收单等，编制会计分录如下：

借：在建工程——电器设备300000元

贷：非流动资产——基金——在建工程300000元

同时：

借：事业支出——财政补助支出300000元

贷：零余额账户用款额度300000元

购入固定资产扣留质量保证金的，应当在取得固定资产时，按照确定的成本，借记"固定资产"科目（不需安装）或"在建工程"科目（需要安装），贷记"非流动资产基金——固定资产、在建工程"科目。同时取得固定资产全款发票的，应当同时按照构成资产成本的全部支出金额，借记"事业支出""经营支出""专用基金——修购基金"等科目，按照实际支付金额，贷记"财政补助收入""零余额账户用款额度""银行存款"等科目，按照扣留的质量保证金，贷记"其他应付款"［扣留期在1年以内（含1年）］或"长期应付款"（扣留期超过1年）科目；取得的发票金额不包括质量保证金的，应当同时按照不包括质量保证金的支出金额，借记"事业支出""经营支出""专用基金——修购基金"等科目，贷记"财政补助收入""零余额账户用款额度""银行存款"等科目。质保期满支付质量保证金时，借记"其他应付款""长期应付款"科目，或借记"事业支出""经营支出""专用基金——修购基金"等科目，贷记"财政补助收入""零余额账户用款额度""银行存款"等科目。

【例4-56】2023年12月20日，某文化事业单位购入需安装的锅炉一台，价税款合计360000元，安装费40000元，扣保证金60000元，通过财政直接支付。锅炉已收。根据购货发票、验收单、财政直接支付入账通知书及保证金协议等，编制会计分录如下：

借：在建工程——锅炉 400000元

贷：非流动资产基金——在建工程 400000元

同时：

借：事业支出——财政补助支出 400000元

贷：财政补助收入——财政直接支付 340000元

其他应付款——锅炉保证金 60000元

【例4-57】承【例4-56】2023年12月25日，该文化事业单位购入的锅炉安装完毕，交付使用，并支付保证金60000元。根据验收合格交付使用单、财政直接支付入账通知书及保证金协议等，编制会计分录如下：

借：固定资产——通用设备 400000元

贷：非流动资产基金——固定资产 400000元

同时：

借：非流动资产基金——在建工程 400000 元

贷：在建工程——锅炉 400000 元

借：其他应付款——锅炉保证金 60000 元

贷：财政补助收入——财政直接支付 60000 元

第二，自行建造的固定资产。

事业单位自行建造的固定资产，其成本包括建造该项资产至交付使用前所发生的全部必要支出。工程完工交付使用时，按自行建造过程中发生的实际支出，借记"固定资产"科目，贷记"非流动资产基金——固定资产"科目；同时，借记"非流动资产基金——在建工程"科目，贷记"在建工程"科目。已交付使用但尚未办理竣工决算手续的固定资产，按照估计价值入账，待确定实际成本后再进行调整。

第三，固定资产的改建、扩建、修缮。

在原有固定资产基础上进行改建、扩建、修缮后的固定资产，其成本按照原固定资产账面价值（"固定资产"科目账面余额减去"累计折旧"科目账面余额后的净值）加上改建、扩建、修缮发生的支出，再扣除固定资产拆除部分的账面价值后的金额确定。

将固定资产转入改建、扩建、修缮时，按固定资产的账面价值，借记"在建工程"科目，贷记"非流动资产基金——在建工程"科目；同时，按固定资产对应的非流动资产基金，借记"非流动资产基金——固定资产"科目，按固定资产已计提折旧，借记"累计折旧"科目，按固定资产的账面余额，贷记"固定资产"科目。工程完工交付使用时，借记"固定资产"科目，贷记"非流动资产基金——固定资产"科目；同时，借记"非流动资产基金——在建工程"科目，贷记"在建工程"科目。

第四，融资租入的固定资产。

事业单位以融资租赁方式租入的固定资产，其成本按照租赁协议或者合同确定的租赁价款、相关税费以及固定资产交付使用前所发生的可归属于该项资产的运输费、途中保险费、安装调试费等确定。

取得固定资产时，按照确定的成本，借记"固定资产"科目（不需安装）或"在建工程"科目（需安装），按照租赁协议或者合同确定的租赁价款，贷记"长期应付款"科目，按照其差额，贷记"非流动资产基金——固定资产、在建工程"科目。同时，按照实际支付的相关税费、运输费、途中保险费、安装调试费等，借记"事业支出""经营支出"等科目，贷记"财政补助收入""零余额账户用款额度""银行存款"等科目。

定期支付租金时，按照支付的租金金额，借记"事业支出""经营支出"等科目，贷记"财政补助收入""零余额账户用款额度""银行存款"等科目；同时，借记"长期应付款"科目，贷记"非流动资产基金——固定资产"科目。

跨年度分期付款购入固定资产的账务处理，参照融资租入固定资产。

【例4-58】2023年12月25日，某文化事业单位以融资租赁方式向某租赁公司租入不需安装的专用设备一台，用于某项目使用，该设备价税款合计100000元，每年支付租金20000元，分5年付清，当付清最后一笔租金后，该单位支付转让费5000元购买该专用设备。设备已运抵单位，并交付使用，用银行存款支付发生的运输费、途中保险费为4500元。根据融资租赁协议、固定资产验收单、银行付款业务回单等，编制会计分录如下：

租入固定资产时：

借：固定资产——专用设备109500元

贷：长期应付款——某公司105000元

　　　非流动资产基金——固定资产4500元

同时：

借：事业支出——其他资金支出（项目支出）4500元

贷：银行存款4500元

每年支付租金时：

借：事业支出——其他资金支出（项目支出）20000元

贷：银行存款20000元

同时：

借：长期应付款——某公司20000元

贷：非流动资产基金——固定资产 20000 元

支付最后一笔转让费，购买该专用设备时：

借：事业支出——其他资金支出（项目支出）5000 元

贷：银行存款 5000 元

同时：

借：长期应付款——某公司 5000 元

贷：非流动资产基金——固定资产 5000 元

第五，接受捐赠、无偿调入的固定资产。

事业单位接受捐赠、无偿调入固定资产时，其成本按照有关凭据注明的金额加上相关税费、运输费等确定；没有相关凭据的，其成本比照同类或类似固定资产的市场价格加上相关税费、运输费等确定；没有相关凭据、同类或类似固定资产的市场价格也无法可靠取得的，该固定资产按照名义金额入账。

接受捐赠、无偿调入的固定资产，按照确定的固定资产成本，借记"固定资产"科目（不需安装）或"在建工程"科目（需安装），贷记"非流动资产基金——固定资产、在建工程"科目；按照发生的相关税费、运输费等，借记"其他支出"科目，贷记"银行存款"等科目。

【例 4-59】2023 年 12 月 6 日，某文化事业单位接受捐赠全新发电机一台，该发电机重置价值为 280000 元，用银行存款转账支付发生的税费及其他费用为 20000 元。根据捐赠协议、设备验收单、银行付款业务回单等，编制会计分录如下：

借：固定资产——通用设备 300000 元

贷：非流动资产基金——固定资产 300000 元

同时：

借：其他支出——其他税费 20000 元

贷：银行存款 20000 元

第六，盘盈固定资产的账务处理。

盘盈的固定资产，按照确定的入账价值，借记本科目，贷记"非流动资产基金——固定资产"科目。

【例4-60】某事业单位年终进行财产清查，发现盘盈电视一台，市场类似电视销售价格为5800元。根据固定资产盘盈报告单，编制会计分录如下：

借：固定资产——通用设备 5800元

贷：非流动资产基金——固定资产 5800元

第七，计提固定资产折旧的账务处理。

按月计提固定资产折旧时，按照应计提折旧金额，借记"非流动资产基金——固定资产"科目，贷记"累计折旧"科目。

固定资产处置时，按照所处置固定资产的账面价值，借记"待处置资产损溢"科目，按照已计提折旧，借记"累计折旧"科目，按照固定资产的账面余额，贷记"固定资产"科目。

【例4-61】某项固定资产的原价为120000元，预计使用年限为10年，每月提取的折旧为1000元。根据固定资产计提折旧计算单，编制会计分录如下：

借：非流动资产基金——固定资产 1000元

贷：累计折旧 1000元

第八，与固定资产有关的后续支出账务处理。

为增加固定资产使用效能或延长其使用年限而发生的改建、扩建或修缮等后续支出，应当计入固定资产成本，通过"在建工程"科目核算，完工交付使用时转入本科目。有关账务处理参见"在建工程"科目。

为维护固定资产的正常使用而发生的日常修理费等后续支出，应当计入当期支出但不计入固定资产成本，借记"事业支出""经营支出"等科目，贷记"财政补助收入""零余额账户用款额度""银行存款"等科目。

【例4-62】某文化事业单位为改善办公条件，决定对一栋旧办公楼进行改建。旧办公楼账面余额为1000000元，已计提折旧400000元；工程改造完成，验收合格并交付使用，并支付施工企业工程价款800000元。根据办公楼改建批准文件，施工企业工程结算单、财政授权支付凭证、验收审计报告等，编制会计分录如下：

将旧办公楼转入改建工程时：

借：在建工程——办公楼 600000元

贷：非流动资产基金——在建工程 600000 元

借：非流动资产基金——固定资产 600000 元

累计折旧 400000 元

贷：固定资产——办公楼 1000000 元

实际支付的工程价款时：

借：在建工程 800000 元

贷：非流动资产基金——在建工程 800000 元

借：事业支出——财政补助支出（项目支出）800000 元

贷：零余额账户用款额度 800000 元

工程改造完成，验收合格交付使用时：

借：固定资产——办公楼 1400000 元

贷：非流动资产基金——固定资产 1400000 元

借：非流动资产基金——在建工程 1400000 元

贷：在建工程——办公楼 1400000 元

第九，出售、无偿调出、对外捐赠固定资产的账务处理。

出售、无偿调出、对外捐赠固定资产，转入待处置资产时，按照待处置固定资产的账面价值，借记"待处置资产损溢"科目，按照已计提折旧，借记"累计折旧"科目，按照固定资产的账面余额，贷记本科目。

实际出售、调出、捐出时，按照处置固定资产对应的非流动资产基金，借记"非流动资产基金——固定资产"科目，贷记"待处置资产损溢"科目。

出售固定资产过程中发生的相关税费，按照实际发生的金额，借记"待处置资产损溢（处置净收入）"科目，贷记"应缴税费""银行存款"等科目。

出售取得价款等，按照实际收到的金额，借记"银行存款"等科目，贷记"待处置资产损溢（处置净收入）"科目。

出售取得价款扣除相关税费后的净收入，借记"待处置资产损溢（处置净收入）"科目，贷记"应缴国库款"等科目。

【例4-63】2023 年 12 月 5 日，某文化事业单位将一台不需要的计算机出售，该计算机账面余额为 10000 元，已提折旧 2000 元，双方议定售价为 5000 元，已通过银行收回价款。出售过程中以现金支付发生的人工搬运费 600 元。根据处置闲置固定资产审批文件、出售协议、银行收款业务回单、搬运费收据等，编制会计分录如下：

出售转入待处置资产时：

借：待处置资产损溢——处置资产价值 8000 元

　　累计折旧 2000 元

贷：固定资产——通用设备 10000 元

经批准出售时：

借：非流动资产基金——固定资产 8000 元

贷：待处置资产损溢——处置资产价值 8000 元

出售过程中发生的相关费用：

借：待处置资产损溢——处置净收入 600 元

贷：库存现金 600 元

出售取得价款时：

借：银行存款 5000 元

贷：待处置资产损溢——处置净收入 5000 元

出售取得价款扣除相关费用后的净收入：

借：待处置资产损溢——处置净收入 4400 元

贷：应缴国库款 4400 元

【例 4-64】2023 年 12 月 5 日，某文化事业单位经主管部门批准，将一辆卡车无偿调出，卡车账面余额为 80000 元，已提折旧 20000 元。根据固定资产处置审批文件、固定资产调拨单等，编制会计分录如下：

无偿调出转入待处置资产时：

借：待处置资产损溢——处置资产价值 60000 元

　　累计折旧 20000 元

贷：固定资产——通用设备 80000 元

实现调出时：

借：非流动资产基金——固定资产 60000 元

贷：待处置资产损溢——处置资产价值 60000 元

第十，固定资产对外投资的账务处理。

以固定资产对外投资，按照评估价值加上相关税费作为投资成本，借记"长期投资"科目，贷记"非流动资产基金——长期投资"科目，按发生的相关税费，借记"其他支出"科目，贷记"银行存款""应缴税费"等科目；同时，按照投出固定资产对应的非流动资产基金，借记"非流动资产基金——固定资产"科目，按照投出固定资产已计提折旧，借记"累计折旧"科目，按照投出固定资产的账面余额，贷记本科目。

【例 4-65】2023 年 12 月 6 日，某文化事业单位对外投资转出专用设备一台以取得长期股权投资，其账面余额为 250000 元，已提折旧 50000 元，双方协议价为 200000 元，发生相关费用 3000 元，用银行存款支付。根据对外投资申请报告、批复文件、投资协议、银行转账支票存根等，编制会计分录如下：

对外投资时：

借：长期投资——股权投资 203000 元

贷：非流动资产基金——长期投资 203000 元

发生的相关费用：

借：其他支出 3000 元

贷：银行存款 3000 元

同时：

借：非流动资产基金——长期投资 200000 元

　　累计折旧 50000 元

贷：固定资产——专用设备 250000 元

第十一，固定资产盘亏或者毁损、报废的账务处理。

盘亏或者毁损、报废的固定资产，转入待处置资产时，按照待处置固定资产的账面价值，借记"待处置资产损溢"科目，按照已计提折旧，借记"累计折旧"科目，按照固定资产的账面余额，贷记本科目。

报经批准予以处置时，按照处置固定资产对应的非流动资产基金，借记"非流动资产基金——固定资产"科目，贷记"待处置资产损溢"科目。

处置毁损、报废固定资产过程中发生的相关税费，按照实际发生的金额，借记"待处置资产损溢（处置净收入）"科目，贷记"应缴税费""银行存款"等科目。

收到的固定资产残值变价收入、保险理赔和过失人赔偿等，借记"库存现金""银行存款"等科目，贷记"待处置资产损溢（处置净收入）"科目。

处置取得款项扣除相关税费后的净收入，借记"待处置资产损溢（处置净收入）"科目，贷记"应缴国库款"等科目。

需要注意，以经营租赁出租固定资产取得的租金收入，借记"银行存款"等科目，贷记"其他收入"科目。事业单位国有资产处置收入属于国家所有，应当按照政府非税收入管理的规定，实行"收支两条线"管理，列入"应缴国库款"等科目核算。

另外，事业单位处置规定限额以下的固定资产，报主管部门审批，主管部门将审批结果定期报同级财政部门备案。

事业单位处置单位价值或者批量价值在规定限额以上的资产，如房屋建筑物、土地、车辆，以及大型、精密贵重的设备、仪器等，应当经过有关部门鉴定，经主管部门审核后报同级财政部门审批。

【例4-66】2023年12月6日，某文化事业单位报废不用的专用设备一台，在清理过程中收到残值变价收入支票一张5500元（款项已存入银行），以现金支付清理费用500元。该设备原值为100000元，已提折旧90000元。根据固定资产报废审批文件、收款收据、银行收款业务回单等，编制会计分录如下：

转入待处置资产时：

借：待处置资产损溢——处置资产价值10000元

    累计折旧90000元

贷：固定资产——专用设备100000元

报经批准予以处置时：

借：非流动资产基金——固定资产10000元

贷：待处置资产损溢——处置资产价值10000元

处置过程中发生的相关费用：

借：待处置资产损溢——处置净收入 500 元

贷：库存现金 500 元

收到的固定资产残值变价收入时：

借：银行存款 5500 元

贷：待处置资产损溢——处置净收入 5500 元

处置取得款项扣除相关费用后的净收入：

借：待处置资产损溢——处置净收入 5000 元

贷：应缴国库款 5000 元

【例 4-67】2023 年 12 月 31 日，某文化事业单位年终进行财产清查，发现盘亏电脑一台，市场类似电脑价格每台为 15000 元，该电脑已提折旧 10000 元。根据固定资产盘亏报告单、盘亏处置审批文件等，编制会计分录如下：

转入待处置资产时：

借：待处置资产损溢——处置资产价值 5000 元

　　　累计折旧 10000 元

贷：固定资产——通用设备 15000 元

报经批准予以处置时：

借：非流动资产基金——固定资产 5000 元

贷：待处置资产损溢——处置资产价值 5000 元

（2）固定资产的折旧

按月计提固定资产折旧时，按照实际计提金额，借记"非流动资产基金——固定资产"科目，贷记"累计折旧"科目。关于固定资产折旧的范围、方法等详细情况参见"累计折旧"科目。

（3）固定资产的后续支出

与固定资产有关的后续支出，应分别按以下情况处理：

第一，为增加固定资产使用效能或延长其使用年限而发生的改建、扩建或修缮等后续支出，应当计入固定资产成本，通过"在建工程"科目核算，完工交付使用时转入本科目。有关账务处理参见"在建工程"科目。

第二，为维护固定资产的正常使用而发生的日常修理等后续支出，应当计入当期支出但不计入固定资产成本，借记"事业支出""经营支出"等科目，贷记"财政补助收入""零余额账户用款额度""银行存款"等科目。

（4）固定资产的处置

固定资产的处置方式包括出售、对外捐赠、无偿调出，对外投资等。

第一，出售、对外捐赠、无偿调出固定资产。

转入待处置资产时，按照待处置固定资产的账面价值，借记"待处置资产损溢"科目，按照已计提折旧，借记"累计折旧"科目，按照固定资产的账面余额，贷记"固定资产"科目。

实际出售、捐出、调出时，按照处置固定资产对应的非流动资产基金，借记"非流动资产基金——固定资产"科目，贷记"待处置资产损溢"科目。

出售固定资产过程中取得价款、发生相关税费，以及出售价款扣除相关税费后的净收入的账务处理，参见"待处置资产损溢"科目。

第二，以固定资产对外投资。

事业单位以固定资产取得长期股权投资时，按照评估价值加上相关税费作为投资成本，借记"长期投资"科目，贷记"非流动资产基金——长期投资"科目，按发生的相关税费，借记"其他支出"科目，贷记"银行存款""应缴税费"等科目；同时，按照投出固定资产对应的非流动资产基金，借记"非流动资产基金——固定资产"科目，按照投出固定资产已计提折旧，借记"累计折旧"科目，按照投出固定资产的账面余额，贷记"固定资产"科目。

（5）固定资产的清查盘点

事业单位的固定资产应当定期进行清查盘点，每年至少盘点一次。对于发生的固定资产盘盈、盘亏或者报废、毁损，应当及时查明原因，按规定报经批准后进行账务处理。

第一，盘盈的固定资产。

按照同类或类似固定资产的市场价格确定入账价值；同类或类似固定资产的市场价格无法可靠取得的，按照名义金额入账。盘盈的固定资产，按照确定的入账价值，借记"固定资产"科目，贷记"非流动资产基金——固定资产"科目。

第二，盘亏或者毁损、报废的固定资产。

转入待处置资产时，按照待处置固定资产的账面价值，借记"待处置资产损溢"科目，按照已计提折旧，借记"累计折旧"科目，按照固定资产的账面余额，贷记"固定资产"科目。

报经批准予以处置时，按照处置固定资产对应的非流动资产基金，借记"非流动资产基金——固定资产"科目，贷记"待处置资产损溢"科目。

处置毁损、报废固定资产过程中所取得的收入、发生的相关费用，以及处置收入扣除相关费用后的净收入的账务处理，参见"待处置资产损溢"科目。

5. 累计折旧

折旧是指在固定资产使用寿命内，按照确定的方法对应折旧金额进行系统分摊。固定资产在使用过程中由于磨损等原因会导致其价值贬损，为真实反映固定资产的价值，事业单位可以建立固定资产折旧制度，对固定资产进行后续计量。

（1）累计折旧的科目设置

事业单位设置"累计折旧"科目，核算事业单位固定资产计提的累计折旧。本科目应当按照所对应固定资产的类别、项目等进行明细核算。本科目期末贷方余额，反映事业单位计提的固定资产折旧累计数。

（2）固定资产折旧范围

事业单位固定资产折旧的范围主要包括房屋及构筑物、专用设备、通用设备等。文物和陈列品、动植物、图书、档案、以名义金额计量的固定资产不提折旧。

（3）固定资产折旧方法

固定资产折旧方法指将应折旧金额在固定资产各使用期间进行分配时所采用的具体计算方法。

应折旧金额是指应当计提折旧的固定资产的原价扣除其预计净残值后的金额。事业单位固定资产的应折旧金额为其成本，计提事业单位固定资产折旧不考虑预计净残值。

事业单位一般应当采用年限平均法或工作量法计提固定资产折旧。

第一，年限平均法，又称直线法，是指将固定资产的应折旧金额均衡地分摊到固定资产预计使用年限内的方法。采用这种方法计算的每期折旧额相等。其计算公式如下：

年折旧额＝固定资产原价÷预计使用年限

月折旧额＝固定资产年折旧额÷12

第二，工作量法，是根据实际工作量计算每期应计提折旧额的一种方法。其计算公式为：

单位工作量折旧额＝固定资产原价÷预计总工作量

某项固定资产月折旧额＝该项固定资产当月工作量×单位工作量折旧额

事业单位应当根据固定资产的性质和实际使用情况，合理确定其折旧年限。省级以上财政部门、主管部门对事业单位固定资产折旧年限做出规定的，从其规定。事业单位固定资产的折旧年限一般为其预计使用年限。

事业单位一般应当按月计提固定资产折旧。当月增加的固定资产，当月不提折旧，从下月起计提折旧；当月减少的固定资产，当月照提折旧，从下月起不提折旧。固定资产提足折旧后，无论能否继续使用，均不再计提折旧；提前报废的固定资产，也不再补提折旧。已提足折旧的固定资产，可以继续使用的，应当继续使用，规范管理。

计提融资租入固定资产折旧时，应当采用与自有固定资产相一致的折旧政策。能够合理确定租赁期届满时将会取得租入固定资产所有权的，应当在租入固定资产尚可使用年限内计提折旧；无法合理确定租赁期届满时能够取得租入固定资产所有权的，应当在租赁期与租入固定资产尚可使用年限两者中较短的期间内计提折旧。

固定资产因改建、扩建或修缮等原因而延长其使用年限的，应当按照重新确定的固定资产的成本以及重新确定的折旧年限，重新计算折旧额。

（4）累计折旧的账务处理

为了兼顾预算管理和财务管理双重需要，既不影响事业单位支出的预算口径，又有利于反映资产随着时间推移和使用程度发生的价值消耗情况，事业单位固定资产采用"虚提"折旧模式，在计提折旧时冲减相关净资产，而非计入当期支出。

第一，按月计提固定资产折旧时，按照应计提折旧金额，借记"非流动资基金——固定资产"科目,贷记"累计折旧"科目。

第二,固定资产处置时,按照所处置固定资产的账面价值,借记"待处置资产损溢"科目,按照已计提折旧,借记"累计折旧"科目,按照固定资产的账面余额,贷记"固定资产"科目。

(三) 在建工程的核算

在建工程是指事业单位已经发生必要支出,但尚未达到交付使用状态的建设工程。主要包括建筑工程和设备安装工程,建筑工程是指为新建、改建或扩建房屋建筑物和附属构筑物而进行的工程项目;设备安装工程是指为保证设备的正常运转而进行的设备装配、调试工程项目。在建工程达到交付使用状态时,应当按照规定办理工程竣工财务决算和资产交付使用。

1. 在建工程的科目设置

事业单位设置"在建工程"科目,核算事业单位已经发生必要支出,但尚未完工交付使用的各种建筑(包括新建、改建、扩建、修缮等)和设备安装工程的实际成本。本科目应当按照工程性质和具体工程项目等进行明细核算。本科目期末借方余额,反映事业单位尚未完工的在建工程发生的实际成本。

事业单位的基本建设投资应当按照国家有关规定单独建账、单独核算,同时按照本制度的规定至少按月并入本科目及其他相关科目反映。事业单位应当在本科目下设置"基建工程"明细科目,核算由基建账套并入的在建工程成本。

2. 在建工程的账务处理

(1) 建筑工程

第一,建筑工程转入。事业单位将固定资产转入改建、扩建或修缮等时,按照固定资产的账面价值,借记"在建工程"科目,贷记"非流动资产基金——在建工程"科目;同时,按照固定资产对应的非流动资产基金,借记"非流动资产基金——固定资产"科目,按照已计提折旧,借记"累计折旧"科目,按照固定资产的账面余额,贷记"固定资产"科目。

第二,建筑工程价款结算。事业单位根据工程价款结算账单与施工企业结算工程价款时,按照实际支付的工程价款,借记"在建工程"科目,贷记"非流动资产基金——在建工程"科目;同时,借记"事业支出"等科目,贷记"财政补助收入""零余额账户用款额度""银行存款"等科目。

第三,建筑工程借款利息。事业单位为建筑工程借入的专门借款的利息,属于建设期间发生的,计入在建工程成本,借记"在建工程"科目,贷记"非流动资产基金——在建工程"科目;同时,借记"其他支出"科目,贷记"银行存款"科目。

第四,建筑工程完工交付使用。工程完工交付使用时,按照建筑工程所发生的实际成本,借记"固定资产"科目,贷记"非流动资产基金——固定资产"科目;同时,借记"非流动资产基金——在建工程"科目,贷记"在建工程"科目。

(2)设备安装

第一,购入需要安装的设备。

取得设备尚未安装时,按照确定的成本,借记"在建工程"科目,贷记"非流动资产基金——在建工程"科目;同时,按照实际支付金额,借记"事业支出""经营支出"等科目,贷记"财政补助收入""零余额账户用款额度""银行存款"等科目。

融资租入需要安装的设备,按照确定的成本,借记"在建工程"科目,按照租赁协议或者合同确定的租赁价款,贷记"长期应付款"科目,按照其差额,贷记"非流动资产基金在建工程"科目。同时,按照实际支付的相关税费、运输费、途中保险费等,借记"事业支出""经营支出"等科目,贷记"财政补助收入""零余额账户用款额度""银行存款"等科目。

第二,发生安装费用。事业单位发生的安装费用,借记"在建工程"科目,贷记"非流动资产基金——在建工程"科目;同时,借记"事业支出""经营支出"等科目,贷记"财政补助收入""零余额账户用款额度""银行存款"等科目。

第三,设备安装完工交付使用。设备安装完工交付使用时,借记"固定资产"科目,贷记"非流动资产基金——固定资产"科目;同时,借记"非流动资产基金——在建工程"科目,贷记"在建工程"科目。

【例4-68】2023年5月5日，某文化事业单位经党务会议通过，并报上级主管部门批准，将单位车库进行改扩建。该车库原账面余额为9500000元，已提折旧1000000元；扩建过程中领用工程材料200000元，工程完工，结算工程费用300000元，由财政直接支付。经改扩建后的车库增加了停车容量，延长了使用寿命，经验收合格，交付使用。根据车库改扩建文件、材料出库单、工程结算费用单、财政直接支付入账通知书等，编制会计分录如下：

车库转入改扩建时：

借：在建工程——车库8500000元

　　贷：非流动资产基金——在建工程8500000元

同时：

借：非流动资产基金——固定资产1000000元

　　　　累计折旧8500000元

　　贷：固定资产——车库9500000元

领用工程材料时：

借：在建工程——车库200000元

　　贷：非流动资产基金——在建工程200000元

支付工程费用时：

借：在建工程——车库300000元

　　贷：非流动资基金——在建工程300000元

同时：

借：事业支出——财政补助支出（项目支出）300000元

　　贷：财政补助收入——财政直接支付300000元

交付使用时：

借：固定资产——车库9000000元

　　贷：非流动资产基金——固定资产9000000元

借：非流动资产基金——在建工程9000000元

　　贷：在建工程——车库9000000元

【例4-69】2023年9月10日，某文化事业单位财政授权支付购入需安装的锅炉一台，锅炉购买价为 150000 元，运费为 2000 元，安装费为 5000 元，设备安装完毕交付使用。根据财政授权支付凭证、购货发票、运费收据、固定资产验收单等，编制会计分录如下：

支付锅炉及运输费用时：

借：在建工程——锅炉 152000 元

贷：非流动资产基金——在建工程 152000 元

同时：

借：事业支出——财政补助支出（项目支出）152000 元

贷：零余额账户用款额度 152000 元

支付安装费用时：

借：在建工程——锅炉 5000 元

贷：非流动资产基金——在建工程 5000 元

同时：

借：事业支出——财政补助支出（项目支出）5000 元

贷：零余额账户用款额度 5000 元

设备安装完工交付使用时：

借：固定资产——锅炉 157000 元

贷：非流动资产基金——固定资产 157000 元

同时：

借：非流动资产基金——在建工程 157000 元

贷：在建工程——锅炉 157000 元

（四）无形资产的核算

无形资产是指事业单位持有的没有实物形态的可辨认非货币性资产，包括专利权、商标权、著作权、土地使用权、非专利技术等。事业单位购入的不构成相关硬件不可缺少组成部分的应用软件，应当作为无形资产核算。

1. 无形资产的科目设置

事业单位设置"无形资产"科目，核算事业单位无形资产的原价。本科目应当按照无形资产的类别、项目等进行明细核算。本科目期末借方余额，反映事业单位无形资产的原价。

2. 无形资产的账务处理

（1）无形资产的取得

无形资产的取得方式包括购入，委托软件公司开发，自行开发，接受捐赠、无偿调入等。无形资产在取得时，应当按照其实际成本入账。

第一，购入的无形资产。事业单位外购的无形资产，其成本包括购买价款、相关税费以及可归属于该项资产达到预定用途所发生的其他支出。购入的无形资产，按照确定的无形资产成本，借记"无形资产"科目，贷记"非流动资产基金——无形资产"科目；同时，按照实际支付金额，借记"事业支出"等科目，贷记"财政补助收入""零余额账户用款额度""银行存款"等科目。

第二，委托软件公司开发的无形资产。事业单位委托软件公司开发软件视同外购无形资产进行处理。支付软件开发费时，按照实际支付金额，借记"事业支出"等科目，贷记"财政补助收入""零余额账户用款额度""银行存款"等科目。软件开发完成交付使用时，按照软件开发费总额，借记"无形资产"科目，贷记"非流动资产基金——无形资产"科目。

【例4-70】2023年12月6日，某文化事业单位购入一项土地使用权，价值为500000元，由财政直接支付。根据财政直接支付入账通知书、购买土地使用权合同等，编制会计分录如下：

借：无形资产——土地使用权 500000元

贷：非流动资产基金——无形资产 500000元

同时：

借：事业支出——财政补助支出（项目支出） 500000元

贷：财政补助收入——财政直接支付（项目支出） 500000元

第三，自行开发的无形资产。事业单位自行开发并按法律程序申请取得的无形资产，按照依法取得时发生的注册费、聘请律师费等费用，借记"无形资产"科目，贷记"非流动资产基金——无形资产"科目；同时，借记"事业支出"等科目，贷记"财政补助收入""零余额账户用款额度""银行存款"等科目。

依法取得前所发生的研究开发支出,应于发生时直接计入当期支出,借记"事业支出"等科目,贷记"银行存款"等科目。

第四,接受捐赠、无偿调入的无形资产。事业单位接受捐赠、无偿调入的无形资产,其成本按照有关凭据注明的金额加上相关税费等确定;没有相关凭据的,其成本比照同类或类似无形资产的市场价格加上相关税费等确定;没有相关凭据、同类或类似无形资产的市场价格也无法可靠取得的,该资产按照名义金额入账。接受捐赠、无偿调入的无形资产,按照确定的无形资产成本,借记"无形资产"科目,贷记"非流动资产基金——无形资产"科目;按照发生的相关税费等,借记"其他支出"科目,贷记"银行存款"等科目。

【例4-71】2023年12月6日,某文化事业单位接受上级单位捐赠的著作权,其成本为180000元,发生相关费用2000元。根据捐赠文件、银行转账支票存根等,编制会计分录如下:

接受捐赠的无形资产时:

借:无形资产——著作权182000元

贷:非流动资产基金——无形资产182000元

发生相关费用时:

借:其他支出2000元

贷:银行存款2000元

(2)无形资产的摊销

按月计提无形资产摊销时,按照应计提摊销金额,借记"非流动资产基金——无形资产"科目,贷记"累计摊销"科目。有关无形资产的摊销方法等具体事宜详见"累计摊销"科目的核算。

(3)无形资产的后续支出

与无形资产有关的后续支出,应分别按以下情况处理:

第一,为增加无形资产的使用效能而发生的后续支出,如对软件进行升级改造或扩展其功能等所发生的支出,应当计入无形资产的成本,借记"无形资产"科目,贷记"非流动资产基金——无形资产"科目;同时,借记"事业支出"等科目,贷记"财政补助收入""零余额账户用款额度""银行存款"等科目。

第二，为维护无形资产的正常使用而发生的后续支出，如对软件进行漏洞修补、技术维护等所发生的支出，应当计入当期支出但不计入无形资产成本，借记"事业支出"等科目，贷记"财政补助收入""零余额账户用款额度""银行存款"等科目。

（4）无形资产的处置

事业单位无形资产的处置方式包括转让、对外捐赠、无偿调出和对外投资等。

第一，转让、无偿调出、对外捐赠无形资产。

转入待处置资产时，按照待处置无形资产的账面价值，借记"待处置资产损溢"科目，按照已计提摊销，借记"累计摊销"科目，按照无形资产的账面余额，贷记"无形资产"科目。

实际转让、调出、捐出时，按照处置无形资产对应的非流动资产基金，借记"非流动资产基金——无形资产"科目，贷记"待处置资产损溢"科目。

转让无形资产过程中取得价款、发生相关税费，以及出售价款扣除相关税费后的净收入的账务处理，参见"待处置资产损溢"科目。

【例4-72】2023年6月6日，某文化事业单位对外转让一项专利使用权，该专利权的账面价值为50000元，转让价格为56000元，款项已存入银行。已摊销价值8000元，转让时用银行存款支付发生的增值税税额和手续费为2000元。根据专利权转让合同、银行收款业务回单、增值税专用发票、银行付款业务回单等，编制会计分录如下：

转入待处置资产时：

借：待处置资产损溢——处置资产价值50000元

　　　累计摊销8000元

贷：无形资产——专利权58000元

处置时：

借：非流动资产基金——无形资产50000元

贷：待处置资产损溢——处置资产价值50000元

处置过程中发生的相关税费：

借：待处置资产损溢——处置净收入 2000 元

贷：银行存款 2000 元

收到款项存入银行时：

借：银行存款 56000 元

贷：待处置资产损溢——处置净收入 56000 元

处置取得款项扣除相关税费后的净收入：

借：待处置资产损溢——处置净收入 54000 元

贷：应缴国库款 54000 元

第二，以已入账无形资产对外投资。

事业单位以已入账无形资产取得长期股权投资时，按照评估价值加上相关税费作为投资成本，借记"长期投资"科目，贷记"非流动资产基金——长期投资"科目，按发生的相关税费，借记"其他支出"科目，贷记"银行存款""应缴税费"等科目；同时，按照投出无形资产对应的非流动资产基金，借记"非流动资产基金——无形资产"科目，按照投出无形资产已计提摊销，借记"累计摊销"科目，按照投出无形资产的账面余额，贷记"无形资产"科目。

（5）无形资产的核销

无形资产预期不能为事业单位带来服务潜力或经济利益的，应当按规定报经批准后将该无形资产的账面价值予以核销。

转入待处置资产时，按照待核销无形资产的账面价值，借记"待处置资产损溢"科目，按照已计提摊销，借记"累计摊销"科目，按照无形资产的账面余额，贷记"无形资产"科目。报经批准予以核销时，按照核销无形资产对应的非流动资产基金，借记"非流动资产基金——无形资产"科目，贷记"待处置资产损溢"科目。

【例4-73】2023 年 8 月 8 日，某文化事业单位的 ZZ 专利权已不能为其带来经济利益，报经上级单位批准后将该无形资产予以核销。该专利权取得时的账面余额为 230000 元，累计摊销 220000 元。根据上级单位批准核销文件，编制会计分录如下：

转入待处置资产时：

借：待处置资产损溢——处置资产价值 10000 元

　　累计摊销 220000 元

贷：无形资产——ZZ 专利权 230000 元

报经批准予以核销时：

借：非流动资产基金——无形资产 10000 元

贷：待处置资产损溢——处置资产价值 10000 元

（五）累计摊销的核算

摊销是指在无形资产使用寿命内，按照确定的方法对应摊销金额进行系统分摊。为真实反映无形资产的价值，事业单位可以建立无形资产摊销制度，对无形资产进行后续计量。

1. 累计摊销的科目设置

事业单位设置"累计摊销"科目，核算事业单位无形资产计提的累计摊销。本科目应当按照对应无形资产的类别、项目等进行明细核算。本科目期末贷方余额，反映事业单位计提的无形资产摊销累计数。

2. 无形资产摊销范围

事业单位应当对无形资产进行摊销，以名义金额计量的无形资产除外。

3. 无形资产摊销方法

事业单位应当采用年限平均法计提无形资产摊销。对无形资产计提摊销的金额，应当根据无形资产原价和摊销年限确定，应摊销金额为其成本。

年限平均法是指将无形资产的应摊销金额均衡地分摊到无形资产摊销期限内的方法。

采用这种方法计算的每期摊销额相等。其计算公式如下：

年摊销额＝无形资产原价÷预计使用年限

月摊销额＝无形资产年摊销额÷12

事业单位应当按照如下原则确定无形资产的摊销年限：法律规定了有效年限的，按照法律规定的有效年限作为摊销年限；法律没有规定有效年限的，按照相关合同或单位申请书中的受益年限作为摊销年限；法律没有规定有效年限、相关合同或单位申请书也没有规定受益年限的，按照不少于 10 年的期限摊销。

事业单位应当自无形资产取得当月起，按月计提摊销。无形资产减少的当月，不再计提摊销。无形资产提足摊销后，无论能否继续带来服务潜力或经济利益，均不再计提摊销；核销的无形资产，如果未提足摊销，也不再补提摊销。因发生后续支出而增加无形资产成本的，应当按照重新确定的无形资产成本，重新计算摊销额。

4. 累计摊销的账务处理

为了兼顾预算管理和财务管理双重需要，既不影响事业单位支出的预算口径，又有利于反映资产随着时间推移和使用程度发生的价值消耗情况，事业单位无形资产采用"虚提"摊销模式，在计提摊销时冲减相关净资产，而非计入当期支出。

第一，按月计提无形资产摊销时，按照应计提摊销金额，借记"非流动资产基金——无形资产"科目，贷记"累计摊销"科目。

第二，无形资产处置时，按照所处置无形资产的账面价值，借记"待处置资产损溢"科目，按照已计提摊销，借记"累计摊销"科目，按照无形资产的账面余额，贷记"无形资产"科目。

【例 4-74】2023 年 3 月 12 日，某文化事业单位用单位自有资金购入 LZ 专利权一项，成本为 50000 元，该专利权使用期限为 5 年，则每年的摊销额为 10000 元（购入专利权的全部价款的有效使用年限 = 50000÷5 = 10000 元，月摊销额 = 10000÷12 = 833.33 元）。根据无形资产购入单据、银行转账支票存根、无形资产计提摊销计算单等，编制会计分录如下：

购入时：

借：无形资产——LZ 专利权 50000 元

贷：非流动资产基金——无形资产 50000 元

同时：

借：事业支出——其他资金支出（项目支出）50000 元

贷：银行存款 50000 元

每月摊销时：

借：非流动资产基金——无形资产 833.33 元

贷：累计摊销——LZ 专利权 833.33 元

【例 4-75】2023 年 5 月 20 日，某文化事业单位对外出售 MV 著作权，该著作权的账面摊余价值为 60000 元，已摊销 30000 元，出售价格为 50000 元，款项已存入银行，出售时用现金支付发生的相关费用 300 元。根据著作权出售合同、银行收款业务回单、现金支付结算单等，编制会计分录如下：

出售转入待处置资产时：

借：待处置资产损溢——处置资产价值 60000 元

　　累计摊销 30000 元

贷：无形资产 90000 元

实现出售时：

借：非流动资产基金——无形资产 60000 元

贷：待处置资产损溢——处置资产价值 60000 元

借：银行存款 50000 元

贷：待处置资产损溢——处置净收入 50000 元

发生处置费用时：

借：待处置资产损溢——处置净收入 300 元

贷：库存现金 300 元

处置取得款项扣除相关费用后的净收入：

借：待处置资产损溢——处置净收入 47000 元

贷：应缴国库款 47000 元

（六）待处置资产损溢的核算

资产处置是指事业单位对其占有、使用的国有资产进行产权转让或者注销产权的行为。事业单位资产处置方式包括出售、出让、转让、对外捐赠、无偿调出、盘亏、报废、毁损以及货币性资产损失核销等。为加强国有资产的管理，合理处置事业单位的各项资产，正确反映资产的处置损溢，事业单位的资产处置应当单独设置账户进行核算。

1. 待处置资产损溢的科目设置

事业单位设置"待处置资产损溢"科目，核算事业单位待处置资产的价值及处置损溢。本科目应当按照待处置资产项目进行明细核算；对于在处置过程中取得相关收入、发生相关费用的处置项目，还应设置"处置资产价值""处置净收入"明细科目，进行明细核算。本科目期末如为借方余额，反映尚未处置完毕的各种资产价值及净损失；期末如为贷方余额，反映尚未处置完毕的各种资产净溢余。年度终了报经批准处理后，本科目一般应无余额。

2. 待处置资产损溢的账务处理

事业单位处置资产一般先记入本科目，按规定报经批准后及时进行账务处理。年度终了结账前一般应处理完毕。

（1）转入待处置资产

将各项核销、报废、毁损、对外捐赠、出售、出让、转让、无偿调出、盘亏的资产转入待处置资产时，按照待处置资产的账面价值借记"待处置资产损溢——处置资产价值"科目（处置固定资产、无形资产的，还应同时借记"累计折旧""累计摊销"科目），按照待处置资产的账面余额贷记相应的资产科目。

（2）处置资产

报经批准予以处置时，按照待处置资产的价值借记"其他支出"科目（应收及预付款项核销、处置存货等）或"非流动资产基金——长期投资、固定资产、无形资产"等科目，贷记"待处置资产损溢——处置资产价值"科目。

（3）变价收入与处置费用

处置资产取得的变价收入、保险理赔和过失人赔偿等，按照收到的金额，借记"库存现金""银行存款"等科目，贷记"待处置资产损溢——处置净收入"科目。处置过程中发生相关费用，按照支付的金额，借记"待处置资产损溢——处置净收入"科目，贷记"库存现金""银行存款"等科目。

（4）处置净收入

处置完毕，按照处置收入扣除相关处置费用后的净收入，借记"待处置资产损溢——处置净收入"科目，贷记"应缴国库款"等科目。

第三节 事业单位资产的管理

一、事业单位流动资产的管理

（一）事业单位流动资产的特点

事业单位的流动资产包括货币资金、短期投资、应收及预付款项、存货等。流动资产与固定资产是相对的概念，其主要特点如下。

1. 流动资产不断改变占用形态

事业单位的流动资产在使用过程中经常从一种形态转变成另一种形态。事业单位取得的资金，一般都以现金的形式存在，为了保证事业单位业务活动的正常进行，必须用现金购买相关的办公用品等，这时货币形态的流动资产就转变为实物形态的流动资产。

2. 流动资产周转时间较短

流动资产在事业单位开展各项业务活动中不断被使用或者消耗，占用在流动资产上的资金，周转一次所需时间较短。各项流动资产保持其原有形态的时间是短暂的，通常是在一年以内，具有流动性强、安全性大的特点。

3. 流动资产价值一次性消耗或转移

由于流动资产的单位价值较低、使用期限较短，决定了其一次性消耗或转移价值。

（二）现金的管理

现金是指事业单位的库存现金，主要是用于单位的日常零星开支。现金是流动资产中流动性最强的一种资产，事业单位必须严格遵守国家关于现金管理的有关规定，加强和健全现金管理制度，确保现金安全。

1. 现金使用范围的管理

按照国家现金管理制度规定，事业单位可以在下列范围内使用现金：

（1）职工工资、津贴。

（2）个人劳务报酬。

（3）根据国家规定颁发给个人的科学技术、文化艺术、体育等各种奖金。

（4）各种劳保、福利费用以及国家规定的对个人的其他支出。

（5）向个人收购农副产品和其他物资的价款。

（6）出差人员必须随身携带的差旅费。

（7）结算起点以下的零星开支。

（8）中国人民银行确定需要支付现金的其他开支。

2. 库存现金限额的管理

库存现金限额是指国家规定由开户银行给各单位核定一个保留现金的最高额度。核定单位库存现金限额的原则既要保证日常零星现金支付的合理需要，又要尽量减少现金的使用。开户单位由于经济业务发展需要增加或减少库存现金限额的，应按必要手续向开户银行提出申请。

凡在银行开户的独立核算单位都要核定库存现金限额；独立核算的附属单位，虽然没有在银行开户，但需要保留现金，也要核定库存现金限额，其限额可包括在其上级单位库存限额内；商业企业的零售门市部需要保留找零备用金，其限额可根据业务经营需要核定，但不包括在单位库存现金限额之内。

库存现金限额的计算方式一般是：

库存现金=前一个月的平均每天支付的数额（不含每月平均工资数额）×限定天数

库存现金限额的核定管理是为了保证现金的安全，规范现金管理，同时又能保证开户单位的现金正常使用。按照《现金管理暂行条例》及实施细则规定，库存现金限额由开户银行和开户单位根据具体情况商定，凡在银行开户的单位，银行应根据实际需要核定3~5天的日常零星开支数额作为该单位的库存现金限额。

库存现金限额每年核定一次，经核定的库存现金限额，开户单位必须严格遵守。其核定具体程序如下：

第一，开户单位与开户银行协商核定库存现金限额，具体公式为：

库存现金限额＝每日零星支出额×核定天数

每日零星支出额＝月（或季）平均现金支出额（不包括定期性的大额现金支出和不定期的大额现金支出）÷月（或季）平均天数

第二，开户单位填制"库存现金限额申请批准书"。

第三，开户单位将申请批准书报送单位主管部门，经主管部门签署意见，再报开户银行审查批准，开户单位凭开户银行批准的限额数作为库存现金限额。

库存现金限额经银行核定批准后，开户单位应当严格遵守，每日现金的结存数不得超过核定的限额。如库存现金不足限额时，可向银行提取现金，不得在未经开户银行准许的情况下坐支现金。库存现金限额一般每年核定一次，单位因生产和业务发展、变化需要增加或减少库存限额时，可向开户银行提出申请，经批准后，方可进行调整，单位不得擅自超出核定限额增加库存现金。

3. 现金的日常管理要求

（1）各单位实行收支两条线，不准"坐支"现金

所谓"坐支"现金，是指企事业单位和机关、团体、部队从本单位的现金收入中直接支出现金。各单位现金收入应于当日送存银行，如当日确有困难，由开户单位确定送存时间。如遇特殊情况需要坐支现金，应该在现金日记账上如实反映坐支情况，并同时报告开户银行，便于银行对坐支金额进行监督和管理。

（2）企业送存现金和提取现金，必须注明送存现金的来源和支取的用途，且不得私设"小金库"

按照《现金管理暂行条例》及其实施细则，企事业单位和机关团体部队现金管理应遵循"八不准"，即：

第一，不准用不符合财务制度的凭证顶替库存现金。

第二，不准单位之间互相借用现金。

第三，不准谎报用途套取现金。

第四，不准利用银行账户代其他单位和个人存入或支取现金。

第五，不准将单位收入的现金以个人名义存作储蓄。

第六，不准保留账外公款。

第七，不准发生变相货币。

第八，不准以任何票券代替人民币在市场上流通。

4. 建立健全现金管理制度

（1）钱账分管制度

即管钱的不管账，管账的不管钱。配备专职出纳员，负责办理现金收、付和保管业务，非出纳人员不得经管现金收、付和保管业务。

（2）严格遵守《现金管理暂行条例》及其实施细则的规定

（3）现金必须及时交库

各业务部门收入的现金，应于当天送交财务部门，不得挪用、挤占和将公款私存银行。

（4）坚持日清日结

出纳员办理现金出纳业务，必须做到按日清理、按日结账，结出库存现金账面余额，并与库存现金实地盘点数核对相符。

（5）坚持现金盘点制度

出纳自身盘点，应由领导以及有关业务人员定期抽查盘点，重点检查账款是否相符，有无白条抵库、有无私借公款、有无挪用公款、有无账外资金等违纪行为。

（6）规定库存现金限额

实际库存现金超过库存限额时，出纳员应将超过部分及时送存银行，如实际库存现金低于库存限额，应及时补提现金。

（三）银行存款的管理

银行存款是指事业单位存放在银行或者非银行金融机构的货币资金。加强银行存款管理，必须按以下要求进行：

第一，各类货币资金应按照资金性质或业务需要，开设银行账户进行结算。财务部门应设置银行存款分户账，逐日记录收、支、结存情况，每月与银行对账单核对，编制未达账款调节表，保持账实相符。

第二，财务部门收到各业务部门的各种银行收入的结算票据，填写进账单并及时送存银行，在银行确认收妥后，有关经办的业务部门方可办理业务结算手续。在款项未收妥之前，不可办理钱物交易的结算手续。

第三，各类银行存款的支票预留印鉴和密码，由财务负责人和出纳人员分别掌握，不得向其他部门或个人借用、泄露。如因借用、泄密而造成的经济损失应由财务部查明原因，追究借用、泄密者的赔偿责任。

第四，使用现金支票，不论对外支付款项或补充库存，均需由财务负责人或其指定人签发。

第五，使用转账支票，应由经办部门或经办人员持填写借据和结算凭证（包括购货发票、账单、收据等）经财务负责人和总经理（总裁）签字同意后，由出纳开出转账支票，凡不能预先取得结算凭证，需要借用空白支票的，须填写借据并经财务负责人和总经理（总裁）签字同意后，由经办人员在出纳员处办理借（领）用款手续，并在支票有关栏目填写签发日期、用途和限额，方可借出。借出的转账支票如发生丢失现象，经办人员应及时向财务部门报告，并向银行办理挂失手续。由于支票丢失造成的经济损失，应由丢失人赔偿，特殊情况可由财务部门根据具体情况提出处理意见，经总经理或上级批准后处理。

第六，需采用银行汇票、商业汇票、银行本票、汇兑、委托收款、信用证、托收承付等结算形式办理收、付款项的，同领用转账支票程序。

第七，业务经办人员借领的空白支票和财务部门办理的各种汇票，经办人员必须在规定期限内负责办理有关入库审批和报销手续，月终前必须将支票存根和未使用的支票交回财务部门。未按规定及时办理者，财务部门有权拒绝对其办理支票再借领手续。

第八，严格执行银行结算规定。任何人不得出租或出借银行存款账户；不准签发空头支票和远期支票；不得弄虚作假套取现金和银行信用卡。否则，由此造成的罚款等损失应由责任人赔偿。

（四）应收及预付款项的管理

应收及预付款项是指事业单位在开展业务活动中形成的各项债权，包括财政应返还额度、应收票据、应收账款、其他应收款等应收款项和预付账款。

1. 应收票据

应收票据是指单位持有的、尚未到期兑现的商业票据。商业票据是载有一定付款日期、付款地点、付款金额和付款人的无条件支付的流通证券。

商业票据可以按不同的标准进行分类:

第一,票据按能否立即兑付,分为即期票据和远期票据。即期票据见票即付,远期票据则须到指定的付款日期到期时才能兑付。

第二,票据按是否附息,分为附息票据和无息票据。附息票据到期时除需支付票据面额外,还须按票面规定的利率支付利息,无息票据到期时只需支付票据面额。

2. 应收账款

应收账款是指单位因销售商品、提供劳务等经营活动,应向购货单位或接受劳务单位收取的款项,主要包括销售商品或提供劳务等应向有关债务人收取的价款及代购货单位垫付的包装费、运杂费等。

3. 其他应收款

其他应收款是应收款项的另一重要组成部分,是指除应收票据、应收账款和预付账款以外的各种应收暂付款项。其他应收款通常包括暂付款,是指在商品交易业务以外发生的各种应收、暂付款项。

4. 预付账款

预付账款是因购货和接受劳务,按照合同规定预付给供应单位的款项,主要是预付货款。事业单位必须重视和加强应收款项和预付款项的管理,建立一个良好的应收及预付款项的内部控制制度,主要应注意以下几个问题:

(1) 职责分工制度

例如,记账人员、开具销货发票人员不应兼任出纳员;票据保管人员不得经办会计记录;各级人员都应有严密的办事手续制度。

(2) 严格的审批制度

例如,各种赊销预付,接受顾客票据或票据的贴现换新,都应按规定的程序批准。

（3）健全的凭证保管、记录和审核制度

客户的借款凭证必须妥善地审查保管，做好明细记录并及时登记入账，凭证的收入和支出必须经过审查。

（4）及时的货款对账、清算和催收制度

对应收及预付账款应及时进行排队分析，针对逾期账款采取不同措施，努力促使账款及时、足额清算和回收。对经办人员建立责任制度，加强各项账款的催收工作。

（5）严格的审查和管理制度

对预付账款的协议、合同应严格审查，对销货退回和折让、票据贴现和坏账转销应加强审核和管理。

5. 财政应返还额度

财政应返还额度是指实行国库存集中支付的事业单位，年终应收财政下年度返还的资金额度。核算财政国库管理制度改革单位年终结余资金的账务处理，具体应以主管财政机关的核定结果为依据。可采用"财政直接支付""财政授权支付"核算。

实行财政直接支付，年终结余资金账务处理时，借方登记单位本年度财政直接支付预算指标数与财政直接支付实际支出数的差额，贷方登记下年度实际支出的冲减数。

实行财政授权支付，年终结余资金账务处理时，借方登记单位零余额账户注销额度数，贷方登记下年度恢复额度数。

（五）零余额账户用款额度的管理

为了适应财政国库管理制度改革资金核算的需要，规范财政国库集中支付改革后预算单位会计核算工作，财政部在2001年颁发的《财政国库管理制度改革试点会计核算暂行办法》（以下简称《暂行办法》）中，增设了"零余额账户用款额度"科目，用于核算预算单位在授权支付额度内办理授权支付业务。

事业单位零余额账户每日发生的支付，于当日营业终了前由代理银行在财政部批准的用款额度内与国库单一账户清算。事业单位零余额账户可办理转账、提取现金等支付结算业务，可以向本单位按账户管理规定保留的相应账户划拨工会经费、住房公积金及提租补贴，以及经财政部批准的特殊款项，不得违反规定向本单位其他账户和上级主管单位、所属下级单位账户划拨资金。

零余额账户用款额度按月度下达，在年度内可以累加使用。年度终了，代理银行和事业单位对截至 12 月 31 日财政授权支付额度的下达、支用、余额等情况进行对账。代理银行将事业单位零余额账户财政授权支付额度余额全部注销，银行对账单作为事业单位年终零余额账户用款额度余额注销的记账凭证。下年度初，事业单位根据代理银行提供的额度恢复到账通知书作恢复额度的相关账务处理。

事业单位零余额账户只能用于办理支付业务，单位的自有收入、经营收入、往来收入等非财政性资金，不得进入本单位零余额账户。财政零余额账户不作为事业单位一项流动资产来反映。

1. 财政部零余额账户

财政部零余额账户用于实施财政直接支付。该账户每日的支付款项，应在当日营业结束前与国库单一账户进行清算；对于单笔支付金额达到或超过 5000 万元（含 5000 万元）人民币的，应及时进行清算。财政部零余额账户在国库会计操作中得以应用。

2. 预算单位零余额账户

预算单位零余额账户用于财政授权支出。该账户每日发生的支付，于当日营业终了前由代理银行在财政部批准的用款额度内与国库单一账户清算；营业中单笔支付额 5000 万元（含 5000 万元）人民币以上的，应及时与国库单一账户清算。财政授权的转账业务一律通过预算单位零余额账户办理。预算单位零余额账户在行政单位会计和事业单位会计中使用。

3. 预算单位零余额账户在事业单位会计中的账务处理

（1）事业单位应设置"零余额账户用款额度"科目

收到"授权支付到账通知书"后，根据通知书所列数额，借记"零余额账户用款额度"科目，贷记"拨入经费"科目或"财政补助收入"科目。事业单位购买物品、服务等支用额度时，借记"经费支出""事业支出"或"材料"等科目，贷记"零余额账户用款额度"科目；属于购入固定资产的，借记"固定资产"科目，贷记"固定基金"科目。事业单位从零余额账户提取现金时，借记"现金"科目，贷记"零余额账户用款额度"科目。

（2）年度终了，零余额用款额度必须清零

事业单位依据代理银行提供的对账单注销额度时，借记"财政应返还额度——财政授权支付"科目，贷记"零余额账户用款额度"科目；如果单位本年度财政授权支付预算指标数大于零余额账户用款额度下达数，根据两者的差额，借记"财政应返还额度——财政授权支付"科目，贷记"拨入经费"或"财政补助收入"科目。

（六）事业存货的管理

存货是指事业单位在开展业务活动及其他活动中为耗用而储存的资产，包括材料、燃料、包装物和低值易耗品等。

存货是国际上通用的一个名称，也是我国企业财务制度中使用的一个概念。存货是流动资产的重要组成部分。现实中存货的价值往往要占事业单位流动资产价值相当大的比重，加强对存货的管理是事业单位财务管理的重要内容之一。

1. 理顺关系，建立科学的管理体制

目前大部分事业单位对存货管理普遍实行的是分类归口管理模式，这一方法既有优点，也有弊端。对存货管理，应实行"统一领导、统一计划、统一采购"的制度，成立以主管领导为首，各分管领导及职能部门、财务部门、监督部门参与的存货管理机构，负责存货统一管理的监督检查执行情况。在管理机构的统一领导及管理下，由财务部门、职能部门、保管人、使用部门、使用人等分工负责，形成既有分工负责，又有统一管理的管理体系。

2. 事业单位要建立健全存货的管理制度

从购买、验收、入库、保管、领用到转让、对外投资、盘点，都要有严格的审批制度。对一些价值较高的存货、贵重存货要专人负责并建立岗位责任制。对存货的转让、对外投资、盘点，要按照有关规定严格把关，确保存货的安全、完整。同时，还要提高存货的使用效益，科学确定存货的库存量，避免闲置、重复采购和浪费的现象。

3. 加强事业单位存货的财务核算及管理

单位的财务部门要对存货的采购、入库、领用等情况，及时进行核算、入账；对对外投资、转让要严格把关，根据真实的情况登记入账；对盘盈盘亏的存货要查明原因，及时处理；对事业性与经营性存货要分别核算。另外，在财务制度和会计制度中应明确规定存货的计价方法，包括存货增加及存货减少的计价方法，确保核算口径一致。

4. 建立定额管理制度

为使事业单位的存货保持在一个合理的水平上，事业单位应当实行存货的定额管理，建立存货的储备定额，减少单位存货的库存费用。

材料储备资金定额=材料每日平均耗用量×计划单价×储备日数

材料平均每日耗用量=计划期材料耗用总量÷计划期日数

储备日数=供应间隔日数×系数+在途日数+整理准备日数+保险日数

二、事业单位非流动资产的管理

（一）固定资产管理

1. 固定资产的日常管理

（1）固定资产日常管理的基础工作

第一，验收合格。登记入账的固定资产，财务上要求必须调试验收合格，只有达到可以使用状态的固定资产才能发挥生产效能。对没有安装完成的固定设备，在财务的处理上也有相应的规定，要记入"在建工程"科目，作为正式固定资产的一个过渡称谓。

第二，登记品名、规格。要对固定资产进行有效管理，固定资产必须有固定的名称，名称必须符合行业标准，简明、通俗易记、准确无误。固定资产除名称以外，还应该有明确的规格，否则随着同类设备的增加，很可能增加识别的难度：一方面，财务会计在建立固定资产台账的时候必须登记固定资产名称、规格；另一方面，对于使用部门的固定资产，必须在醒目的位置上张贴固定资产标识，标签上注明与会计账务上相同的名称及规格。

第三，设立固定资产编码。在固定资产较多的单位，由于品名、规格的相同或相似，给固定资产的日常管理、盘点、识别带来了许多的不便。要解决这个问题，就要建立固定资产编码，会计人员对确认的每一项固定资产，都要编制出一个唯一的固定资产编码，将这一个编码同时在会计固定资产台账和实物标签中体现出来。

（2）做好固定资产日常管理工作

第一，加强教育，提高认识。

资产管理不仅仅是资产管理员或其他哪个人、哪个部门的事，与每个公务人员都息息相关，是每个人的责任。在系统内要加强教育，提高全体人员的责任意识，倡导"勤俭节约，爱护公物"的风气，树立以单位为家的意识，尽可能地保护资产的完好，做到物尽其用，延长资产的使用寿命，提高资产使用效率。

第二，完善制度，规范流程。

一是规范资产入库登记制度，严把数量、质量关。采购小组对计划购置的设备特别是电子设备和专用设备等，在设备的规格、型号、内部配置及其他技术要求方面要细致地验收，必要时应聘请专业技术人员协助验收，以提高实物资产验收的工作质量。

二是规范资产的领用交回制度。完善资产转移手续，新购置的资产出库时，要将数量、质量和规格等内容让资产使用单位和使用人进行确认。内部调拨的资产以及资产暂时不需要或需交回时，在资产转移前，要按照出库单的相关内容进行先查验后移交，资产移交的双方需在数量、质量和规格等方面进行确认。资产内部调拨时要有调拨单，资产交回时则以入库单的形式详细记录资产转移手续。

三是规范资产保管清查制度。资产的保管工作必须是在单位提供专门场所和指定专人负责的前提下进行的，除了对保管的资产做到数量清、质量清、规格清、存放有序以外，还要做好资产保管的规范统计、资产的维修登记、报废鉴定等工作。要保证每年对实物资产进行清查盘点，特别是在基层单位负责人调整时，应履行资产盘点和移交手续，始终保持卡片信息与实物资产的真实、统一。在资产的定期盘点中，资产管理员要认真撰写现有资产的存量、结构和使用状况的报告，对闲置的资产以及利用率不高的资产要提出合理调配计划，使单位领导对资产管理情况有比较全面的了解，以充分发挥资产的使用效率。

四是完善资产维护保养制度。资产的维护保养主要是资产使用单位或资产使用人的职责，但在各单位的资产管理办法和实施细则中往往只作了条款式的规定，而使用单位对资产要维护保养什么、有哪些要求等，则不够清楚。资产管理员应按资产的类型、技术要求、操作规程等在工作要点、流程等方面对资产的维护保养作出明确规定，特别是对车辆和电子设备、电器设备等贵重、精密的资产要加强定期的维护与保养。资产管理员要制订资产维修计划，检查并改善资产的使用状况，减少资产的非正常损耗，延长国有资产的使用寿命。

第三，及时建档，完善资料。

加强固定资产档案资料的日常积累，建立与完善固定资产档案，以使资产管理的基础性工作更加规范化。财务部门在资产入账时，要严把审核关，保证资产的购置、验收入库及出库等手续齐全，并对相关凭证和资料进行日常积累和整理，与行政部门协调配合，随时掌握资产的存量结构和使用状况，为资产的信息统计上报、处置及动态管理等做好基础性工作。

第四，全程监督，实施奖惩。

资产管理员要按照工作职权和管理制度的要求，对资产进行全程监控。资产管理员要参与到资产购建和流转的每一个环节，对验收入库的资产进行详细登记和信息录入，做到数量清、质量清、规格清，并掌握资产管理的整体情况。同时，将资产的日常监管、常规使用与维护保养等工作，作为每个单位及个人年度考核的内容之一，对责任心不强，管理不善，造成不当损失的按有关规定进行处理；对工作做得好的，应给予表彰，并在评先评优等方面给予优先考虑，激发其工作热情和责任心，从而不断提高资产管理水平。

2. 固定资产购建的管理

固定资产增加的来源主要有购入的固定资产，基建投资建设完工验收的固定资产，自制的固定资产、无偿调入的固定资产和接受捐赠的固定资产。

（1）购入的固定资产管理

按照实际支付的买价和调拨价及运杂费、安装费、缴纳的有关税费等计价。行政事业单位应当根据工作需要和财力，认真研究、科学论证，编制年度固定资产采购计划，经单位领导审批，主管部门同意，报财政部门批准后，列入当年预算，并在批准的范围内购置。单位购置贵重精密固定资产，应当事先进行可行性论证，提出各种不同方案，择优选用。如果购买属于控制范围的商品，必须按照有关控制社会集团购买力的规定办理，执行政府采购制度。对购入的固定资产，应由单位资产管理部门组织验收；对购置的专业设备、贵重精密设备（仪器）等，应当会同有关专业技术人员进行验收。经验收合格后，资产管理部门要填制"固定资产验收单"，办理固定资产入库手续；财务部门要填制记账凭单，计入固定资产总账。

（2）基建投资建设完工验收的固定资产管理

基本建设项目竣工交付使用时，施工单位应当按照规定办理基本建设竣工决算，并编造完工清册，逐项注明完工财产的数量和价值。同时，按照规定将有关技术文件交给建设单位。行政事业单位由单位资产管理部门组织验收。经验收合格的项目，应填制"基本建设工程完工项目验收单"，登记固定资产账簿、卡片；财务部门办理与购入固定资产相同的入账手续。

（3）自制的固定资产、无偿调入的固定资产和接受捐赠的固定资产的管理

自制的固定资产、无偿调入的固定资产和接受捐赠的固定资产均应按照规定，进行计价、验收，并登记入账。

3. 固定资产处置的管理

（1）事业单位固定资产处置的概念及范围

事业单位固定资产处置是指固定资产的无偿转让、出售、置换、报损、报废等。范围包括：闲置资产；因技术原因并经科学论证，确需报废、淘汰的资产；因单位分立、撤销、合并、改制、隶属关系改变等原因发生的产权或者使用权转移的资产；盘亏、呆账及非正常损失的资产；已超过使用年限无法继续使用的资产；根据国家政策规定需要处置的资产。

（2）事业单位固定资产处置的程序

事业单位处置国有资产应当严格履行审批手续，未经批准不得处置。事业单位固定资产的处置应当遵循公开、公正、公平的原则，数量较多或者价值较高的，还应通过拍卖等市场竞价的方式公开处置。报有关部门审批时，还应根据不同情况提交有关文件、证件及资料。

事业单位固定资产价值或者批量价值在规定限额以上的，应先经主管部门审核，然后再报同级财政部门审批；规定限额以下的固定资产，只需报主管部门审批，主管部门将审批结果定期报同级财政部门备案。"规定限额"要根据各级政府的规定而定，一般指原值在 1 万元以上（含 1 万元）或年度内总额在 5 万元以上的固定资产。

（3）事业单位固定资产处置收入的会计核算方法

事业单位固定资产处置的变价收入和残值收入属于国家所有，按照政府非税收入管理的规定，应及时全额上缴财政非税收入专户，实行"收支两条线"管理，严禁坐支和挪作他用。

4. 固定资产折旧管理

（1）固定资产折旧的含义

固定资产折旧指一定时期内，为弥补固定资产损耗，按照规定的固定资产折旧率提取的固定资产折旧，或按国民经济核算统一规定的折旧率虚拟计算的固定资产折旧。它反映了固定资产在当期生产中的转移价值。

各类企业和企业化管理的事业单位的固定资产折旧是指实际计提的折旧费。

不计提折旧的政府机关、非企业化管理的事业单位和居民住房的固定资产折旧是按照统一规定的折旧率和固定资产原值计算的虚拟折旧。

计提折旧的固定资产包括：①房屋建筑物；②在用的机器设备、食品仪表、运输车辆、工具器具；③季节性停用及修理停用的设备；④以经营租赁方式租出的固定资产和以融资租赁方式租入的固定资产。

不计提折旧的固定资产包括：①已提足折旧仍继续使用的固定资产；②以前年度已经估价单独入账的土地；③提前报废的固定资产；④以经营租赁方式租入的固定资产和以融资租赁方式租出的固定资产。

（2）影响固定资产折旧的因素

第一，固定资产原价。固定资产原价是指固定资产的成本。已达到预定可使用状态、但尚未办理竣工决算的固定资产，应当按照估计价值确定其成本，并计提折旧；待办理竣工决算手续后，再按实际成本调整原来的暂估价值，但不需要调整原已计提的折旧额。

第二，预计净残值。预计净残值是指假定固定资产预计使用寿命已满并处于使用寿命终了时，企业从该项资产处置中获得的扣除预计处置费用后的金额。在具体练习题中，题目一般直接作为已知条件给出。

第三，固定资产减值准备。固定资产减值准备是指固定资产已计提的固定资产减值准备累计金额。

第四，固定资产的使用寿命。固定资产的使用寿命是指使用固定资产的预计期间或者该固定资产所能生产产品或提供劳务的数量。确定固定资产使用寿命时，应当考虑下列因素：①该资产的预计生产能力或实物产量；②该资产的有形损耗，如设备使用中发生磨损、房屋建筑物受到自然侵蚀等；③该资产的无形损耗，如因新技术的出现而使现有的资产技术水平相对陈旧、市场需求变化使产品过时等；④法律或类似规定对该项资产使用的限制。

（二）无形资产管理

1. 无形资产的含义与特征

事业单位无形资产是指持有的没有实物形态的、可辨认的非货币性资产，包括专利权、商标权、著作权、土地使用权、非专利技术等。

无形资产在使用和形成过程中，具有不同于有形资产的特征，具体如下。

（1）非实体性

一方面，无形资产没有人们感官可感触的物质形态，只能从观念上感觉它。它或者表现为人们心目中的一种形象，或者以特许权形式表现为社会关系范畴；另一方面，它在使用过程中没有有形损耗，报废时也无残值。

（2）垄断性

无形资产的垄断性表现在以下几个方面：有些无形资产在法律制度的保护

下，禁止非持有人无偿地取得；排斥他人的非法竞争，如专利权、商标权等；有些无形资产的独占权虽不受法律保护，但只要能确保秘密不泄露于外界，实际上也能独占，如专有技术、秘诀等；还有些无形资产不能与单位整体分离，除非整个单位产权转让，否则别人无法获得，如商业信誉。

（3）不确定性

无形资产的有效期受技术进步和市场变化的影响，很难予以确定。

（4）共享性

共享性是指无形资产有偿转让后，可以由几个主体同时共有，而固定资产和流动资产不可能同时在两个或两个以上的单位中使用，例如，商标权受让企业可以使用，同时出让企业也可以使用。

（5）高效性

无形资产能给企事业单位带来远远高于其成本的经济效益。一个单位无形资产越丰富，其获利能力越强；反之，无形资产短缺，获利能力就弱，市场竞争力也就越差。

2. 无形资产的内容

（1）专利权

根据我国的专利法规定，专利权分为发明专利和实用新型及外观设计专利两种，自申请日起计算，发明专利权的期限为 20 年，实用新型及外观设计专利权的期限为 10 年。发明者在取得专利权后，在有效期限内享有专利的独占权。

（2）非专利技术

非专利技术没有法律上的有效年限，只有经济上的有效年限。

（3）商标权

商标是用来辨认特定商品和劳务的标记，代表着企业的一种信誉，从而具有相应的经济价值。根据我国商标法规定，注册商标的有效期限为 10 年，期满可依法延长。

（4）著作权

著作权又称版权，指作者对其创作的文学、科学和艺术作品依法享有的某些特殊权利。著作权包括两方面的权利，即精神权利（人身权利）和经济权利

（财产权利）。前者指作品署名、发表作品、确认作者身份、保护作品的完整性、修改已经发表的作品等权利，包括发表权、署名权、修改权和保护作品完整权；后者指以出版、表演、广播、展览、录制唱片、摄制影片等方式使用作品以及因授权他人使用作品而获得经济利益的权利。

（5）土地使用权

土地使用权是单位按照法律规定所取得的在一定时期内对国有土地进行开发、利用和经营的权利。

（6）商誉

商誉是指能在未来期间为企业经营带来超额利润的潜在经济价值，或一家企业预期的获利能力超过可辨认资产正常获利能力（如社会平均投资回报率）的资本化价值。商誉是单位整体价值的组成部分。

（7）特许权

特许权又称特许经营权、专营权，是指企业在某一地区经营或销售某种特定商品的权利或是一家企业接受另一家企业使用其商标、商号、秘密技术等权利。

3. 无形资产管理的内容

无形资产管理的内容广泛而又丰富，从无形资产要素角度讲，无形资产管理包括厂商名称管理、专利权管理、商标权管理、技术（经营）秘密管理、域名管理等；从无形资产形成的角度讲，包括无形资产开发设计阶段管理、申请权益阶段管理、权益维护管理、应用管理等。

实施无形资产管理应该从三方面入手。

（1）设置无形资产管理部门，配备专门的无形资产管理人员

一般来讲，应设置专门的无形资产管理部门，配备专门的无形资产管理人员对单位的无形资产进行综合、全面、系统的管理。无形资产管理部门的主要职能包括：对所有无形资产的开发、引进、投资进行总的控制；就无形资产在生产经营管理中实施应用的客观要求，协调企业内部其他各有关职能部门的关系；协调与企业外部国家有关专业管理机构的关系；协调企业与其他企业的关系；维护企业无形资产资源安全完整；考核无形资产的投入产出状况和经济效益情况。

（2）设计专门的无形资产管理制度

设计专门的无形资产管理制度包括无形资产开发方面的管理制度，无形资产权益（权益取得、维护、保护）方面的管理制度，无形资产对外许可、转让、合作管理制度，无形资产档案管理制度，无形资产奖惩管理制度，无形资产投入产出考核制度，无形资产融资管理制度，无形资产评估管理制度，无形资产监控制度，无形资产审计管理制度，无形资产国际权益管理制度，无形资产投资管理制度。它涉及技术开发管理、市场营销、工商管理、财务管理（含会计核算）、对外经济技术合作、情报信息管理、质量管理等若干领域。

（3）使用专门的无形资产管理工具

可以采用现代无形资产信息系统，将无形资产的管理、监控与经营业绩的考核结合起来，为各类企事业单位进行无形资产管理提供一个科学的模式。

第五章

事业单位负债的核算与管理

第一节　事业单位负债概述

负债是指事业单位所承担的能以货币计量，需要以资产或者劳务偿还的债务。这种债务是由过去或现在业已发生的经济业务引起的，需要事业单位在将来以支付现金、银行存款、其他资产或者提供劳务等形式来抵偿的一切经济负担。

事业单位的或有负债不作为事业单位负债予以列报，但要在报表附注中予以说明。

一、事业单位负债的分类

事业单位的负债按照流动性，分为流动负债和非流动负债。流动负债是指预计在1年内（含1年）偿还的负债；非流动负债是指流动负债以外的负债。

（一）流动负债

事业单位的流动负债包括短期借款、应付及预收款项、应付职工薪酬、应缴款项等。

短期借款是指事业单位借入的期限在1年内（含1年）的各种借款。

应付及预收款项是指事业单位在开展业务活动中发生的各种债务，包括应付票据、应付账款、其他应付款等应付款项和预收账款。

应付职工薪酬是指事业单位应付未付的职工工资、津贴补贴等。

应缴款项是指事业单位应缴未缴的各种款项，包括应当上缴国库或者财政专户的款项、应缴税费，以及其他按照国家有关规定应当上缴的款项。

（二）非流动负债

事业单位的非流动负债包括长期借款、长期应付款等。

长期借款是指事业单位借入的期限超过 1 年（不含 1 年）的各种借款。

长期应付款是指事业单位发生的偿还期限超过 1 年（不含 1 年）的应付款项，主要指事业单位融资租入固定资产发生的应付租赁款。

如果某项负债应当在 1 年内偿还，但因故在 1 年内没有偿还，只要没有改变要求偿还的期限，那么这项负债仍属于流动负债。随着时间的推移，如果非流动负债中有部分或全部将于 1 年内到期，那么这些将于 1 年内到期的非流动负债在报告日应当报告为流动负债。

二、负债的确认和计量

（一）负债的确认

事业单位负债同时满足以下条件，才能够被确认为负债：

1. 符合负债的定义。

2. 偿债的金额能够可靠地计量。

事业单位应当在承担确定的偿债责任时确认相应的负债。

注意，符合负债定义并确认的负债项目，应当列入事业单位资产负债表；事业单位承担的或有负债，不列入资产负债表，但应当在报表附注中披露。如果事业单位承担了将来要履行支付的义务，但未能确定需要支付的金额，就不能确认为负债。

（二）负债的计量

事业单位的负债应当按照合同金额或实际发生额进行计量。

事业单位应当对不同性质的负债分类管理，及时清理并按照规定办理结算，保证各项负债在规定期限内归还。事业单位应当建立健全财务风险控制机制，规范和加强借入款项管理，严格执行审批程序，不得违反规定举借债务和提供担保。

第二节　事业单位负债的核算

一、事业单位流动负债的核算

事业单位的流动负债是指预计在 1 年内（含 1 年）偿还的负债。包括短期借款、应付及预收款项、应付职工薪酬、应缴款项等。

（一）短期借款的核算

借款是事业单位借入有偿使用的各种款项。事业单位根据业务活动的需要，从银行或其他金融机构取得短期借款，以弥补事业经费的不足。短期借款是事业单位有偿使用的资金，需要按期偿还借款并支付借款利息。根据《事业单位财务规则》的规定，事业单位应当建立健全财务风险控制机制，规范和加强借入款项管理，严格执行审批程序，不得违反规定举借债务。

1. 短期借款的科目设置

事业单位设置"短期借款"科目，核算事业单位借入的期限在 1 年内（含 1 年）的各种借款。本科目应当按照贷款单位和贷款种类进行明细核算。本科目期末贷方余额，反映事业单位尚未偿还的短期借款本金。

2. 短期借款的账务处理

（1）取得短期借款

借入各种短期借款时，按照实际借入的金额，借记"银行存款"科目，贷记"短期借款"科目。银行承兑汇票到期，本单位无力支付票款的，按照银行承兑汇票的票面金额，借记"应付票据"科目，贷记"短期借款"科目。

【例5-1】2023 年 1 月 1 日，某文化事业单位从银行借入，期限为 9 个月、年利率为 4.5%、到期还本付息的 800000 元短期借款。根据借款单、银行收款业务回单等，编制会计分录如下：

借入款项时：

借：银行存款 800000 元

贷：短期借款 800000 元

（2）支付借款利息

银行承兑汇票到期，本单位无力支付票款的，按照银行承兑汇票的票面金额，借记"应付票据"科目，贷记本科目。

【例5-2】2023 年 7 月 5 日，某文化事业单位购买风华文化传播公司的影视作品著作权，价款为 150000 元，向对方开具了一张期限为 3 个月的银行承兑商业汇票；10 月 5 日，票据到期，资金发生困难，该文化事业单位无力支付票款。根据购货发票、银行承兑汇票复印件，编制会计分录如下：

7 月 5 日，开出商业汇票时：

借：无形资产——著作权 150000 元

贷：应付票据——风华文化传播公司 150000 元

10 月 5 日，银行承兑汇票到期：

借：应付票据——风华文化传播公司 150000 元

贷：短期借款 150000 元

（3）到期归还

归还短期借款时，借记"短期借款"科目，贷记"银行存款"科目。

【例5-3】承【例5-1】2023 年 9 月 1 日，某文化事业单位偿还 2023 年 1 月 1 日借款本金。根据借款合同、银行付款业务回单等，编制会计分录如下：

借：短期借款 800000 元

贷：银行存款 800000 元

（二）应付及预收款项的核算

应付及预收款项是指事业单位在开展业务活动中发生的各项债务，包括应付票据、应付账款、其他应付款等应付款项和预收账款。

1. 应付票据的核算

应付票据是指事业单位因购买材料、物资等而开出、承兑的商业汇票，包括银行承兑汇票和商业承兑汇票。

应付票据按实际签发商业汇票或实际收到商业汇票时确认；按票据签发时的票面金额进行计量入账。

（1）应付票据的科目设置

为了核算事业单位因购买材料、物资等而开出、承兑的商业汇票，在负债要素类设置"应付票据"总账科目。本科目贷方登记单位因购买材料、货品等而开出、承兑的商业汇票票面金额；借方登记已到期或已兑付的商业汇票票面金额；期末贷方余额反映事业单位开出、承兑的尚未到期的商业汇票票面金额。

本科目应当按照债权单位进行明细核算。

事业单位应当设置"应付票据备查簿"，详细登记每一应付票据的种类、号数、出票日期、到期日、票面金额、交易合同号、收款人姓名或单位名称，以及付款日期和金额等资料。应付票据到期结清票款后，应当在备查簿内逐笔注销。

（2）应付票据的主要账务处理

第一，开出、承兑商业汇票时，借记"存货"等科目，贷记本科目。以承兑商业汇票抵付应付账款时，借记"应付账款"科目，贷记本科目。

【例5-4】2023年8月10日，某文化事业单位向华联材料厂购入乙种材料一批，用于专业业务活动，增值税专用发票上注明的价款为40000元，增值税税额为6800元。该文化事业单位出具一张期限为3个月、年利率为8%的商业承兑汇票，材料已验收入库。根据增值税专用发票、材料入库单、商业承兑汇票复印件等，编制会计分录如下：

借：存货——乙种材料46800元

贷：应付票据46800元

第二，支付银行承兑汇票的手续费时，借记"事业支出""经营支出"等科目，贷记"银行存款"等科目。

第三，商业汇票到期时，应当分别按以下情况处理：

①收到银行支付到期票据的付款通知时，借记本科目，贷记"银行存款"

科目。

【例5-5】承【例5-4】2023年11月10日，该票据到期，支付本息共计47600元，其中利息800元（40000×8%÷12×3）。根据商业承兑汇票复印件、银行付款业务回单等，编制会计分录如下：

借：应付票据 46800元

其他支出——利息 800元

贷：银行存款 47600元

【例5-6】某文化事业单位因经营活动开出的3个月的银行承兑汇票2023年7月2日到期，该单位支付票款140400元及银行手续费70.20元。根据银行承兑汇票复印件、银行付款业务回单等，编制会计分录如下：

借：应付票据 140400元

经营支出 70.20元

贷：银行存款 140470.20元

②银行承兑汇票到期，本单位无力支付票款的，按照汇票票面金额，借记本科目，贷记"短期借款"科目。

【例5-7】某文化事业单位2023年7月2日开出的3个月的银行承兑汇票到期，无力支付票款，票款金额为140400元。根据银行承兑汇票复印件、企业托收凭证等，编制会计分录如下：

借：应付票据 140400元

贷：短期借款 140400元

③商业承兑汇票到期，本单位无力支付票款的，按照汇票票面金额，借记本科目，贷记"应付账款"科目。

【例5-8】承【例5-4】2023年11月10日，该票据到期，本单位无力付款。根据商业承兑汇票复印件、企业托收凭证等，编制会计分录为：

借：应付票据 46800元

其他支出——利息 800元

贷：应付账款 47600元

2. 应付账款和长期应付款的核算

应付账款是指事业单位因购买材料、物资或接受劳务等而应付的款项，主要是由于取得货物等的时间与结算付款的时间不一致而产生的。长期应付款是指事业单位发生的偿还期限超过 1 年（不含 1 年）的应付款项，主要指事业单位融资租入固定资产发生的应付租赁款，跨年度分期付款购入固定资产的价款等。

（1）应付账款和长期应付款的确认和计量

应付账款和长期应付款的入账时间，应以所购买物资的所有权转移或接受劳务等已发生为标志；应当在事业单位收到所购物资或服务、完成工程承担相应支付义务等时确认。

应付账款和长期应付款应当按照购买物资或服务等应付未付的金额入账。

（2）应付账款和长期应付款的科目设置

第一，应付账款的科目设置。为了核算事业单位因购买材料、物资或接受劳务等而应付的款项，在负债要素类设置"应付账款"总账科目。本科目贷方登记单位因购买材料、物资或接受劳务等而应付给供应单位的款项；借方登记已偿付的应付款项；期末贷方余额反映事业单位尚未支付的应付账款。本科目应当按照债权单位（或个人）进行明细核算。

第二，长期应付款的科目设置。为了核算事业单位发生的偿还期限超过 1 年（不含 1 年）的应付款项，在负债要素类设置"长期应付款"总账科目。本科目贷方登记发生的长期应付款数；借方登记归还的长期应付款数；期末贷方余额，反映事业单位尚未支付的长期应付款。本科目应当按照长期应付款的类别以及债权单位（或个人）进行明细核算。

（3）应付账款的主要账务处理

第一，发生应付账款时。对于购入材料、物资等已验收入库但货款尚未支付的，按照应付未付金额，借记"存货"等科目，贷记"应付账款"科目（以下简称本科目）。

【例5-9】2023 年 5 月 1 日，某文化事业单位从红星材料厂购入甲材料一批用于专业业务活动，价款为 70000 元，增值税税额为 11900 元，材料已验收入库，价税款尚未支付。根据增值税专用发票、材料入库单等，编制会计分录如下：

借：存货——甲材料 81900 元

贷：应付账款——红星材料厂 81900 元

【例 5-10】2023 年 6 月 3 日，某文化事业单位为加工海报（经营活动，一般纳税人），向开明纸厂购入纸张一批，价款为 120000 元，增值税税额为 20400 元，纸张已验收入库，价税款尚未支付。根据增值税专用发票、材料及入库单等，编制会计分录如下：

借：存货——纸张 120000 元

应缴税费——应缴增值税（进项税额）20400 元

贷：应付账款——开明纸厂 140400 元

第二，偿付应付账款时，按照实际支付的款项金额，借记本科目，贷记"银行存款"等科目。

【例 5-11】承【例 5-9】2023 年 5 月 16 日，某文化事业单位通过银行转账支付该甲材料及税款。根据银行付款业务回单，编制会计分录如下：

借：应付账款——红星材料厂 81900 元

贷：银行存款 81900 元

第三，开出、承兑商业汇票抵付应付账款时，借记本科目，贷记"应付票据"科目。

【例 5-12】承【例 5-10】2023 年 7 月 2 日，该文化事业单位开出 3 个月的银行承兑汇票一张，支付上述纸张款及税款。根据银行承兑汇票复印件等，编制会计分录如下：

借：应付账款——开明纸厂 140400 元

贷：应付票据 140400 元

第四，无法偿付或债权人豁免偿还的应付账款时，借记本科目，贷记"其他收入"科目。

（4）长期应付款的主要账务处理

第一，发生长期应付款时，借记"固定资产""在建工程"等科目，贷记"长期应付款"科目（以下简称本科目）、"非流动资产基金"等科目。

【例 5-13】2023 年 1 月 8 日，某文化事业单位为从事专业业务活动融资租入 5 年期一台需要安装的设备，该设备价款为 500000 元，安装费为 20000 元。根据融资租赁合同、设备验收单、银行付款业务回单等，编制会计分录如下：

租入时：

借：固定资产 520000 元

贷：长期应付款 500000 元

　　非流动资产基金——固定资产 20000 元

支付安装费时：

借：事业支出 20000 元

贷：银行存款 20000 元

第二，支付长期应付款时，借记"事业支出""经营支出"等科目，贷记"银行存款"等科目；同时，借记本科目，贷记"非流动资产基金"科目。

【例 5-14】承【例 5-13】每年支付租赁费时，根据融资租赁合同、银行付款业务回单等，编制会计分录如下：

借：事业支出 100000 元

贷：银行存款 100000 元

借：长期应付款 100000 元

贷：非流动资产基金——固定资产 100000 元

第三，无法偿付或债权人豁免偿还的长期应付款，借记本科目，贷记"其他收入"科目。

3. 预收账款的核算

预收账款是指事业单位按合同规定预收的款项。

事业单位应当在按照合同规定收到对方预付的款项时确认；按照实际收到的金额进行计量入账。

（1）预收账款的科目设置

为了核算事业单位按合同规定预收的款项，在负债要素类设置"预收账款"总账科目。本科目贷方登记预收的款项；借方登记款项的实际结算数和退回的多余款数；期末贷方余额反映事业单位按合同规定预收但尚未实际结算的款项。

本科目应当按照债权单位（或个人）进行明细核算。

（2）预收账款的主要账务处理

第一，从付款方预收款项时，按照实际预收的金额，借记"银行存款"等科目，贷记本科目。

【例5-15】2023年2月16日，某文化事业单位为华美公司提供服务，合同规定的服务款总额为100000元，预计3个月完成，合同规定订货方预付服务款的50%，另外50%待业务完成后再支付。根据服务合同、收款收据、银行收款业务回单等，预收50%服务款时编制会计分录如下：

借：银行存款 50000元

贷：预收账款——华美公司 50000元

第二，确认有关收入时，借记本科目，按照应确认的收入金额，贷记"经营收入"等科目，按照付款方补付或退回付款方的金额，借记或贷记"银行存款"等科目。

第三，无法偿付或债权人豁免偿还的预收账款，借记本科目，贷记"其他收入"科目。

【例5-16】承【例5-15】2023年5月16日，某文化事业单位按合同规定提供的服务如期完成，经对方验收后，收到余款50000元。根据收款收据、银行收款业务回单等，编制会计分录如下：

借：预收账款 50000元

　　银行存款 50000元

贷：经营收入 100000元

4. 其他应付款的核算

其他应付款是事业单位除应缴税费、应缴国库款、应缴财政专户款、应付职工薪酬、应付票据、应付账款、预收账款之外的其他各项偿还期限在1年内（含1年）的应付及暂收款项，如存入保证金等。

其他应付款应当在发生其他应付义务或收到属于其他应付款的款项时确认；按照实际发生的金额进行计量入账。

（1）其他应付款的科目设置

为了核算事业单位除应缴税费、应缴国库款、应缴财政专户款、应付职工薪酬、应付票据、应付账款、预收账款之外的其他各项偿还期限在 1 年内（含 1 年）的应付及暂收款项，在负债要素类设置"其他应付款"总账科目。本科目贷方登记其他应付款的增加数；借方登记其他应付款的减少数；期末贷方余额反映事业单位尚未支付的其他应付款。

本科目应当按照其他应付款的类别以及债权单位（或个人）进行明细核算。

（2）其他应付款的主要账务处理

第一，发生其他各项应付及暂收款项时，借记"银行存款"等科目，贷记本科目。

第二，支付其他应付款项时，借记本科目，贷记"银行存款"等科目。

第三，无法偿付或债权人豁免偿还的其他应付款项，借记本科目，贷记"其他收入"科目。

（三）应付职工薪酬的核算

应付职工薪酬是事业单位按有关规定应付给职工及为职工支付的各种薪酬，包括基本工资、绩效工资、国家统一规定的津贴补贴、社会保险费、住房公积金等。

1. 应付职工薪酬的科目设置

事业单位设置"应付职工薪酬"科目，核算事业单位按有关规定应付给职工及为职工支付的各种薪酬。包括基本工资、绩效工资、国家统一规定的津贴补贴、社会保险费、住房公积金等。本科目应当根据国家有关规定按照"工资（离退休费）""地方（部门）津贴补贴""其他个人收入""社会保险费"以及"住房公积金"等进行明细核算。本科目期末贷方余额，反映事业单位应付未付的职工薪酬。

工资（离退休费），包括工资和离退休费。工资是事业单位按国家统一规定，应发放给在职人员的岗位工资、薪级工资、绩效工资，以及经国务院或人力资源和社会保障部、财政部批准设立的津贴补贴。离退休费是指按国家统一规定，应发放给离退休人员的离休、退休费及经国务院或税务登记管理、财政部批准设立的津贴补贴。

地方（部门）津贴补贴是事业单位按照地方或部门出台的规定，发放给职工的津贴补贴。津贴是因职工特殊或额外劳动而给予的补助，补贴是为了保证职工工资水平不受物价影响而给予的补助。

其他个人收入是按国家规定发放给个人除上述以外的其他收入，主要包括误餐费、夜餐费、伙食补助费、市内交通费等。

社会保险费是指事业单位按规定为职工缴纳并缴存社会保险管理机构的基本养老、基本医疗、失业、工伤、生育等社会保险费。

住房公积金是指事业单位按规定为职工缴纳并缴存住房公积金管理机构的长期住房公积金。

2. 应付职工薪酬的账务处理

（1）计提职工薪酬

事业单位计提当期应付职工薪酬，借记"事业支出""经营支出"等科目，贷记"应付职工薪酬"科目。

（2）支付职工薪酬

事业单位向职工支付工资、津贴补贴等薪酬，借记"应付职工薪酬"科目，贷记"财政补助收入""零余额账户用款额度""银行存款"等科目。

（3）代扣代缴个人所得税

事业单位按税法规定代扣代缴个人所得税，借记"应付职工薪酬"科目，贷记"应缴税费——应缴个人所得税"科目。实际代缴时，借记"应缴税费——应缴个人所得税"科目，贷记"银行存款"等科目。

（4）缴纳社会保险费和住房公积金

事业单位按照国家有关规定缴纳职工社会保险费和住房公积金，借记"应付职工薪酬"科目，贷记"财政补助收入""零余额账户用款额度""银行存款"等科目。

（5）支付其他款项

事业单位从应付职工薪酬中支付其他款项，借记"应付职工薪酬"科目，贷记"财政补助收入""零余额账户用款额度""银行存款"等科目。

【例5-17】2023年12月5日，某文化事业单位按规定标准、范围计算出12月份工资157800元，其中工资（离退休费）130000元，地方（部门）津贴补贴16000元，其他个人收入11800元。根据工资计算明细表，编制会计分录如下：

借：事业支出——财政补助支出（基本支出）157800元

贷：应付职工薪酬——工资（离退休费）130000元

　　　　　　　　——地方（部门）津贴补贴16000元

　　　　　　　　——其他个人收入11800元

【例5-18】承【例5-17】2023年12月8日，该单位收到财政直接支付统发工资137800元，代扣个人住房公积金12000元，社会保险费3000元，个人所得税5000元。根据财政直接支付入账通知书、个人所得税计算表、住房公积金和社会保险计算表及工资发放明细表、银行缴税付款凭证等，编制会计分录如下：

借：应付职工薪酬——工资（离退休费）130000元

　　　　　　　　——地方（部门）津贴补贴16000元

　　　　　　　　——其他个人收入11800元

贷：财政补助收入——财政直接支付（基本支出）137000元

　　其他应付款——社会保险费（个人部分）3000元

　　　　　　　——住房公积金（个人部分）12000元

　　应缴税费——应缴个人所得税5000元

支付社会保险费、住房公积金时：

借：其他应付款——社会保险费（个人部分）3000元

　　　　　　　——住房公积金（个人部分）12000元

贷：财政补助收入——财政直接支付（基本支出）15000元

缴纳个人所得税时：

借：应缴税费——应缴个人所得税5000元

贷：财政补助收入——财政直接支付（基本支出）5000元

（四）应缴款项的核算

应缴款项是指事业单位应缴未缴的各种款项，包括应当上缴国库或者财政专户的款项、应缴税费，以及其他按照国家有关规定应当上缴的款项。

1. 应缴国库款的核算

应缴国库款是指事业单位按规定应缴入国库的款项（应缴税费除外）。

应缴国库款主要内容包括：事业单位代收的纳入预算管理的基金、行政性收费收入、罚没收入、无主财物变价收入和其他按预算管理规定应上缴国库的款项。

事业单位按照国家税法等有关规定应当缴纳的各种税费，不作为应缴国库款核算，而是作为应缴税费核算。

应缴国库款应当在事业单位收到应当上缴的款项时确认；按照实际收到的应缴国库的款项金额进行计量入账。

（1）应缴国库款的科目设置

为了核算事业单位按规定应缴入国库的款项（应缴税费除外），在负债要素类设置"应缴国库款"总账科目。本科目贷方登记取得的应缴入国库的各种款项；借方登记实际上缴数；期末贷方余额反映事业单位应缴入国库但尚未缴纳的款项。

本科目应当按照应缴国库的各款项类别进行明细核算。

事业单位的行政事业性收费、罚没款项等已实行国库集中收缴，采取直接缴库方式的，款项由缴款人直接缴给财政部门。在此情况下，事业单位不必进行应缴国库款的账务处理。

（2）应缴国库款的主要账务处理

第一，按规定计算确定或实际取得应缴国库的款项时，借记有关科目，贷记本科目。

【例5-19】2023年3月10日，某文化事业单位按规定取得行政性收费10300元、罚没收入2100元，共计12400元，已存入银行。根据收费票据、银行收款业务回单等，编制会计分录如下：

借：银行存款 12400元

贷：应缴国库款——行政性收费收入 10300元

——罚没收入 2100 元

第二，事业单位处置资产取得的应上缴国库的处置净收入的账务处理，参见"待处置资产损溢"科目。

第三，上缴款项时，借记本科目，贷记"银行存款"等科目。

【例5-20】承【例5-19】2023 年 3 月 15 日，将应缴国库款 12400 元上缴国库。根据国库缴款书、银行付款业务回单等，编制会计分录如下：

借：应缴国库款——行政性收费收入 10300 元

——罚没收入 2100 元

贷：银行存款 12400 元

2. 应缴财政专户款的核算

应缴财政专户款是事业单位按规定应缴入财政专户的款项，主要包括教育收费等。

所谓财政专户，是为管理核算部分具有专门用途的资金，由政府财政部门在商业银行及其他金融机构开设的银行账户。我国于 20 世纪 80 年代开始设立财政专户。

对教育收费、彩票发行费等按规定纳入财政专户管理的资金，收取时上缴财政专户，支出时从财政专户拨付给预算单位。

应缴财政专户款应当在事业单位收到上缴的款项时确认；按照实际收到的应缴财政专户款的金额进行计量入账。

（1）应缴财政专户款的科目设置

为了核算事业单位按规定应缴入财政专户的款项，在负债要素类设置"应缴财政专户款"总账科目。本科目贷方登记收到的应上缴财政专户的各项款项数；借方登记实际上缴数；期末贷方余额反映事业单位应缴入财政专户但尚未缴纳的款项数。

本科目应当按照应缴财政专户的各款项类别进行明细核算。

（2）应缴财政专户款的账务处理

第一，取得应缴财政专户的款项时，借记有关科目，贷记本科目。

【例5-21】2023年5月6日，某文化事业单位收到教育收费1500元，存入银行。根据收费票据、银行收款业务回单等，编制会计分录如下：

借：银行存款1500元

贷：应缴财政专户款1500元

第二，上缴款项时，借记本科目，贷记"银行存款"等科目。

【例5-22】承【例5-21】2023年5月8日，将上述款项上缴财政专户。根据财政专户缴款书、银行付款业务回单等，编制会计分录如下：

借：应缴财政专户款1500元

贷：银行存款1500元

3. 应缴税费的核算

应缴税费是指事业单位按照税法等规定计算应缴纳的各种税费，包括增值税、城市维护建设税、教育费附加、车船税、房产税、城镇土地使用税、企业所得税等。

事业单位对应缴税费应当在按照国家税法等规定产生缴纳税费义务时确认；按照税法等规定计算出的应缴金额计量入账。

(1) 应缴税费的科目设置

为了核算事业单位按照税法等规定计算应缴纳的各种税费，在负债要素类设置"应缴税费"总账科目。本科目贷方登记按规定计算应缴纳的各种税费；借方登记实际缴纳的各种税费；期末借方余额反映事业单位多缴纳的税费金额，期末贷方余额反映事业单位应缴未缴的税费金额。

本科目应当按照应缴纳的税费种类进行明细核算。属于增值税一般纳税人的事业单位，其应缴增值税明细账中应设置"进项税额""已缴税金""销项税额""进项税额转出"等专栏。

事业单位代扣代缴的个人所得税，也通过本科目核算。

事业单位应缴纳的印花税不需要预提应缴税费，直接通过支出等有关科目核算，不在本科目核算。

(2) 应缴税费的主要账务处理

第一，发生城市维护建设税、教育费附加纳税义务的，按税法规定计算的应缴税费金额，借记"待处置资产损溢——处置净收入"科目（出售不动产应缴的税费）或有关支出科目，贷记本科目。实际缴纳时，借记本科目，贷记"银行存款"科目。

【例5-23】2023年12月1日，某文化事业单位（小规模纳税人）转让一项著作权，账面原价为120000元，已计提摊销100000元，取得转让收入80000元，款项已存入银行。该文化事业单位适用的增值税征收率为3%。假定按税额的7%和3%分别征收城市维护建设税和教育费附加。根据无形资产转让审批报告、收款收据、银行收款业务回单、税费计算单、国库缴款书、银行缴税付款凭证等，编制会计分录如下：

转入待处置资产时：

借：待处置资产损溢——处置资产价值20000元

  累计摊销100000元

贷：无形资产120000元

实际转让时：

借：非流动资产基金——无形资产20000元

贷：待处置资产损溢——处置资产价值20000元

取得收入时：

借：银行存款80000元

贷：待处置资产损溢——处置净收入80000元

计算应负担的税金和教育费附加：

应缴增值税税额＝80000÷（1+3%）×3%＝2330（元）

应缴城市维护建设税税额＝2330×7%＝163.1（元）

应缴教育费附加＝2330×3%＝69.9（元）

借：待处置资产损溢——处置净收入2563元

贷：应缴税费——应缴增值税2330元

        ——应缴城市维护建设税163.1元

        ——应缴教育费附加69.9元

实际缴纳税金及教育费附加时：

借：应缴税费——应缴增值税 2330 元

   ——应缴城市维护建设税 163.10 元

   ——应缴教育费附加 69.90 元

贷：银行存款 2563 元

转让取得的价款应上缴国库时，按照处置收入扣除相关处置费用后的净收入 77437 元（80000-2563）：

借：待处置资产损溢——处置净收入 77437 元

贷：应缴国库款 77437 元

上缴国库时：

借：应缴国库款 77437 元

贷：银行存款 77437 元

第二，属于增值税一般纳税人的事业单位购入非自用材料的，按确定的成本（不含增值税进项税额），借记"存货"科目，按增值税专用发票上注明的增值税税额，借记本科目（应缴增值税——进项税额），按实际支付或应付的金额，贷记"银行存款""应付账款"等科目。

属于增值税一般纳税人的事业单位所购进的非自用材料发生盘亏、毁损、报废、对外捐赠、税务登记管理抵扣进项税额的，将所购进的非自用材料转入待处置资产时，按照材料的账面余额与相关增值税进项税额转出金额的合计金额，借记"待处置资产损溢"科目，按材料的账面余额，贷记"存货"科目，按转出的增值税进项税额，贷记本科目（应缴增值税——进项税额转出）。

属于增值税一般纳税人的事业单位销售应税产品或提供应税服务，按包含增值税的价款总额，借记"银行存款""应收账款""应收票据"等科目，按扣除增值税销项税额后的价款金额，贷记"经营收入"等科目，按增值税专用发票上注明的增值税金额，贷记本科目（应缴增值税——销项税额）。

属于增值税一般纳税人的事业单位实际缴纳增值税时，借记本科目（应缴增值税——已缴税金），贷记"银行存款"科目。

属于增值税小规模纳税人的事业单位销售应税产品或提供应税服务，按实际收到或应收的价款，借记"银行存款""应收账款""应收票据"等科目，按实际收到或应收价款扣除增值税税额后的金额，贷记"经营收入"等科目，按应缴增值税税额，贷记本科目（应缴增值税）。实际缴纳增值税时，借记本科目（应缴增值税），贷记"银行存款"科目。

【例5-24】某文化事业单位为一般纳税人，2023年1月发生下列业务：

①1月5日购入非自用的材料，增值税专用发票上注明的材料价款为20000元，增值税税额为3400元，货款已经支付，材料已经到达并已验收入库。根据购买材料增值税专用发票、材料入库单、银行转账支票存根等，编制会计分录如下：

借：存货20000元

　　应缴税费——应缴增值税（进项税额）3400元

贷：银行存款23400元

②1月8日该单位销售产品取得经营收入32000元，增值税税额为5440元，货款尚未收到。根据销售产品增值税专用发票，编制会计分录如下：

销售产品时：

借：应收账款37440元

贷：经营收入32000元

　　应缴税费——应缴增值税（销项税额）5440元

③1月25日，计算缴纳增值税税额2040元。根据银行缴税付款凭证、银行付款业务回单等，编制会计分录如下：

借：应缴税费应缴增值税（已缴税金）2040元

贷：银行存款2040元

④1月28日，盘点非自用材料，发现遗失A种材料，账面原价为15000元。根据存货盘亏报告单、存货盘亏处理审批报告、税费计算单等，编制会计分录如下：

将所购进的非自用材料转入待处置资产时：

借：待处置资产损溢17550元

贷：存货15000元

　　应缴税费——应缴增值税（进项税额转出）2550元

实际处置时：

借：其他支出 15000 元

贷：待处置资产损溢 15000 元

【例 5-25】承【例 5-24】假如该文化事业单位属于小规模纳税人，2023 年 1 月发生的业务会计核算将会有所不同。

①1 月 5 日购入非自用的材料，增值税专用发票上注明的材料价款为 20000 元，增值税税额为 3400 元，货款已经支付，材料已经到达并已验收入库。根据购买材料增值税专用发票、材料入库单、一银行转账支票存根等，编制会计分录如下：

借：存货 23400 元

贷：银行存款 23400 元

②1 月 8 日该单位销售产品取得经营收入 32000 元，增值税税额为 960 元，货款尚未收到。根据销售产品增值税专用发票，编制会计分录如下：

销售商品时：

借：应收账款 32960 元

贷：经营收入 32000 元

应缴税费——应缴增值税 960 元

③1 月 25 日，计算缴纳增值税税额 960 元。根据银行缴税付款凭证、银付款业务回单等，编制会计分录如下：

借：应缴税费——应缴增值税（已缴税金）960 元

贷：银行存款 960 元

④1 月 28 日，盘点非自用材料，发现遗失 A 种材料，账面金额为 15000 元。根据存货盘亏报告单和存货盘亏处理审批报告等，编制会计分录如下：

将所购进的非自用材料转入待处置资产时：

借：待处置资产损溢 15000 元

贷：存货 15000 元

实际处置时：

借：其他支出 15000 元

贷：待处置资产损溢 15000 元

第三，发生房产税、城镇土地使用税、车船税纳税义务的，按税法规定计算的应缴税费数额，借记有关科目，贷记本科目。实际缴纳时，借记本科目，贷记"银行存款"科目。

第四，代扣代缴个人所得税的，按税法规定计算应代扣代缴的个人所得税金额，借记"应付职工薪酬"科目，贷记本科目。实际缴纳时，借记本科目，贷记"银行存款"科目。

【例 5-26】某文化事业单位根据本月应发工资表，按税法规定计算的个人所得税税额为 5000 元。根据税费计算表、银行缴税付款凭证、银行付款业务回单等，编制会计分录如下：

代扣时：

借：应付职工薪酬——个人所得税 5000 元

贷：应缴税费——应缴个人所得税 5000 元

代缴时：

借：应缴税费——应缴个人所得税 5000 元

贷：银行存款 5000 元

第五，发生企业所得税纳税义务的，按税法规定计算的应缴税费数额，借记"非财政补助结余分配"科目，贷记本科目。实际缴纳时，借记本科目，贷记"银行存款"科目。

【例 5-27】某文化事业单位经营业务收入属于应税收入，根据税法规定，应缴纳企业所得税（税率为 25%），2023 年 3 月末经营收入为 500000 元。根据收支余额计算单、税费计算单、银行缴税付款凭证、银行付款业务回单等，编制会计分录如下：

按税法规定计算的应缴企业所得税税额为：

应缴企业所得税税额 = 500000×25% = 125000（元）

借：非财政补助结余分配 125000 元

贷：应缴税费——应缴企业所得税 125000 元

实际缴纳时：

借：应缴税费——应缴企业所得税 125000 元

贷：银行存款 125000 元

第六，发生其他纳税义务的，按照应缴纳的税费金额，借记有关科目，贷记本科目。实际缴纳时，借记本科目，贷记"银行存款"等科目。

二、事业单位非流动负债的核算

非流动负债是指流动负债以外的负债。事业单位的非流动负债包括长期借款、长期应付款。

（一）长期借款的核算

长期借款是事业单位借入的偿还期限超过 1 年（不含 1 年）的各项借款。事业单位通过长期借款筹集到的资金，一般用于事业单位扩大事业发展规模、购建固定资产、开展工程项目等。

1. 长期借款的科目设置

事业单位设置"长期借款"科目，核算事业单位借入的期限超过 1 年（不含 1 年）的各种借款。本科目应当按照贷款单位和贷款种类进行明细核算。对于基建项目借款，还应按具体项目进行明细核算。本科目期末贷方余额，反映事业单位尚未偿还的长期借款本金。

2. 长期借款的账务处理

（1）取得长期借款

借入各项长期借款时，按照实际借入的金额，借记"银行存款"科目，贷记"长期借款"科目。

【例5-28】某文化事业单位 2016 年为承付购置的设备款，于 1 月 3 日向银行借入款项 500000 元，借款合同规定：年利率为 10%，5 年到期，到期一次还本付息。该设备已交付使用。根据借款合同、银行收款业务回单等，编制会计分录如下：

实际借入款项时：

借：银行存款 500000 元

贷：长期借款 500000 元

（2）长期借款利息

事业单位支付的长期借款利息，需要区分不同的情况。

第一，为购建固定资产支付的专门借款利息，属于工程项目建设期间支付的，计入工程成本，按照支付的利息，借记"在建工程"科目，贷记"非流动资产基金——在建工程"科目；同时，借记"其他支出"科目，贷记"银行存款"科目。

【例5-29】某文化事业单位为改造办公条件，对办公楼进行改扩建。2023年1月10日向银行借入款项1000000元，期限为两年，借款年利率为5%，每年付息一次，期满后一次还清本金。该办公楼预计于2025年1月20日完工交付使用。根据借款合同、银行收款业务回单、银行付款业务回单等，编制会计分录如下：

2023年1月10日取得借款时：

借：银行存款 1000000 元

贷：长期借款 1000000 元

支付2023年利息时：

利息 = 1000000×5% = 50000（元）

借：在建工程 50000 元

贷：非流动资产基金——在建工程 50000 元

同时：

借：其他支出 50000 元

贷：银行存款 50000 元

第二，为购建固定资产支付的专门借款利息，属于工程项目完工交付使用后支付的，计入当期支出但不计入工程成本，按照支付的利息，借记"其他支出"科目，贷记"银行存款"科目。

【例5-30】某文化事业单位2021年2月15日的借款150000元（年利率为4.5%，每年付息一次）于2023年2月15日到期，该工程于2022年1月31日已完工交付使用。根据银行利息结算单、银行付款业务回单等，编制会计分录如下：

2023 年 2 月 15 日支付利息时：

利息＝150000×4.5%＝6750（元）

借：其他支出 6750 元

贷：银行存款 6750 元

第三，工程项目以外的其他长期借款利息，按照支付的利息金额，借记"其他支出"科目，贷记"银行存款"科目。

（3）归还长期借款时，借记"长期借款"科目，贷记"银行存款"科目。

【例 5-31】承【例 5-30】某文化事业单位 2021 年 2 月 15 日的借款 150000 元（年利率为 4.5%，每年付息一次）于 2023 年 2 月 15 日到期，归还本金。根据借款合同、银行付款业务回单等，编制会计分录如下：

2023 年 2 月 15 日归还本金时：

借：长期借款 150000 元

贷：银行存款 150000 元

（二）长期应付款的核算

长期应付款是指事业单位发生的偿还期限超过 1 年（不含 1 年）的应付款项，如以融资租赁租入固定资产的租赁费、跨年度分期付款购入固定资产的价款等。

1. 长期应付款的科目设置

事业单位设置"长期应付款"科目，核算事业单位发生的偿还期限超过 1 年（不含 1 年）的应付款项。本科目应当按照长期应付款的类别以及债权单位（或个人）进行明细核算。本科目期末贷方余额，反映事业单位尚未支付的长期应付款。

2. 长期应付款的账务处理

（1）发生长期应付款

发生长期应付款时，按照确定的成本借记"固定资产""在建工程"等科目，按照租赁协议或者购买合同确定的价款贷记"长期应付款"科目，按照两者贷记"非流动资产基金"科目。同时记录购入相关资产时所支付的运输费、途中保险费、安装调试费等所形成的支出。

（2）支付长期应付款

支付长期应付款时，借记"事业支出""经营支出"等科目，贷记"银行存款"等科目；同时，借记"长期应付款"科目，贷记"非流动资产基金"科目。

（3）无法偿付或债权人豁免偿还

无法偿付或债权人豁免偿还的长期应付款，借记"长期应付款"科目，贷记"其他收入"科目。

第三节　事业单位负债的管理

一、事业单位借入款项的管理

事业单位在业务活动中，为解决周转资金短缺问题，需要向有关部门或金融机构借款，因而会发生借入款项。

（一）借入款项的含义与内容

借入款项是指按法定程序和核定的预算举借的债务，即中央财政按全国人民代表大会批准的数额举借的国内和国外债务，以及地方财政根据国家法律或国务院特别规定举借的债务。

事业单位向财政部门、金融机构、上级单位或其他组织及个人借入有偿使用的各种款项，到期需还本付利。

短期借款是指事业单位借入的期限在 1 年以内（含 1 年）的各种借款。

长期借款是指事业单位借入的期限超过 1 年（不含 1 年）的各种借款。

借入款项主要包括：

第一，向财政部门借入的事业行政周转金。

第二，向金融机构借入的贷款。

第三，向其他单位或个人借入的款项。

（二）借入款项的管理要求

第一，事业单位借款必须经财政部门或主管部门批准。

第二，必须按指定用途使用。借入款项是财政部门核定的有特定用途的资金，事业单位不能转作费用支出，要保证其按指定用途使用。

第三，要控制借款规模。因为借入款项是有偿使用，而事业单位大多是非营利性的，其资金来源主要依靠财政拨款，偿债能力有限，所以应严格控制其借款规模，减轻利息负担，保证其正常的业务活动。

第四，统筹规划，合理使用。使用过程中要统筹规划，区分轻重缓急、效益高低，择优安排。

第五，借款手续要完备。借款时，应填写"借款合同书"，详细说明借款原因、借款数额、借款用途、借款时间、还款时间、保证条件等内容。

第六，充分利用借入款项，加快资金周转速度，提高款项的使用效率。

第七，按时偿还借款，不得拖欠。

二、应付款项与预收款项管理

（一）应付款项与预收款项的含义

应付及预收款项是事业单位在经济交往、开展业务活动过程中应付未付的各种款项，是行政事业单位在经济结算中发生的一种负债。比如在购买商品或劳务时，应当支付而未支付给供货单位或提供劳务单位的费用等。

（二）应付款项与预收款项的内容

包括应付票据、应付账款、其他应付款等应付款项和预收账款。

1. 应付票据

应付票据是指行政事业单位在商品购销活动和对工程价款进行结算时因采用商业汇票结算方式而发生的票据。它由出票人出票，委托付款人在指定日期无条件支付确定的金额给收款人或者票据的持票人。它包括商业承兑汇票和银行承兑汇票。应付票据按是否带息分为带息应付票据和不带息应付票据两种。

2. 应付账款

应付账款是指因购买材料、商品或接受劳务供应等而发生的债务。这是买卖双方在购销活动中由于取得物资与支付货款在时间上不一致而产生的负债。

3. 其他应付款

其他应付款是指除了应付账款、应付票据之外，行政事业单位应付给其他单位或个人的款项，包括应付工资、应付福利费、应付水电费、应付租入固定资产的租金、个人缴存的住房公积金、应付的投资者收益等。

（三）应付款项、预收款项的管理要求

应付款项、预收款项是结算过程中形成的流动负债。其管理要求如下：

第一，严格控制单位的负债规模。负债应有借款协议（借款期限一般在1年以内），有明确的资金用途，有可行的还款计划（必须是单位自有资金还款）。

第二，不得将应纳入单位收入管理的款项列入应付款项或暂存款项。

第三，各部门收到财政拨付的属于下属单位的财政资金应及时转拨所属单位，不得在应付款项或暂存款项挂账。

第四，对负债要进行及时清理，对已到期的负债要在协议期限内偿还，并按规定办理有关结算。

第五，按照行政单位财务管理规定，行政单位一律不准负债运转，当年收支结余不准出现赤字。由于历史原因，已举债的事业单位也应严格控制其负债规模，同时在核算中心建立财务风险预警机制。

第六，对金额较大的应收款项，往来双方要签订还款协议（还款期限一般在1年以内）；单位要建立应收款项回收责任制。

第七，要控制应收款项的额度、占用时间，掌握短期、安全的原则。

第八，加强日常管理及账务核对。往来账每月月末进行结账，并将总账与明细账余额进行核对。

三、应缴款项的管理

应缴款项是公共部门按照国家有关规定取得的、应当上缴国库的各种款项，它是公共部门与国家预算之间的往来项目。

事业单位应缴款项包括：应当上缴国库或者财政专户的款项、应缴税费，以及其他按照国家有关规定应当上缴的款项。

（一）应缴财政预算款及其管理要求

应缴财政预算款是事业单位依法取得的并应上缴国家财政的预算资金和应当缴入财政专户的款项。

1. 应缴财政预算款的具体内容

（1）罚没收入

罚没收入是指行政单位在执行公务过程中，依法对公民、法人和其他组织实施经济处罚所得的应上缴国库的各项罚款、没收款和没收物品的变价款等。如各类行政罚款、海关系统查处走私及违章案件的罚没收入等。

（2）行政事业性收费

行政事业性收费是指国家机关、事业单位、代行政府职能的社会团体及其他组织根据法律、行政法规、地方性法规等有关规定，依照国务院规定程序批准，在向公民、法人提供特定服务的过程中，按照成本补偿和非营利原则向特定服务对象收取的费用。

按收费类别分为：行政管理类收费、资源补偿类收费、鉴定类收费、考试类收费、培训类收费、其他类收费六类。

（3）政府性基金

政府性基金是指各级人民政府及其所属部门根据法律、国家行政法规和中共中央、国务院有关文件的规定，为支持某项事业发展，按照国家规定程序批准，向公民、法人和其他组织征收的具有专项用途的资金，包括各种基金、资金、附加和专项收费。

其主要包括工业交通文化农业部门基金，如农业部门基金、文化事业建设基金、电力建设基金、交通建设基金、机场建设基金。

（4）国有资产处置和出租出借收入

国有资产处置收入和出租出借收入是指事业单位国有资产产权的转移或核销所产生的收入，包括国有资产的出售收入、出让收入、置换差价收入、报废报损残值变价收入以及行政单位在保证完成正常工作的前提下，经审批同意，出租、出借国有资产所取得的收入（统称国有资产收入）。它属于政府非税收入，是财政收入的重要组成部分，由财政部门负责收缴和监管。

（5）应缴税费

应缴税费是指事业单位根据在一定时期内取得的营业收入、实现的利润等，按照现行税法规定，采用一定的计税方法计提的应缴纳的各种税费。

事业单位的应缴税费包括两部分：一部分是税务、海关等部门按规定收取的各种税收；另一部分是事业单位从事经济活动时，依法缴纳的增值税、消费税、营业税、所得税、资源税、土地增值税、城市维护建设税、房产税、土地使用税、车船税、教育费附加、矿产资源补偿费等税费。

（6）应缴财政专户款

财政专户是财政部门在银行设立的预算外资金专门账户，对预算外资金收支进行统一核算和集中管理。应缴财政专户款是指行政事业单位为履行或代行政府职能，根据国家规定的项目和收费标准收取的、未纳入财政预算管理但应上缴财政专户的款项。2011年1月1日起，预算外资金管理的收入（不含教育收费）全部纳入预算管理。过去上缴财政专户的收入改为上缴国库。"应缴财政专户款"变更为"应缴预算款"。教育收费是指在财政专户管理的高中以上学费、住宿费、高校委托培养费、党校收费、教育考试教务费、函大、电大、夜大及短期培训费等。作为本部门的事业收入，纳入财政专户管理，收缴比照非税收入收缴管理制度执行。

2. 应缴财政预算款的管理要求

事业单位的应缴预算款项应当按照同级财政部门规定的缴款方式、缴款期限及其他缴款要求及时、足额上缴国库。对于未达到缴款起点或需要定期清缴的，应及时存入银行存款账户。每月月末不论是否达到缴款额度，均应清理结缴。任何单位不得缓缴、截留、挪用或自行坐支应缴预算款项。年终必须将当年的应缴预算款项全部清缴入库。

（二）应缴款项的管理要求

应缴款项的管理要求细致且严格，具体表现在以下方面：

1. 明确应缴款项与收入和暂存款之间的界限

在财务管理中，应缴款项、收入和暂存款各自具有不同的性质和用途。应缴款项主要是企业或个人需要向政府或其他机构支付的费用，如税款、罚款等；收入则是企业或个人从经营活动中获得的资金流入；暂存款则是企业在经营过程中暂时存储的资金，主要用于日常经营和应急需要。明确这三者之间的界限，有助于企业更好地进行资金管理。

2. 应缴款项的取得必须依法进行

在我国，任何单位和个人都必须遵守国家法律法规，依法履行应缴款项的缴纳义务。企业和个人在遇到应缴款项时，要确保所缴纳的费用符合国家法律法规的规定，切勿违法避税或逃税。

3. 实行收支两条线管理

这意味着企业在财务管理中要将收入和支出分开管理，确保资金的合规使用。收支两条线管理有助于企业更好地掌握资金流向，降低财务风险，同时有利于政府部门对企业的监管。

4. 应缴款项的收取应当使用合法票据

企业在缴纳应缴款项时，要确保使用国家认可的合法票据，作为缴纳的凭证。合法票据可以有效保障企业和个人的合法权益，同时有利于政府部门对企业应缴款项的监管。

5. 要及时、足额缴库

企业在面临应缴款项时，要严格按照规定的时限和金额进行缴纳，确保及时、足额地将资金上缴国库。这既是企业履行社会责任的体现，也有助于维护国家财政稳定。

6. 建立健全内部管理制度

企业应建立健全财务管理机制，确保应缴款项的管理规范化、制度化。内部管理制度有助于企业及时发现和纠正财务管理中存在的问题，提高管理水平。

7. 要区分直接缴库和集中缴库

直接缴库是指企业或个人直接向政府部门缴纳应缴款项。集中缴库则是企业或个人将应缴款项统一交由相关部门或机构进行缴纳。根据实际情况选择合适的缴库方式，有利于提高缴库效率，降低成本。

总之，应缴款项的管理要求企业和个人严格遵守国家法律法规，规范财务行为，确保资金的安全与合规。通过明确应缴款项与收入和暂存款的界限、依法取得应缴款项、实行收支两条线管理、使用合法票据、及时足额缴库、建立健全内部管理制度以及区分直接缴库和集中缴库等方式，有助于更好地进行应缴款项管理。

第六章

事业单位净资产的核算与管理

第一节　事业单位净资产概述

一、净资产的内容与分类

净资产是指事业单位资产扣除负债后的余额，体现事业单位实际占有或使用的资产净值。国家拥有事业单位净资产的所有权，事业单位实际占有或使用净资产，事业单位处置各项净资产应当符合国家有关规定，要报经财政部门、上级主管单位的批准。事业单位可以按规定使用净资产，用于未来的事业发展或特定的使用方向。事业单位的净资产包括结转结余类净资产和基金类净资产两大类。

（一）结转结余类净资产

事业单位用于核算结转结余类净资产的会计科目包括财政补助结转、财政补助结余、非财政补助结转、事业结余、经营结余和非财政补助结余分配。

结转结余是指事业单位一定期间收入与支出相抵后的余额。事业单位在各项业务活动中会取得一定的收入，发生一定的支出，根据预算管理的要求，需要以预算收入的数额控制预算支出，达到一定期间的收支平衡。但收入与支出之间的平衡是相对的，事业单位的收入与支出会存在一定的差额，形成事业单位的结转结余。

按照后续使用要求不同，结转结余资金可分为结转资金和结余资金两大类。

结转资金是指当年预算已执行但未完成，或者因故未执行，下一年度需要按照原用途继续使用的资金。

结余资金是指当年预算工作目标已完成，或因故终止，当年剩余的资金。

事业单位的结转结余，按照资金性质或者资金来源的不同，可分为财政补助结转结余和非财政补助结转结余。

1. 财政补助结转结余

财政补助结转结余是指事业单位各项财政补助收入与其相关支出相抵后剩余滚存的、须按规定管理和使用的结转和结余资金，包括财政补助结转和财政补助结余。

财政补助结转是指事业单位滚存的需要结转到下一年度按原用途继续使用的财政补助资金，包括基本支出结转和项目支出结转。

财政补助结余是事业单位滚存的已完成项目剩余的财政补助资金，即事业单位已经完成项目的财政补助收入减去财政补助项目支出后的差额。

财政补助结转和财政补助结余的管理，应当按照同级财政部门的规定执行。

2. 非财政补助结转结余

非财政补助结转结余是指事业单位除财政补助收支以外的各项收入与各项支出相抵后的余额，包括非财政补助结转和非财政补助结余。

非财政补助结转是指事业单位除财政补助收支以外的各专项资金收支相抵后剩余滚存的、须按规定用途使用的结转资金。非财政补助结转资金按照规定结转下一年度继续使用。

非财政补助结余是指事业单位除财政补助收支以外的各非专项资金收支相抵后的余额，包括事业结余和经营结余。非财政补助结余可以按照国家有关规定缴纳企业所得税、提取职工福利基金，剩余部分作为事业基金用于弥补以后年度单位收支差额。

（二）基金类净资产

基金是指一组具有专门的来源及规定用途的财务资源。基金需要设立才能存在，如果要求保证某项活动的资金需要，可以采用设立基金的方法，这样既可以充分地组织资金来源，又能够限定资金的使用。

事业单位的基金是指事业单位按规定设置的有专门用途的净资产，主要包括事业基金、非流动资产基金和专用基金。按照是否存在使用限制，事业单位的基金可分为限定性基金和非限定性基金两种。非限定性基金没有限定的用途，不限制基金的使用时间或使用方向；限定性基金只能在规定的时间内使用，或是限定用于规定的使用方向。其中，事业基金属于非限定性基金；非流动资产基金和专用基金属于限定性基金。

二、净资产的确认与计量

净资产是事业单位某一时点的资产净额，净资产的确认依赖于资产、负债两个会计要素的确认。事业单位一般在会计期末进行收入、支出的结转，提取有关基金，确认本期所增加（或减少）的净资产。

事业单位期末净资产金额取决于资产和负债的计量结果。当含有经济利益或服务潜力的经济资源流入事业单位，使得事业单位的资产增加或负债减少，从而导致当期净资产的增加。相反，当含有经济利益或服务潜力的经济资源流出事业单位，使得事业单位的资产减少或负债增加，从而导致当期净资产的减少。因此，净资产的计量与本期收入、支出的数额密切相关。

第二节　事业单位净资产的核算

一、财政补助结转的核算

（一）财政补助结转的内容

财政补助结转是指事业单位滚存的需要结转到下一年度按原用途继续使用的财政补助资金，包括基本支出结转和项目支出结转。

基本支出结转是指用于基本支出的财政补助收入减去财政补助基本支出后的差额，包括人员经费和日常公用经费。

项目支出结转是指用于尚未完成项目的财政补助收入减去财政补助项目支出后的差额。项目支出结转主要包括：项目当年已执行但尚未完成而形成的结转资金；项目因故未执行，需要推迟到下年执行形成的结转资金；项目需要跨年度执行，但项目支出预算已一次性安排形成的结转资金。

基本支出结转和项目支出结转原则上均需结转至下年按原用途继续使用，相互之间不得挪用。事业单位形成的财政补助结转资金，应当按照财政部门的规定处理。

（二）财政补助结转的科目设置

事业单位设置"财政补助结转"科目，核算事业单位滚存的财政补助结转资金。事业单位发生需要调整以前年度财政补助结转的事项，通过本科目核算。本科目应当设置"基本支出结转""项目支出结转"两个明细科目，并在"基本支出结转"明细科目下按照"人员经费""日常公用经费"进行明细核算，在"项目支出结转"明细科目下按照具体项目进行明细核算；本科目还应按照《政府收支分类科目》中"支出功能分类科目"的相关科目进行明细核算。本科目期末贷方余额，反映事业单位财政补助结转资金数额。

（三）财政补助结转的账务处理

期末，将财政补助收入本期发生额结转入本科目，借记"财政补助收入——基本支出、项目支出"科目，贷记"财政补助结转"科目（基本支出结转、项目支出结转）；将事业支出（财政补助支出）本期发生额结转入本科目，借记"财政补助结转"科目（基本支出结转、项目支出结转），贷记"事业支出——财政补助支出（基本支出、项目支出）"或"事业支出——基本支出（财政补助支出）、项目支出（财政补助支出）"科目。

年末，完成上述结转后，应当对财政补助各明细项目执行情况进行分析，按照有关规定将符合财政补助结余性质的项目余额转入财政补助结余，借记或贷记"财政补助结转"科目（项目支出结转——××项目），贷记或借记"财政补助结余"科目。

按规定上缴财政补助结转资金或注销财政补助结转额度的，按照实际上缴资金数额或注销的资金额度数额，借记"财政补助结转"科目，贷记"财政应返还额度""零余额账户用款额度""银行存款"等科目。取得主管部门归集调入财政补助结转资金或额度的，做相反会计分录。

【例6-1】月末，某事业单位"财政补助收入——基本支出"科目贷方发生额为850000元，"事业支出——财政补助支出（基本支出）"科目借方发生额为830000元，进行月末结转。

借：财政补助收入——基本支出 850000 元

贷：财政补助结转——基本支出结转 850000 元

借：财政补助结转——基本支出结转 830000 元

贷：事业支出——财政补助支出（基本支出） 830000 元

【例6-2】月末，某事业单位"财政补助收入——项目支出"科目贷方发生额为570000元，"事业支出——财政补助支出（项目支出）"科目借方发生额为560000元，进行月末结转。

借：财政补助收入——项目支出 570000 元

贷：财政补助结转——项目支出结转 570000 元

借：财政补助结转——项目支出结转 560000 元

贷：事业支出——财政补助支出（项目支出） 560000 元

二、财政补助结余的核算

（一）财政补助结余的内容

财政补助结余是事业单位滚存的已完成项目剩余的财政补助资金，即事业单位已经完成项目的财政补助收入减去财政补助项目支出后的差额。主要包括：项目完成形成的结余；由于受政策变化、计划调整等因素影响，项目终止、撤销形成的结余；对某一预算年度安排的项目支出连续两年未使用，或者连续三年仍未使用完而形成的剩余资金等。财政补助结余资金无须结转到下年继续使用，应统筹用于编制以后年度部门预算，或按规定上缴或注销。

财政补助结余只在年末进行处理，平时不需要核算。年末，事业单位应当对财政补助项目执行情况进行分析，将已经完成预算工作目标或因故终止的项目当年剩余的资金，从"财政补助结转——项目支出结转"转到"财政补助结余"科目。

事业单位形成的财政补助结余资金，应当按照财政部门的规定处理。财政补助结余不参与事业单位的结余分配、不转入事业基金。年度结余的财政补助结余资金，或按规定上缴，或注销资金额度，或经批准转为其他用途。

（二）财政补助结余的科目设置

事业单位设置"财政补助结余"科目，核算事业单位滚存的财政补助项目支出结余资金。事业单位发生需要调整以前年度财政补助结余的事项，通过本科目核算。本科目应当按照《政府收支分类科目》中"支出功能分类科目"的相关科目进行明细核算。本科目期末贷方余额，反映事业单位财政补助结余资金数额。

（三）财政补助结余的账务处理

年末，对财政补助各明细项目执行情况进行分析，按照有关规定将符合财政补助结余性质的项目余额转入财政补助结余，借记或贷记"财政补助结转——项目支出结转（××项目）"科目，贷记或借记"财政补助结余"科目。

按规定上缴财政补助结余资金或注销财政补助结余额度的，按照实际上缴资金数额或注销的资金额度数额，借记"财政补助结余"科目，贷记"财政应返还额度""零余额账户用款额度""银行存款"等科目。取得主管部门归集调入财政补助结余资金或额度的，做相反会计分录。

【例6-3】某文化事业单位2023年12月发生下列财政补助结转和结余等会计事项：

1. 12月30日，本期财政补助收入累计发生额为8500000元（其中A项目350000元，B项目700000元），本期财政补助支出8405000元（其中A项目345000元，B项目620000元），A项目已完工，结余资金5000元留归本单位使用。B 项目未完工。根据收支余额表，编制年末会计分录如下：

12 月末：

借：财政补助收入——基本支出 7450000 元

          ——项目支出 1050000 元

贷：财政补助结转——基本支出结转 7450000 元

          ——项目支出结转 1050000 元

借：财政补助结转——基本支出结转 7440000 元

          ——项目支出结转 965000 元

贷：事业支出——财政补助支出（基本支出）7440000 元

          ——财政补助支出（项目支出）965000 元

年末，将 A 项目结余资金转入财政补助结余：

借：财政补助结转——项目支出结转（A 项目）5000 元

贷：财政补助结余 5000 元

2. 按规定，年终注销 B 项目财政补助结转额度 10000 元和上缴财政补助结转（基本支出结转）资金 80000 元，编制会计分录如下；

借：财政补助结转——项目支出结转（B 项目）10000 元

贷：零余额账户用款额度 10000 元

借：财政补助结转——基本支出结转 80000 元

贷：财政应返还额度 80000 元

三、非财政补助结转的核算

（一）非财政补助结转的内容

非财政补助结转是指事业单位除财政补助收支以外的各专项资金收支相抵后剩余滚存的、须按规定用途使用的结转资金。

非财政补助结转资金有两个特点：一是属于非财政补助资金，二是属于专项资金。非财政补助收入包括专项资金收入和非专项资金收入，专项资金收入必须按规定用途使用，用于专项事业支出和其他支出。各专项资金收入与其相关支出相抵后，形成的非财政补助结转资金按照规定应结转至下一年度按原项目原用途继续使用。

事业单位的非财政补助结转，应当在年末进行处理。年末，对每个项目的执行情况进行分析，区分已完成项目和未完成项目。未完成项目的结转资金结转下年度继续使用；已完成项目的剩余资金按项目规定处理：或缴回原专项资金拨款单位，或转入事业基金留归本单位使用。

（二）非财政补助结转的科目设置

事业单位设置"非财政补助结转"科目，核算事业单位除财政补助收支以外的各专项资金收入与其相关支出相抵后剩余滚存的、须按规定用途使用的结转资金。事业单位发生需要调整以前年度非财政补助结转的事项，通过本科目核算。本科目应当按照非财政专项资金的具体项目进行明细核算。本科目期末贷方余额，反映事业单位非财政补助专项结转资金数额。

（三）非财政补助结转的账务处理

期末，将事业收入、上级补助收入、附属单位上缴收入、其他收入本期发生额中的专项资金收入结转入"非财政补助结转"科目，借记"事业收入""上级补助收入""附属单位上缴收入""其他收入"科目下各专项资金收入明细科目，贷记"非财政补助结转"科目；将事业支出、其他支出本期发生额中的非财政专项资金支出结转入"非财政补助结转"科目，借记"非财政补助结转"科目，贷记"事业支出——非财政专项资金支出"或"事业支出——项目支出（非财政专项资金支出）""其他支出"科目下各专项资金支出明细科目。

年末，完成上述结转后，应当对非财政补助专项结转资金各项目情况进行分析，将已完成项目的剩余资金区分以下情况处理：缴回原专项资金拨入单位的，借记"非财政补助结转"科目（××项目），贷记"银行存款"等科目；留归本单位使用的，借记"非财政补助结转"科目（××项目），贷记"事业基金"科目。

【例6-4】月末，某事业单位本月各项收入的本期发生额中专项资金收入如下："上级补助收入——专项资金收入"400000元，"其他收入——专项资金收入"100000元。各项支出的本期发生额中专项资金支出如下，"事业支出——非财政专项资金支出"270000元，"其他支出——非专项资金支出"80000元。其余收支类科目无专项资金，月末进行结转处理。

借：上级补助收入——专项资金收入 400000 元

其他收入——专项资金收入 100000 元

贷：非财政补助结转 500000 元

借：非财政补助结转 350000 元

贷：事业支出——非财政专项资金支出 270000 元

其他支出——非专项资金支出 80000 元

【例6-5】年末，某事业单位将非财政补助的专项收支结转后，"非财政补助结转"贷方余额为150000元，对各具体项目分析后，确认其中的A项目已完成，剩余资金为70000元，根据项目资金管理的规定，A项目剩余资金的30%缴回原单位（已通过银行存款划转），其余留归本单位使用。

借：非财政补助结转——A项目 70000 元

贷：银行存款 21000 元

事业基金 49000 元

四、事业结余的核算

（一）事业结余的内容

事业结余是事业单位一定期间除财政补助收支、非财政专项资金收支和经营收支以外各项收支相抵后的余额，属于非财政补助结余。年末，应当将本年度累计形成的事业结余（或事业亏损）全部转入非财政补助结余分配。

（二）事业结余的科目设置

事业单位设置"事业结余"科目，核算事业单位一定期间除财政补助收支、非财政专项资金收支和经营收支以外各项收支相抵后的余额。本科目期末如为贷方余额，反映事业单位自年初至报告期末累计实现的事业结余；如为借方余额，反映事业单位自年初至报告期末累计发生的事业亏损。年末结账后，本科目应无余额。

（三）事业结余的账务处理

期末，将事业收入、上级补助收入、附属单位上缴收入、其他收入本期发生额中的非专项资金收入结转入本科目，借记"事业收入""上级补助收入""附属单位上缴收入""其他收入"科目下各非专项资金收入明细科目，贷记"事业结余"科目；将事业支出、其他支出本期发生额中的非财政、非专项资金支出，以及对附属单位补助支出、上缴上级支出的本期发生额结转入本科目，借记"事业结余"科目，贷记"事业支出——其他资金支出"或"事业支出——基本支出（其他资金支出）、项目支出（其他资金支出）"科目、"其他支出"科目下各非专项资金支出明细科目、"对附属单位补助支出""上缴上级支出"科目。

年末，完成上述结转后，将本科目余额结转入"非财政补助结余分配"科目，借记或贷记"事业结余"科目，贷记或借记"非财政补助结余分配"科目。

【例6-6】月末，某事业单位有关收支中非专项资金收支情况如下："事业收入——非专项资金收入"600000元，"上级补助收入——非专项资金收入"200000元，"附属单位上缴收入——非专项资金收入"50000元，"其他收入——非专项资金收入"20000元；"事业支出——其他资金支出"580000元，"对附属单位补助支出"120000元，"上缴上级支出"60000元，"其他支出非专项资金支出"40000元，进行期末结转处理。

借：事业收入——非专项资金收入 600000元

上级补助收入——非专项资金收入 200000元

附属单位上缴收入——非专项资金收入 50000元

其他收入——非专项资金收入 20000元

贷：事业结余 870000元

借：事业结余 800000元

贷：事业支出——其他资金支出 580000元

对附属单位补助支出 120000 元

上缴上级支出 60000 元

其他支出——非专项资金支出 40000 元

【例6-7】年末，某事业单位将"事业结余"的贷方余额 70000 元进行结转。

借：事业结余 70000 元

贷：非财政补助结余分配 70000 元

五、经营结余的核算

（一）经营结余的内容

经营结余是事业单位一定期间各项经营收支相抵后余额弥补以前年度经营亏损后的余额，属于非财政补助结余。事业单位开展经营业务所取得的经营收入和发生的经营支出，应当转入经营结余中，以核算经营业务的成果。年末，经营业务的当年盈利在弥补以前年度亏损后，如有剩余盈利，应转入非财政补助结余分配。若经营业务为亏损，无须转入非财政补助结余分配，留待以后年度的经营盈利弥补。

（二）经营结余的科目设置

事业单位设置"经营结余"科目，核算事业单位一定期间各项经营收支相抵后余额弥补以前年度经营亏损后的余额。本科目期末如为贷方余额，反映事业单位自年初至报告期末累计实现的经营结余弥补以前年度经营亏损后的经营结余；如为借方余额，反映事业单位截至报告期末累计发生的经营亏损。年末结账后，本科目一般无余额；如为借方结余，反映事业单位累计发生的经营亏损。

（三）经营结余的账务处理

期末，将经营收入本期发生额结转入本科目，借记"经营收入"科目，贷记"经营结余"科目；将经营支出本期发生额结转入本科目，借记"经营结余"科目，贷记"经营支出"科目。

年末，完成上述结转后，如本科目为贷方余额，将本科目余额结转入"非财政补助结余分配"科目，借记"经营结余"科目，贷记"非财政补助结余分配"科目；如本科目为借方余额，为经营亏损，不予结转。

【例6-8】月末，某事业单位本月"经营收入"科目贷方发生额90000元，"经营支出"科目借方发生额40000元，进行期末结转。

借：经营收入90000元

贷：经营结余90000元

借：经营结余40000元

贷：经营支出40000元

【例6-9】年末，某事业单位"经营结余"贷方余额为50000元。

借：经营结余50000元

贷：非财政补助结余分配50000元

【例6-10】年末，某事业单位"经营结余"借方余额为20000元。

年末"经营结余"借方余额20000元，即为经营亏损20000元。根据会计制度规定，不予结转，亏损数留在"经营结余"借方，留待以后年度经营活动的盈利来弥补。

六、非财政补助结余分配的核算

（一）非财政补助结余分配的内容

非财政补助结余分配是指按照规定将事业单位的非财政补助结余（包括事业结余和经营结余）在国家、单位、职工之间进行分配。

年末，事业单位的非财政补助结余应当转入"非财政补助结余分配"科目进行分配。可进行分配的非财政补助结余资金，包括事业单位的年度事业结余（或事业亏损，即"事业结余"科目的借方余额）和年度经营结余（不包括经营亏损，即"经营结余"科目的借方余额）。

财政补助形成的结余资金不得转入"非财政补助结余分配"中，各项结转资金也不进行分配。

事业单位非财政补助结余的分配程序如下:

1. 缴纳企业所得税

事业单位开展非独立核算经营活动形成的经营结余按照企业所得税法的规定需要缴纳企业所得税,如为经营亏损,则无须缴纳。一般而言,事业结余不需要缴纳企业所得税。

企业所得税计算公式如下:

企业所得税=年度经营结余×所得税税率

2. 提取专用基金——职工福利基金

年末,事业单位从税后的非财政补助结余中按照一定比例提取专门用于单位职工集体福利设施、集体福利待遇的职工福利基金。

职工福利基金计算公式如下:

职工福利基金=税后非财政补助结余×计提比例

3. 结转未分配的非财政补助结余

年末,事业单位将可分配非财政补助结余扣除前两项后的剩余资金按照规定转入事业基金,用于弥补以后年度单位收支差额。

(二)非财政补助结余分配的科目设置

事业单位设置"非财政补助结余分配"科目,核算事业单位本年度非财政补助结余分配的情况和结果。年末结账后,本科目应无余额。

(三)非财政补助结余分配的账务处理

年末,将"事业结余"科目余额结转入本科目,借记或贷记"事业结余"科目,贷记或借记"非财政补助结余分配"科目;将"经营结余"科目贷方余额结转入本科目,借记"经营结余"科目,贷记"非财政补助结余分配"科目。

有企业所得税缴纳义务的事业单位计算出应缴纳的企业所得税,借记"非财政补助结余分配"科目,贷记"应缴税费——应缴企业所得税"科目。

按照有关规定提取职工福利基金的,按提取的金额,借记"非财政补助结余分配"科目，贷记"专用基金——职工福利基金"科目。

年末，按规定完成上述处理后，将本科目余额结转入事业基金，借记或贷记"非财政补助结余分配"科目，贷记或借记"事业基金"科目。

七、事业基金的核算

（一）事业基金的内容

事业基金是指事业单位拥有的非限定用途的净资产，其来源主要为非财政补助结余扣除结余分配后滚存的金额。具体而言，事业单位的事业基金来源有三：一是非财政补助结余扣除结余分配后滚存的金额；二是留归本单位使用的非财政补助专项（已完成项目）剩余资金；三是对外转让或到期收回长期债券投资的成本金额。事业基金一般对应于事业单位的流动资产，当事业单位用货币资金进行对外长期投资时，应将其转为非流动资产基金。收回货币资金的长期投资时，再将其转回到事业基金。

事业基金没有限定的用途，不直接安排各项支出，主要用于弥补以后年度事业单位的收支差额，调节年度之间的收支平衡。但是，事业单位应当加强事业基金的管理，遵循收支平衡的原则，统筹安排、合理使用，支出不得超出基金规模。

（二）事业基金的科目设置

事业单位设置"事业基金"科目，核算事业单位拥有的非限定用途的净资产，主要为非财政补助结余扣除结余分配后滚存的金额。事业单位发生需要调整以前年度非财政补助结余的事项，通过本科目核算。国家另有规定的，从其规定。本科目期末贷方余额，反映事业单位历年积存的非限定用途净资产的金额。

（三）事业基金的账务处理

第一，年末，将"非财政补助结余分配"科目余额转入事业基金，借记或贷记"非财政补助结余分配"科目，贷记或借记"事业基金"科目。

【例6-11】2023年12月31日，某事业单位计算当年未分配的非财政补助结余235000元，转入"事业基金"科目。根据有关凭证，编制会计分录如下：

借：非财政补助结余分配235000元

贷：事业基金235000元

第二，年末，将留归本单位使用的非财政补助专项（项目已完成）剩余资金转入事业基金，借记"非财政补助结转——××项目"科目，贷记"事业基金"科目。

【例6-12】2023年12月25日，某事业单位S专项工程结束，将留归本单位使用的56000元非财政补助专项剩余资金转入事业基金。根据有关凭证，编制会计分录如下：

借：非财政补助结转——S项目56000元

贷：事业基金56000元

第三，以货币资金取得长期股权投资、长期债券投资，按照实际支付的全部价款（包括购买价款以及税金、手续费等相关税费）作为投资成本，借记"长期投资"科目，贷记"银行存款"等科目；同时，按照投资成本金额，借记"事业基金"科目，贷记"非流动资产基金——长期投资"科目。

【例6-13】2023年12月5日，某事业单位用以前年度非财政补助结余资金50000000元，投资取得A电子公司的长期股权。根据投资合同协议、银行付款业务回单，编制会计分录如下：

借：长期投资——股权投资50000000元

贷：银行存款50000000元

借：事业基金50000000元

贷：非流动资产基金——长期投资50000000元

第四，对外转让或到期收回长期债券投资的本息，按照实际收到的金额，借记"银行存款"等科目，按照收回长期投资的成本，贷记"长期投资"科目，按照其差额，贷记或借记"其他收入——投资收益"科目；同时，按照收回长期投资对应的非流动资产基金，借记"非流动资产基金——长期投资"科目，贷记"事业基金"科目。

【例6-14】2023年12月3日，某事业单位兑回3年前购买的国债本金250000元及利息10000元，存入银行。根据国债兑付及利息结算单、银行收款业务回单等，编制会计分录如下：

借：银行存款 260000 元

贷：长期投资——国债 250000 元

其他收入——投资收益 10000 元

借：非流动资产基金——长期投资 250000 元

贷：事业基金 250000 元

八、非流动资产基金的核算

（一）非流动资产基金的内容

非流动资产基金是指事业单位非流动资产占用的金额。事业单位的非流动资产包括长期投资、固定资产、在建工程、无形资产等，非流动资产基金就是上述资产所对应的资产净额。非流动资产基金属于限定性基金，被各项非流动资产占用。

事业单位为了兼顾预算管理和财务管理对会计信息的需求，为每项非流动资产设置了基金项目，使得各项非流动资产与相应的非流动资产基金相对应，由此可以实现在取得各项非流动资产时，既确认资金的耗费，又反映非流动资产的投资情况。

事业单位在计提固定资产折旧、无形资产摊销时，应当按折旧、摊销的数额冲减其对应的非流动资产基金。即为"虚提"折旧和摊销，可以合理反映各项资产的价值。事业单位处置固定资产、无形资产、长期投资，以及用固定资产、无形资产对外投资时，应当同时冲销或转出该项资产所对应的非流动资产基金。

（二）非流动资产基金的科目设置

事业单位设置"非流动资产基金"科目，核算事业单位长期投资、固定资产、在建工程、无形资产等非流动资产占用的金额。本科目应当设置"长期投资""固定资产""在建工程""无形资产"等明细科目，进行明细核算。本科目期末贷方余额，反映事业单位非流动资产占用的金额。

（三）非流动资产基金的账务处理

1. 非流动资产基金的取得

非流动资产基金应当在取得长期投资、固定资产、在建工程、无形资产等非流动资产或发生相关支出时予以确认。

取得相关资产或发生相关支出时，借记"长期投资""固定资产""在建工程""无形资产"等科目，贷记"非流动资产基金"科目等有关科目；同时或待以后发生相关支出时，借记"事业支出"等有关科目，贷记"财政补助收入""零余额账户用款额度""银行存款"等科目。

【例6-15】2023年7月6日，某文化事业单位用财政专项资金款（财政授权支付）购入不需安装的专用设备一台（计提折旧）。设备价款为250000元，运费为10000元，已验收合格。根据发货票、财政授权支付凭证、固定资产验收单等，编制会计分录如下：

支付价款时：

借：事业支出——项目支出（财政补助支出）260000元

贷：零余额账户用款额度260000元

增加固定资产时：

借：固定资产——专用设备260000元

贷：非流动资产基金——固定资产260000元

2. 非流动资产基金的冲减

计提固定资产折旧、无形资产摊销时，应当冲减非流动资产基金。计提固定资产折旧、无形资产摊销时，按照计提的折旧、摊销额，借记"非流动资产基金"科目（固定资产、无形资产），贷记"累计折旧""累计摊销"科目。

【例6-16】承【例6-15】2023年11月6日，某文化事业单位对专用设备计提折旧，折旧年限为5年，月计提折旧额为4333元（260000÷5÷12）。根据固定资产计提折旧计算单，编制会计分录如下：

借：非流动资产基金——固定资产 4333 元

贷：累计折旧 4333 元

3. 非流动资产基金的冲销

处置长期投资、固定资产、无形资产，以及以固定资产、无形资产对外投资时，应当冲销该资产对应的非流动资产基金。

第一，以固定资产、无形资产对外投资，按照评估价值加上相关税费作为投资成本，借记"长期投资"科目，贷记"非流动资产基金——长期投资"科目，按发生的相关税费，借记"其他支出"科目，贷记"银行存款"等科目；同时，按照投出固定资产、无形资产对应的非流动资产基金，借记本科目，按照投出资产已提折旧、摊销，借记"累计折旧""累计摊销"科目，按照投出资产的账面余额，贷记"固定资产""无形资产"科目。

【例6-17】2023 年 11 月 20 日，某文化事业单位以单位拥有的著作权对外投资，取得长期股权。该著作权摊余价值为 80000 元，双方协商价为 60000 元，已计提摊销 50000 元。投资过程中发生相关税费 3600 元。根据投资协议、税费计算单、银行付款业务回单等，编制会计分录如下：

投资时：

借：长期投资——股权投资 63600 元

贷：非流动资产基金——长期投资 63600 元

借：非流动资产基金——无形资产 80000 元

　　累计摊销 50000 元

贷：无形资产——著作权 130000 元

按发生的相关税费：

借：其他支出 3600 元

贷：银行存款 3600 元

第二，出售或以其他方式处置长期投资、固定资产、无形资产，转入待处置资产时，借记"待处置资产损溢"、"累计折旧"（处置固定资产）或"累计摊销"（处置无形资产）科目，贷记"长期投资""固定资产""无形资产"等科目。实际处置时，借记"非流动资产基金"科目（有关资产明细科目），贷记

"待处置资产损溢"科目。

【例6-18】2023年11月13日，某文化事业单位处置一台闲置设备，账面原价为50000元（无计提折旧），处置价格为12000元，处置时以现金支付工人搬运费用1000元，设备已提供给对方，收到转账支票存入银行。根据固定资产处置报告单和审批单、收款收据、银行收款业务回单等，编制会计分录如下：

转入待处置资产时：

借：待处置资产损溢——处置资产价值50000元

贷：固定资产50000元

实际处置时：

借：非流动资产基金——固定资产50000元

贷：待处置资产损溢——处置资产价值50000元

收到处置款时：

借：银行存款12000元

贷：待处置资产损溢——处置净收入12000元

支付搬运费时：

借：待处置资产损溢——处置净收入1000元

贷：库存现金1000元

处置完毕，处置款余额11000元（12000-1000）应上缴：

借：待处置资产损溢——处置净收入11000元

贷：应缴国库款11000元

九、专用基金的核算

（一）专用基金的内容

专用基金是指事业单位按规定提取或者设置的具有专门用途的资金，主要包括修购基金、职工福利基金、其他基金等。事业单位的部分业务活动需要有专门的资金来源渠道，并按规定的用途使用资金，为此事业单位设立了专用基金。专用基金属于限定性基金，要求按规定用途使用。事业单位应当根据业务发展的需要，设立专用基金项目。

（二）专用基金的科目设置

事业单位设置"专用基金"科目，核算事业单位按规定提取或者设置的具有专门用途的净资产，主要包括修购基金、职工福利基金等。本科目应当按照专用基金的类别进行明细核算。本科目期末贷方余额，反映事业单位专用基金余额。

（三）专用基金的账务处理

1. 提取或设置专用基金

（1）提取修购基金

按规定提取修购基金的，按照提取金额，借记"事业支出""经营支出"科目，贷记"专用基金——修购基金"科目。

【例6-19】2023年12月3日，某文化事业单位按规定根据11月事业收入1200000元、经营收入2400000元提取修购基金，其提取的比例分别为8%和10%。根据修购基金提取计算单等，编制会计分录如下：

借：事业支出——修缮费48000元

　　　　　　——设备购置费48000元

　　经营支出——修缮费120000元

　　　　　　——设备购置费120000元

贷：专用基金——修购基金336000元

（2）提取职工福利基金

年末，按规定从本年度非财政补助结余中提取职工福利基金的，按照提取金额，借记"非财政补助结余分配"科目，贷记"专用基金——职工福利基金"科目。

【例6-20】2023年12月，某文化事业单位本年度事业结余为150000元，经营结余为230000元，经营结余按规定缴纳所得税（税率为25%），按税后结余的15%提取职工福利基金。根据专用基金计算单等，编制会计分录如下：

应缴所得税税额＝230000×25%＝57500（元）

应提职工福利基金额＝（150000+230000－57500）×15%＝48375（元）

借：非财政补助结余分配——提取专用基金48375元

贷：专用基金——职工福利基金 48375 元

（3）提取、设置其他专用基金

若有按规定提取的其他专用基金，按照提取金额，借记有关支出科目或"非财政补助结余分配"等科目，贷记"专用基金"科目。

【例 6-21】2023 年 12 月 5 日，某文化事业单位用修购基金 76000 元购置一台机器设备，款已通过银行付讫，设备已投入使用。根据购货发票、机器验收交接单、银行付款业务回单等，编制会计分录如下：

借：专用基金——修购基金 76000 元

贷：银行存款 76000 元

同时：

借：固定资产 76000 元

贷：非流动资产基金——固定资产 76000 元

2. 使用专用基金

按规定使用专用基金时，借记"专用基金"科目，贷记"银行存款"等科目；使用专用基金形成固定资产的，还应借记"固定资产"科目，贷记"非流动资产基金——固定资产"科目。

第三节 事业单位净资产的管理

一、事业基金管理

（一）事业基金的含义

事业基金是指事业单位拥有的非限定用途的净资产。事业基金可由事业单位自主调配使用，包括一般基金和投资基金两部分。

一般基金是指非营利组织历年结余分配后形成的用于弥补以后年度收支差额的资金。

投资基金是指非营利组织以固定资产、材料等实物以及货币资金和无形资产对外投资所占用的资金。

（二）事业基金的来源

1. 单位未分配收益

单位未分配收益即事业单位事业收支结余和经营收支结余在进行结余分配后的转入，它是事业基金的最主要来源。事业基金的多少直接取决于事业单位专业业务及相关业务开展的好坏。因此，事业单位要想获得更多的事业基金，必须努力开拓业务，降低业务支出。

2. 按规定留归单位的专项拨款结余

按规定留归单位的专项拨款结余即有拨入专款的事业单位，其专项活动（或工程）结束后的净结余，经拨款单位同意后留归本单位的部分。这种来源所形成的事业基金，对于事业单位而言，首先要取决于有拨入专款的存在；其次专项拨款要有结余；最后要经拨款上级单位同意。因此它对于事业单位事业基金的形成是相对偶然的。

3. 事业单位接受捐赠的货币资金、无形资产和材料等

它对于事业基金而言也是一种非经常性形成渠道。

4. 事业单位对外投资所形成的权益

新的事业单位财务制度对事业单位的业务进行了前瞻性的考虑和制度规定，具体体现在会计核算方面增设了诸如"对外投资"等科目。而事业基金的另一来源正与此有关，事业单位以材料、固定资产、无形资产等对外实施投资时，评估价值高于或低于原账面价值的部分按规定应增加或减少事业基金。这部分事业基金（投资基金）是一种由投资而形成的潜在权益，而非现实的资金，对此，单位应区别于第一种性质的事业基金加强对权益项目的管理，让其为单位带来更多现实的收益。

（三）事业基金的分类

事业基金按照其资金形成来源的不同，可分为一般基金和投资基金两种。

一般基金即滚存结余资金，是指事业单位历年来未分配结余和损失，以及历年的专项资金结余转入而形成的净资产。

投资基金即投资产权，是指事业单位以固定资产、材料等实物投资而形成的产权以及以货币资金和无形资产对外投资所占用的资金。事业单位在历年滚存结余较大的情况下，为了充分发挥资金的利用效果，为单位开拓资金来源，事业单位可以用这部分历年滚存结余净资产进行对外投资。对外投资的发生，使事业基金在存在形态上发生变化，由一般基金转化为投资基金，但事业单位的事业基金总额没有改变。

（四）事业基金的管理要求

事业基金是事业单位未限定用途的宝贵资源，在事业单位中起的是"蓄水池"的作用，用来调节年度之间的收支平衡。即事业单位以后年度如果收入大于支出，则其差额继续转入事业基金；如果支出大于收入，则其差额用以前年度的事业基金来弥补。在确定年初单位预算时，如果支出安排出现缺口，也可以用一部分事业基金来弥补这一缺口。

具体而言，事业基金的管理要求主要如下：

1. 事业单位日常周转所用，即体现非限定用途的本色

事业单位在周转使用事业基金时，不得随意冲销事业基金，如动用事业基金购买材料时，其会计分录只能为借记"材料"等科目、贷记"银行存款"等科目，而不能处理为借记"事业基金"科目；此外，应积极做好年度预算，尽可能做到收支平衡，防止随意动用事业基金，助长事业单位"吃老本"、不思进取的倾向。

2. 弥补事业超支

事业单位在年度经营中，如连续出现超支（亏损），经报上级单位批准同意，可核销部分事业基金，其会计处理表示为借记"事业基金"科目、贷记"结余分配——弥补超支（亏损）"科目。对此，首先应总结超支原因，积极探索解困措施；其次，应严格遵守核销程序，不能擅作主张、随意核销。

3. 做好评估

投资转出固定资产、无形资产、材料等资产协议评估价高于或小于原值或净值差额应积极做好协议评估工作，努力使单位资产保值增值。防止人为操纵评估活动，损公肥私。

此外，应针对事业基金的一般基金和投资基金的不同性质和特点，分别制订相应的管理措施和方法。对于一般基金，应从增收节支，提高资金使用效益出发，制定出相应的管理办法；而对权益性的投资基金，则应侧重投资分析，善于行使权益，争取让潜在的权益变为现实的收益，实现由投资基金向一般基金的转化。

二、固定基金管理

（一）固定基金的含义

固定基金是指行政事业单位固定资产所占用的基金。固定基金通常按照固定资产账面金额的增减而发生相应的增减，两者金额通常相等。

固定基金具有以下特点：

第一，反映固定资产占用的基金不是净值，而是入账价值。

第二，固定基金是净资产的主要内容，基本反映净资产的规模。

第三，固定基金与固定资产是互为对应的账户，二者在金额上相等。

（二）固定基金的来源

第一，单位新建固定资产而形成的固定基金。

第二，单位购入、调入固定资产而形成的固定基金。

第三，单位自制固定资产而形成的固定基金。

第四，融资租入固定资产而形成的固定基金。

第五，接受捐赠的固定资产而形成的固定基金。

第六，接受其他单位投资转入的固定资产而形成的固定基金。

第七，盘盈固定资产而形成的固定基金。

（三）固定基金的分类

事业单位为加强管理，可以运用不同的标准对拥有的固定基金进行分类。

1. 按固定基金的形成来源分类

按固定基金的形成来源可分为：

第一，基本建设投资形成的固定基金，即事业单位用国家基本建设投资购建固定资产而形成的固定基金。

第二，财政预算拨款形成的固定基金，即财政预算拨款中用于行政事业单位购建固定资产形成的固定基金。

第三，修购基金形成的固定基金，即事业单位用修购基金购建固定资产而形成的固定基金。

第四，借贷资金形成的固定基金，即事业单位用借入资金购建固定资产而形成的固定基金。

第五，社会捐赠资金形成的固定基金，即社会出资者向行政事业单位以资金或者实物形式无偿捐赠的固定资产所形成的固定基金。

第六，其他资金形成的固定基金，即除以上来源外的其他资金购建固定资产而形成的固定基金，如上级部门无偿调入固定资产、单位对外投资以固定资产形式收回的投资回报而形成的固定基金等。

2. 按固定基金的所有权分类

按固定基金的所有权可分为：

第一，自有固定基金，即单位用自有资金、拨入专款等购置或建造归单位占有、使用的固定资产而形成的固定基金。

第二，租入固定基金，即单位按租赁合同规定，通过支付租金的形式取得一定时期使用权的固定资产而形成的固定基金。

3. 按固定基金的实物分类

按固定基金的实物可分为：

第一，房屋建筑物，即办公用房、业务用房、生活用房及建筑设施等所占用的资金。

第二，专用设备，即各种仪器和机械设备、医疗器材、交通运输工具、教育单位的教学设备等所占用的资金。

第三，一般设备，即办公与事务用家具和设备、一般文体设备等所占用的资金。

第四，文物和陈列品，即博物馆、展览馆、文化馆、陈列馆等文物和陈列品所占用的资金。

第五，图书，即专业图书馆和事业单位图书馆的图书等所占用的资金。

第六，其他，即未包括在以上各类的固定资产所占用的资金。

（四）固定基金的管理要求

加强固定基金管理，充分发挥固定资产的使用效益，有利于调整和盘活固定资产，防止固定资产的流失。

第一，单位购建固定资产应当按照计划、预算程序办理，严格履行必要的批准手续。

第二，单位以购建固定资产、盘盈、无偿调入等方式增加固定资产时，以及对外投资以固定资产形式收回时，不仅要及时进行实物登记，还要按照规定的计价原则和方法及时调增固定基金。

第三，单位以融资租赁方式租用的固定资产和以分期付款方式购置的固定资产，应当以实际支付和结算的租金以及分期付款的金额增加固定基金，未付租金和款项的，作为负债处理。

第四，单位在发生固定资产报废、报损、转让和盘亏，以及用固定资产对外投资等情况时，必须严格审批，按照有关规定及时调减固定基金。

三、专用基金管理

（一）专用基金的特点和管理

专用基金是指事业单位按规定提取或者设置的具有专门用途的净资产。专用基金属于限定用途的净资产，主要包括修购基金、职工福利基金、医疗基金、科技成果转化基金和其他基金。

专用基金的用途明确、单一，要求单位专款专用，不得随意改变资金的用途或挪作他用。

1. 专用基金的特点

第一，专用基金的提取均需严格遵照规定，即根据一定的比例或数额提取。

第二，有专门的用途和使用范围，除财务制度规定可以允许合并使用外，一般不得相互占用、挪用。

第三，专用基金的使用属于一次性消耗，没有循环周转，不可能通过专用基金支出直接取得补偿。

2. 专用基金的管理原则

第一，先提后用。各项专用基金必须根据规定的开源渠道，在取得资金以后才能安排使用。

第二，专设账户。各项专用基金应单独设置账户进行管理和核算。

第三，专款专用。各种专用基金都要按规定的用途和使用范围安排开支，支出不得超出资金规模，保证基金使用合理、合法。

3. 专用基金的管理要求

作为具有特定用途的资金，专用基金管理应当遵循先提后用、专款专用的原则，支出不得超出基金规模。专用基金支出应实行计划管理，按照规定的用途和使用范围办理支出。各项基金未经上级主管部门批准不得挪作他用。年终结余可结转下年继续使用。

（二）修购基金的管理

修购基金是指单位按照事业收入和经营收入的一定比例提取，在修缮费和设备购置费中列支（各列50%），以及按照其他规定转入，用于固定资产维修和购置的资金。

1. 修购基金的提取

（1）按比例从支出或成本费用中提取

这种来源的计算办法是按财政部门或主管部门确定的比例标准，以事业收入和经营收入为基数，计算出提取数额后在事业支出和经营支出中列支后转入。

修购基金的一般计算公式为：

修购基金提取额＝事业收入×提取比例＋经营收入×提取比例

（2）按国家规定的范围直接转入

目前国家有关政策规定，当科学事业单位处置固定资产后，取得小额收入应直接转入修购基金。今后如国家有其他规定时，按其规定执行。

（3）采用不同的提取方法

对专用、贵重设备可采用个别计提折旧的方法；对一般设备或其他固定资产可采用分类计提修购基金的方法；专用、贵重设备可采用加速折旧的方法；其他设备、房屋建筑物或交通工具等可采用平均年限法提取。

中央级事业单位修购基金的提取比例，由主管部门根据单位收入状况和核算管理的需要，按照事业收入和经营收入的一定比例核定，报财政部备案。事业收入和经营收入较少的事业单位可以不提取修购基金，实行固定资产折旧的事业单位不提取修购基金。国家另有规定的，从其规定。地方事业单位修购基金的提取比例，由省级财政部门参照相关规定，结合当地实际确定。

2. 修购基金的管理要求

修购基金作为事业单位的重要财务工具，其管理要求高度严谨。为了确保修购基金的合理使用和有效管理，以下三个方面是必不可少的：

（1）实行计划管理

计划管理是修购基金管理的基础，它可以帮助事业单位对修购基金的支出进行合理规划和分配。通过对修购基金的使用进行长期规划，事业单位可以根据实际需求调整和运用资金，确保资金的合理分配。此外，计划管理还有助于提高修购基金的使用效率，避免资金的闲置和浪费。

（2）实行项目管理

项目管理是修购基金管理的关键环节，它有助于规范修购基金的支出流程，确保资金使用的合规性。通过对项目进行全过程的管理，事业单位可以实时掌握项目进度和资金使用情况，确保项目按照预定目标和计划实施。同时，项目管理还有助于提高修购基金的使用效益，通过项目的有效实施，事业单位可以实现预期的投资回报。

（3）按比例、定期提取修购基金

这一管理要求旨在确保修购基金的稳定积累和合理使用。按比例提取修购基金，可以使事业单位在面临资金需求时，有足够的资金储备。定期提取修购基金，可以促使事业单位定期审核资金使用情况，及时调整资金分配策略。此外，按比例、定期提取修购基金还有助于事业单位实现资金的长期稳定增长，提高资金使用的安全性和收益效率。

（三）职工福利基金的管理

1. 职工福利基金的含义

职工福利基金是指事业单位按照结余的一定比例提取以及按照其他规定提取转入，用于单位职工的集体福利设施、集体福利待遇的资金。

职工福利基金与职工福利费不同。前者是事业单位按照结余总额的一定比例提取，用于单位集体福利设施等集体福利的开支；后者是事业单位按职工工资总额的一定比例提取，并在事业支出和经营支出的"职工福利费"名下列支，主要用于职工个人方面的开支。

2. 职工福利基金的计提方法

根据国家有关财务规则的规定，事业单位职工福利基金的提取主要有两种方式：

第一，按单位职工工资总额的一定比例提取并在事业支出和经营支出中列支。

第二，从单位年度结余分配中形成。

财政部对事业单位职工福利基金的提取比例进行了明确规定，并已于2012年4月1日起施行。事业单位职工福利基金的提取比例，在单位年度非财政拨款结余的40%以内确定。中央级事业单位职工福利基金的提取比例，由主管部门会同财政部在单位年度非财政拨款结余的40%以内核定。

3. 职工福利基金的管理要求

职工福利基金是事业单位为改善职工生活、提高职工福利水平而设立的专项基金。其管理要求严格，以确保基金的安全、合规和有效运用。下面是对职工福利基金管理要求的详细阐述：

（1）职工福利基金要按规定开支

这意味着在使用基金时，必须遵守国家法律法规及相关政策规定，确保基金的开支符合政策导向和职工的实际需求。事业单位应根据职工福利基金的使用范围和标准，合理规划开支项目，确保基金充分发挥效益。此外，事业单位还需定期对职工福利基金的使用情况进行审计，确保基金的安全性和合规性。

（2）职工福利基金要实行计划管理

这意味着事业单位需要对基金的使用进行长远规划，确保基金的合理分配和有效运用。计划管理应涵盖基金的收入、支出、投资等方面，确保基金在保障职工福利的同时，实现资产的保值增值。在制订计划时，事业单位应充分考虑职工的需求、基金的收益和市场的风险，确保计划的科学性和实施性。

为确保职工福利基金计划管理的顺利进行，事业单位还需建立健全相关制度，包括基金预算制度、审批制度、监督制度等。这些制度有助于规范基金的管理和使用，防止违规操作，提高基金使用的透明度。同时，企事业单位应加强内部控制，防范基金运作过程中的风险，确保基金的安全和合规。

（四）其他基金的管理

其他专用基金是指除职工福利基金外，按照有关规定提取或者设置的专用资金。事业单位其他专用基金主要包括住房基金、职工教育经费、国家工作人员福利费以及其他按有关规定提取设置的基金。其他基金的提取设置，应按照国家有关规定执行。

四、结余管理

（一）结余的含义

结余是指行政事业单位年度收入与支出相抵后的余额，它反映了各单位年度财务收支的结果。其平衡公式为：

结余=全部收入-全部支出

因为行政事业单位目前实行收入与支出的统一核算与管理，故该项收入是所谓的"大收入"，结余也是指全部收入与全部支出相抵后的余额，即"大结余"。它反映了单位年度财务收支的结果。

（二）事业单位结余

事业单位的结余是其全部收入与全部支出相抵后的余额。

事业单位结余按资金用途不同分为财政拨款结余和非财政拨款结余。财政拨款结余按资金用途不同分为经常性收支结余和专项资金收支结余。非财政拨款结余按资金获得渠道不同分为事业结余、经营结余和专项结余。

1. 事业结余

事业结余是指事业单位在一定期间（通常指一年）内事业收入与事业支出相抵后的余额。其计算公式为：

事业结余=（财政补助收入+上级补助收入+事业收入+附属单位上缴收入+其他收入）-（事业支出+拨出经费+结转自筹基建+对附属单位补助支出+上缴上级支出+销售税金）

一个单位的事业结余并不能说明该单位进行经济活动的成果，只能说明该单位为开展专业业务活动及辅助活动发生的收支相抵的余额。

如果收入大于支出形成结余，说明本期收入可以抵补本期支出，或说明增收节支的结果。

如果支出大于收入，则说明本期收入不能保证该期间为开展专业业务活动及辅助活动发生的各项开支的需要。

2. 经营结余

经营结余是指事业单位在一定期间内各项经营收入与经营支出相抵后的余额，其计算公式为：

经营结余=经营收入-经营支出-销售税金

3. 专项结余

专项结余即专项资金收支余额，是专项资金收入与专项资金支出相抵后的余额，其计算公式为：

某项目专项结余=该项目拨入专款-该项目专款支出-该项目拨出专款

（三）结余分配

结余或亏损结算完毕后，单位要对结余或亏损按国家规定进行分配。

年度终了，事业单位应当将当年实现的事业结余全数转入"结余分配"，结转后，"事业结余"科目无余额。经营结余通常应当转入"结余分配"，但如为亏损，则不予结转。

如果单位当期实现了结余，其分配的内容有：

1. 缴纳所得税

按规定凡是有生产经营所得和其他所得的事业单位，均为所得税的纳税义务人，国家规定的减免税项目除外。

2. 提取专用基金

即按税后净结余的一定比例提取职工福利基金及其他专用基金。

3. 结转事业基金

即提取专用基金后剩余部分转作事业基金用于弥补以后年度单位收支的差额。

如果单位当期发生了亏损，其中事业亏损年终时应由事业基金弥补；经营亏损则不能由事业基金弥补，而应结转下年，由以后年度所实现的经营结余弥补。

单位年终结账后发生以前年度会计事项的调整或变更，涉及以前年度结余的，一般应直接通过事业基金科目进行核算，并在会计报表上加以注明。

（四）结余的管理要求

1. 正确计算提取结余

事业单位应当按照《事业单位财务规则》规定的计算方法和计算内容，对单位全年的收支活动进行全面的清查、核对、整理和结算，如实反映全年的收支结余情况。经营收支结余和事业收支结余应分别结转，二者不能混淆。

行政单位的结余不提取专用基金，也不进行其他分配，专项结余需要财政部门或上级主管部门审核批准后方可使用，经费结余按规定全部结转下年继续使用。对经费结余和专项结余要分别计算。

2. 按规定分配结余

各事业单位应当按有关规定及单位章程等，组织好结余分配，对发生亏损的事业单位，结余分配的真实含义，则应想方设法弥补亏损。

第七章

不同事业单位财务管理的实践研究

第一节　科研事业单位财务管理及其水平提升

近年来科研事业单位不断强化改革发展，在服务中心工作中发挥了重要的支撑作用，彰显了政治担当。财务管理工作对科研事业单位日常业务开展及履行职责职能均发挥着非常重要的作用，是各项重点工作顺利开展的根本保证。本文首先归纳总结了财务新时代科研事业单位加强财务管理的重要性，随后从财务管理人员专业素质有待加强、财务管理制度尚不完善和信息系统发展还不完备等方面深入分析研究了科研事业单位财务管理存在的深层次矛盾和本源性问题，最终提出了破解难题的应对措施，促进科研事业单位财务管理力度得到大幅提升。

一、科研事业单位加强财务管理的重要性

现阶段我国的事业单位主要包括全额预算类、差额预算管理类和自负盈亏类三种。无论是哪一种类型的事业单位，在财务管理上都存在一定漏洞或监管不力等情况，在一定程度上妨碍了事业单位改革发展。综合不同行业、不同领域的科研事业单位整体来看，其财务管理的重要性主要有以下几点。

（一）满足科研事业单位高质量发展的客观需求

随着我国经济社会进入高质量发展阶段，科研事业单位想要充分发挥为中心工作提供决策支持和技术支撑的重要职能，各部门必须相互配合、同频共振，其中财务部门在科研事业单位发展的过程中，需要内部各个部门相互配合，团结协

作，财务部门的主要职责是掌握资金动向与管理职责。实际的会计工作与内部实施的会计制度，两者之间的配合与使用程度直接决定财务部门工作的质量与效率。随着新会计制度的改革，以原有的财务制度作为基础进行改进完善，能够更好地服务于财政决策，提高两者的适用性，充分发挥其效力与职能，为推动国家治理体系和治理能力现代化贡献出应有的力量。

（二）确保国有资产完整安全

科研事业单位实物资产和无形资产都是国有资产的重要有机组成部分，是否安全完整直接影响到其履行职责能力的好坏。对于实物资产而言，财务管理不仅要求及时登记入账，还要求开展不定期检查，不断完善有关管理制度，有效防止资产损失或流失。对于无形资产而言，财务管理既能约束领导层、下属部门（单位）经费支出、盲目投资，还能防止坏账发生，一定程度上有助于风险防控和充分发挥资产效益。

（三）财务管理模式灵活度不高

部分科研事业单位存在着成本控制不力、风险管理不够等现象，可能会出现超预算或在一段时间内突然冒出风险等情况。由于对财务管理没有足够重视，导致财务人员还不能全面系统掌握单位的优劣势，让一些前景不明朗或夕阳业务占用较多成本，而一些优势业务或正处于上升期的业务没有得到有效资金支持。只有加强财务管理工作，才能深入掌握本单位的运营实际和存在的问题，让日常管理工作精细化，更好支撑中心工作。

二、科研事业单位财务管理存在的问题

伴随着我国经济社会发展进入新时代，科研事业单位因财务风险而产生的问题也逐步暴露出来，主要存在以下三点问题。

（一）财务管理人员专业素质有待加强

科研事业单位一般由财务处统筹管理资金、账目、报销、预算等多项工作，

往往在整个综合部门地位不高，日常工作也以重复性为主，不需要太多创新，因此对专业能力要求不像企业那么高，尤其是对如注册会计师、注册税务师等高尖端人才的需求没有那么迫切，也客观导致了财务管理水平难以提升，专业素质与专业能力可能会不适应新形势下的财务管理需求。加上大部分科研事业单位不以营利性为硬性指标，容易忽视财务管理的重要性，有些甚至将财务处定义为发工资的基础部门，不允许参与重大经营决策，存在脱节现象。

（二）财务管理制度还不完善

现阶段很多科研事业单位财务管理制度沿用的多是老规定，有些甚至已不符合新时代财务发展方向。经过调研发现，尽管党的十八大以来部分科研事业单位开始重新修订财务管理制度，但规范性仍欠缺，落实也存在一定困难。特别是在报销审批或资产管理等重要财务事项的过程中，会流于形式被业务部门人员忽略。此外还有的科研事业单位的财务管理制度表面上很严格，但实践性和实用性不高，存在缺少有效监督等情况，导致具体工作与管理体制不相匹配。

（三）信息系统发展还不完备

信息系统可有效代替原本财务人员需要完成的大量重复烦琐的工作，尽管目前多数科研事业单位也建立了信息化平台开展有关工作，但财务数据往往涉及所有二级部门和单位，有的还包括下属企业，因业务流程不同，各用各的信息系统，缺少统一的信息代码和标准，多数财务数据都是手工录入，缺少统一的控制管理平台，出现不少重复工作量，效率难以进一步提升。有的单位虽然有集成系统，但功能较为单一，业务部门或下属企业的财务数据需要通过业务人员或其他财务人员汇总到财务处，有的工作不在财务职责范围内，财务处无法及时共享信息数据，监督管控资金、防范风险的综合能力较差。

三、提升科研事业单位财务管理水平的相关对策建议

科研事业单位作为国家科研创新的基础单元和中坚力量，高质量的财务管理有助于其加强资金风险管控，发挥集中优势开展重大科研项目。对此，建议科研

事业单位从以下三个方面开展有关工作。

（一）以信息化推动财务管理现代化

要充分利用大数据、人工智能等新一轮信息技术促进传统产业升级。财务人员每天面对大量的数据和繁杂琐碎的单据，只有经过分析加工研究，形成有价值的信息，才会给领导下一步的决策部署提供有力支撑。科研事业单位同样需要利用信息化手段，建立数据分析平台，筛除无效数据，及时让有关领导对资金进行全过程、全方位监督和管控，掌握单位财务真实情况，提高资金使用效率。财务人员也应及时了解资金使用方向、资金需求等有效信息，为领导决策提供信息支撑，不断提升工作效率。

（二）不断提升内部控制力度

不断完善健全科研事业单位内部控制制度，严格经费收支审核，保证各部门各单位经营收入及时足额入账。严格审核凭证，保证票据真实有效，坚决防止出现重复报销等现象，保证每一笔支出都有依有据。强化会计监督，开展岗位定期交流活动，禁止同一人担任票据、印章、现金等业务管理岗位，将舞弊行为扼杀在源头。有条件的科研事业单位还可以设立专门的纪律检查小组，开展常态化监督工作，加强对每项财务工作和资金流转问题的监督与审核，如出现报支不规范、违规发放等违法违纪问题，必须严肃处理并下达整改通知，筑牢资金安全防线。

（三）提高财务人员综合素质

只有加强学习，才能增强工作的科学性、预见性、主动性，使决策体现时代性、把握规律性、富于创造性。对于科研事业单位财务人员而言，只有随着综合业务能力的不断提高，才能提升对信息数据的敏感度和敏锐性，在有效信息中提炼有价值的意见供领导参阅。要通过各种新媒体平台，加强财务人员对财务管理有关法律法规的学习。注重日常教育培训，采取专家讲解、教师授课等方式对财务人员进行培训，充分调动其主动性、创造性。

随着我国经济社会迈入高质量发展阶段，科研事业单位在围绕中心服务大局方面扮演的角色越来越重要。对此科研事业单位必须进一步将改革向纵深推进，加强财务管理、优化财务流程，保障财政资源得到更有效的利用，为国家经济体系和能力现代化提供强有力支撑。

第二节　业财融合下高校财务管理的转型升级

近年来，随着高校教育改革深入，高校办学经费来源更加多元化，除传统事业资金外，高校还可利用银行信贷资金、与企业开展联合办学、接受投资机构的投资基金等现代融资手段筹集办学经费。资金使用规模的扩大必然会带来一定的财务风险。如何提高教育资金的管理水平和使用效益，增强自主办学的竞争力，成为各高校关注的重点问题。业财融合可以将高校的业务部门与财务部门进行深度融合，进一步优化现有资源，及时管控财务风险，提升高校精细化管理水平，促进高校内涵式发展。

一、业财融合与财务管理转型概述

业财融合是业务和财务的融合。伴随财政部大力推行管理会计，学者们越来越关注有关业财融合的问题。业财融合就是将企业的财务工作和业务工作视为一个整体，让财务对业务有更多了解，以更好地服务于业务工作开展，这样才可以分析业务各个环节的不足，并为业务工作优化提出专业财务建议。业财融合本质上是业务必须要创造价值，但由于企业内部的财务和会计部门与各类业务部门的职能分工，导致业财在组织上和信息上的分离，并进而导致业务与价值创造和实现之间的关系被分割。业财融合有效实现的必要途径是进行组织的变革，重视并着力推动业财融合，能够从观念、行动上有助于财务体系转型升级，更能有助于发挥财务体系独特的价值创造作用。业财融合是促进财务管理转型的必要手段，可以以全面预算管理为切入点深化业财融合，同时从信息化建设、复合型财务人才培养、内部控制建设等方面促进业财融合，实现财务管理转型。

二、业财融合在高校财务管理转型中的作用

业财融合是高校财务管理转型的必要手段，其必要性体现在以下几个方面。

（一）有助于实现高校高质量发展

作为高校重要的组织机构，财务部门在高校高质量发展中具有重要作用。国家非常重视高校财务治理现代化建设，2022 年 1 月财政部发布《事业单位财务规则》，指出要加强事业单位财务管理和监督，提高资金使用效益，保障事业单位健康发展。2022 年教育部、财政部发布《高等学校财务制度》，提出加强财务管理和监督，提高资金使用效益，促进高等教育事业健康发展。新时代背景下高等教育的高质量发展，要求高校要加强财务治理现代化建设，提高财务管理水平，加快形成与高质量教育体系相匹配的财务治理体系。业财融合是促进高校财务管理水平提升的重要手段，业财融合，即业务部门和财务部门深度融合，有利于科学地配备校内外资源，及时把控财务风险，做好管理决策和风险防控，从源头节约和控制高校发展的成本和费用，提升高校的资金使用效益，助力高校高质量发展。

（二）有助于提升高校的财务管理水平

高校财务管理是高校管理的重要内容，业财融合有利于提高高校的财务管理水平，主要体现在以下几个方面：一是节约了财务人员数量。传统会计人员的工作主要是记账和核算，内容涉及会计信息的收集、会计凭证、会计账簿、会计报表编制及会计信息的归纳等，这些重复性的工作占用了大量的时间。实行业财融合，这些重复性的工作可通过业财融合平台自动完成，大大减少了财务人员的工作量。二是实现财务工作中心的转移。业财融合平台的推行降低了财务核算的工作量，提高了核算效率，能够将财务人员从传统会计核算工作中解放出来，转到财务数据的分析、过程控制和辅助决策上来。业财融合能够实现高校内部教学、科研、资产管理、基建等方面的业务数据互联互通和数据共享，并通过对数据的分析和挖掘，发现各业务部门存在的问题，为领导决策提供参考，发挥财务的监

督指导作用。业财融合也促使财务职能由记录价值向创造价值转变，进一步提高财务部门在高校事业发展中的作用。

（三）有助于加强高校财务风险管控

高校在运营过程中面临着各种风险，如何防范化解风险，促进高校可持续发展，是高校必须考虑的问题。一是降低内部控制缺陷带来的风险。财务部门掌握高校所有的信息，通过业财融合，财务部门可通过掌握的信息数据发现高校管理中存在的问题，实时掌握预算执行情况，监督高校业务运行中存在的内部控制缺陷和潜在的风险点，对高校业务活动提出建设性的改进意见。在保证财政资金合理合规使用的前提下，实现财政资金经济效益和社会效益的最大化，降低无效使用资金、违规使用资金的风险。二是降低决策失误风险。业财融合将财务信息和业务信息融合在一起，促使财务人员将工作范围由财务部门扩展到经济业务活动，进行全过程的信息服务与控制监督。业财融合使得高校的所有业务活动都可以通过财务部门进行提前预测、分析和预算，打破信息壁垒，实现信息共享透明，服务于顶层决策制定，从而降低决策失误风险。

三、业财融合下高校财务管理模式

（一）传统财务管理模式

传统财务管理模式下，业务部门与财务部门是平行的两个部门，工作目标及重点不同，两部门间相对独立，财务部门对业务部门是事后的核算和控制。业务与财务部门的联系基于预决算报告与财务报表，业务发生后业务部门提供业务信息数据，财务部门负责整理、核算、输出信息，部门间沟通较少。业务发生与信息获取存在时间滞后，无法实现业财之间信息的实时共享，部门间协同效率差，高校管理层无法实时监控业务部门的活动，只能通过财务部门的汇报总结进行事后的控制，应对风险的灵活性差。

（二）业财融合下财务管理模式

业财融合下，业务部门和财务部门相互融合，管理效率提高。信息共享平台将财务部门与业务部门联系起来，打破业务部门与财务部门之间的信息壁垒，实现了信息和数据的共享。在融合过程中，财务部门通过融入业务部门预算编制进行业务事前规划；业务部门预算执行中实时上传业务信息数据，财务部门随时获取数据，及时跟踪分析，发现问题并及时反馈给业务部门，业务部门根据反馈问题实时调整，加强业务的事中控制监督；高校管理层可以实时获取相关业务数据，了解业务内容，做好战略布局与决策，并且通过预算执行效率等绩效考核方式进行事后评估，实现资源最优配置与价值创造。这样以预算管理为切入点实现了业财之间的事前规划、事中控制以及事后评估，从而形成一个财务管理闭环，最大限度地降低运营风险。

由此可见，业财融合下财务管理具有以下特点。

1. 财务部门参与业务全过程

业财融合下高校财务参与业务全过程，发现业务过程中存在的问题，与业务人员充分沟通与协作，帮助业务人员及时调整业务活动，实现高校资源的最优配置。业财融合中业务与财务信息的实时输入与输出，实现了业务与财务相互融合、相互渗透，使财务数据转为业务所需的信息资源，帮助业务部门发现业务活动中存在的问题。

2. 财务数据可溯源

由于时间序列使得经济业务财务数据具有可追溯性，即一定程度上的数据血缘关系。可以利用血缘关系分析，清晰获得财务数据的来龙去脉，既有利于追溯发现数据存在的问题，同时也有助于确定财务与业务融合的节点，提高数据的使用效率。业财融合是将高校所有的业务活动数据集成在业财融合平台中，并将内控的要求融入各业务单元中，基于统一的统计口径进行关联，建立业务与财务的联动。业务部门的每一笔支出信息都可以实时推送到财务系统，财务系统的每一笔支出都可以追溯到对应的经济业务，二者相互对应，在一定程度实现了数据的可溯源性。

3. 数据共享共生

业财融合重点在于实现数据共享。业财融合信息平台打破了信息壁垒，实现了经济活动流程之间数据的开放性和共享性，后面的流程可以在数据产生的同时即可看到，而非等到流转到该环节时，因此后端流程可以根据数据进行事前决策，提前介入和充分沟通。业财融合实现了数据共生，即在数据之间建立一个生态链，数据之间会产生一定的生态关系，为数据加工使用提供良好的生态基础，数据即业务，数据即财务，以数据形式将价值创造的全过程及结果体现出来。

4. 价值创造

业财融合的本质是业务与价值的融合，业务要创造价值，价值通过业务来创造，两者不可分离。业务要实现价值创造，需要通过财务向业务前端进行延伸，打破会计与业务、会计与外部利益关系人的界限，删除没有实现价值创造的节点或环节，推进价值链与业务链的全方位融合，推动全面价值管理的有效控制。

四、业财融合背景下高校财务管理中存在的问题

业财融合在高校整体工作质量提升中起着关键性的作用，各高校急切需要利用业财融合来调整原有的管理模式，利用业务与财务的有机结合加以管理和控制，保证科研与教学工作有序进行。目前，各高校财务管理转型中业财融合推行的重点或方式集中体现在预算管理中，通过预算的编制、预算执行与预算绩效考评，实现对业务的事中、事前控制，但具体在执行时，仍然遇到了不小的阻力，存在一些亟待解决的难点问题。

（一）业财融合观念淡薄

1. 高校管理层对业财融合缺乏清晰的认识

高校管理层重视业务活动，轻视财务活动，认为业务活动量的增加和质的提高能提升高校的整体水平，财务活动仅是记账和核算，不创造价值，因此，财务部门在学校运行中没有话语权，工作比较被动，没有机会与业务融合。

2. 业务人员和财务人员意识淡薄

业务人员和财务人员基于各自岗位开展工作，缺乏整体观。财务人员主要负责财务的工作，认为自己的主要工作是核算，与业务工作没有直接的关系。财务

部门不去业务部门了解业务开展情况，难以为业务部门发展提供建设性意见和建议。业务部门专注业务工作的完成，认为业财融合是财务部门的事，与自身关系不大，没有财务意识，开展活动时不主动寻求财务部门的指导和帮助，业务活动常常由于缺乏财务监督而导致运行风险或损失。

3. 财务目标与业务目标不一致

财务部门和业务部门由于分工的不同导致其工作目标不一致。财务部门关注财务指标，如成本和费用的降低、净收入的增加，不考虑业务指标；业务部门关注业务指标，如教学科研成果的数量及质量、就业率和考研率等，很少考虑成本和费用问题。由于业务部门与财务部门工作目标不一致使得业务部门和财务部门将本部门工作目标作为首要任务，导致业财融合难以真正实现。

（二）业财融合信息共享平台缺乏

业财融合的重点体现在业务与财务间的数据共享，业财融合推行需要共享的信息平台，但高校缺乏业财融合综合信息平台，主要表现在以下几个方面。

1. 高校各部门间的信息系统相互独立，使得信息共享不足

各高校在信息化建设方面进行了大量投入，但高校信息化建设主要集中在各部门内部的信息化建设，部门间信息化建设不足，导致部门间信息不能共享。各部门都委托第三方开发了或购买了自己的信息系统，如教务系统、科研系统、学生管理系统、人事系统、财务系统、资产管理系统等，各部门的业务数据和财务数据来自不同的信息系统，因此，信息反馈形式存在一定的差异性，必然导致财务部门与业务部门无法实现有机融合，造成"信息孤岛"。

2. 缺乏信息化顶层设计

业财融合需要业财融合平台，将业务部门和财务部门的数据集成到平台中，业务部门支出时的情况会实时反馈到财务系统中，财务系统根据支出分析业务活动的成本和费用，为业务活动开展提供咨询指导，但多数高校未建立业财融合信息平台，财务人员不能实时掌握业务活动的情况，财务分析内容都停留在数据层面，难以为业务工作的开展提供有效的决策支持。

3. 业务部门与信息部门信息不对称，使得财务不能更好服务业务决策

高校按职能划分各部门，各部门过于强调本部门的职能目标，忽视学校整体发展目标。业务部门在制定规划时很少征求财务部门的意见，财务部门在制定预算时不邀请业务部门参加，业务部门与财务部门间很少沟通，使得业务部门和财务部门间存在信息不对称。财务部门提供的财务数据不能有效指导业务活动，业务活动中存在的财务问题难以及时被发现，导致财务数据的有效性降低，不能很好支撑业务部门的决策。

（三）业财融合组织协同性较差

1. 高校组织架构韧性不足

业财融合要求业务部门和财务部门基于学校的整体发展规划考虑部门目标，财务部门与业务部门进行深度融合。在高校传统组织架构中，业务部门与财务部门是平行的两个部门，业务部门和财务部门仅从部门利益出发考虑问题，使组织的整体功能难以充分发挥。组织结构系统刚性大、弹性不足、适应性差，不能对新情况做出及时应对。财务部门无法要求业务部门配合其工作，也不能主动参与业务活动，无法了解业务开展情况，因此，也不能对业务部门提供有价值的指导，更谈不上业财融合。

2. 业务流程中业务与财务工作衔接较少

业财融合要求财务部门实时对业务部门进行监督与指导，但实际中鉴于职能分工不同，业务部门和财务部门更关注本部门内部的职责。业务流程中以业务部门为主，少有财务部门的加入，财务部门基本都是在业务结束后才能获取业务的信息数据，滞后严重。

3. 高校财务岗位设置中没有设置专门的业财融合岗

业财融合要求财务相关人员参与业务活动，通过对业务活动信息数据进行实时动态分析，及时发现业务中的风险点并反馈业务部门改进，从而降低业务活动风险和损失，而高校财务部门中岗位设置包括核算岗、预算岗、风险控制岗和绩效管理岗，预算岗人员最多，绩效岗人员最少，现有绩效岗位人员主要侧重于对

数据的静态分析，对业务数据的动态分析不足，不能为学校管理层提供决策指导。

（四）业财融合人才缺乏

传统管理模式下，业务人员和财务人员基于各自的岗位需求开展工作，业务人员和财务人员都精通各自岗位。业财融合对财务人员和业务人员提出了更高的要求，而现有的业务人员和财务人员的能力难以满足业财融合工作的需要，主要体现在以下几个方面。

1. 财务人员业务能力有限

政府会计制度的出台改变了财务核算的收付实现制度，要求财务人员既具有扎实的财务专业知识，又具备一定的管理决策、沟通协同、数据分析的能力，实现从单一核算型人才向复合管理型人才的转变。财务人员精通财务，能够发现财务数据上出现的问题，却不能分析财务数据问题产生的业务原因，只能提供低价值的会计服务，难以为业务部门提供针对性的管理咨询和决策指导。

2. 财务人员沟通能力有限

财务人员需要具备一定的沟通能力，当财务人员发现业务部门出现的问题时，要善于与业务部门沟通并说服业务部门优化和改进业务流程，但一些财务人员不善于沟通也没有动力主动与业务部门沟通，使得业务部门的活动得不到有效的财务指导。

3. 懂财务懂业务的复合型人才缺乏

大部分财务人员日常被烦琐的报销业务占用，难以有更多的精力去提升自我，导致高校财务人员转型面临困境。业务人员精通业务，但不懂财务，缺乏财务风险意识，在开展业务活动中盲目追求业绩增长而忽视潜在的财务风险，以至于给业务活动带来风险。业财融合要求业务人员懂财务，财务人员懂业务，但高校中既懂财务又懂业务的复合型业财人员缺乏，不能为高校业财融合工作的推进提供人才支撑。

五、业财融合背景下高校财务管理转型升级对策

作为业财融合的重要工具，全面预算管理能够加强业财融合的持续深入推进，减少资金浪费或无效的情况，从而实现业务流、资金流、信息流等数据源的及时共享，保证价值创造过程的实现。目前各高校大都以此为切入点，通过预算编制、执行、考评三个环节，利用全面预算的全员参与、全程跟踪的特点，推进业务与财务融合。财务管理转型过程中业财融合的广度和深度还明显不够，高校应该在全面分析问题的基础上，抓住全面预算这一切入点，加快业财融合进程，促进高校财务管理转型。

（一）贯彻业财融合理念，营造良好融合氛围

1. 管理层树立业财融合的理念

业财融合不是财务部门或业务部门单独能够完成的，需要业务部门与财务部门协同完成，这需要高校管理层进行顶层设计，因此，要让高校管理层认识到业财融合的价值，将以业务为核心的管理模式调整为以学校整体发展为核心，业务与财务并行的模式上来，进行业务与财务融合的顶层设计，明确业务与财务融合目标任务，推进业财深度融合。

2. 协同财务目标和业务目标

高校要加大财务与业务平衡关系的宣传，明确业务部门和财务部门的协同关系，加强财务人员和业务人员的引导，使他们树立正确的业财融合理念，自觉配合推进业财融合进程，实现财务目标与业务目标的协同。

3. 加大业财融合的宣传与推广

高校相关部门需要加强业财融合的推广与宣传，力争让所有工作人员都深度参与业财融合，让员工通晓业财融合的内蕴，让业务人员在工作中能够与财务人员合作，主动配合财务人员的工作，共同创建良好的业财融合氛围。

（二）建立财务共享服务平台，助推财务管理转型

1. 整合信息化管理系统

以全面预算管理为关键点推进业财融合工作，要求对业财信息进行整合，建立信息化管理系统。整合内容包括费用的报销、记账及财务分析，还包括将财务管理目标与业务流程进行有机结合，融通原先互相孤立的系统，打破信息壁垒，实现信息系统的共享化转型，推动各个系统的融合。

2. 建立财务共享服务中心

高校在基于自身实际情况下，组合一套统一的信息系统、业务流程和核算标准，构建财务共享服务中心，从而降低财务管理成本，形成集成性的业财融合信息，推进业财融合的有序开展。利用共享中心，可以使财务实时获取业务信息数据，及时提取并有效分析数据。在构建财务共享服务中心的过程中，按照"业务—财务—业财—决策"的思路进行，设计面向业务人员、财务人员、管理决策者的开放性共享平台，同时在平台中设定业务数据、财务数据、综合分析等各类数据模块。在平台中，根据工作者的工作内容不同分别设定权限，各类人员登录系统平台，获取数据信息，更好地为其工作提供指导。

（三）转变组织结构，优化和再造业务流程

1. 构建扁平化的组织机构

一方面，扁平化的组织机构减少组织间的中间环节，确保实现财政政策的科学传递，提高上传下达效率；另一方面，扁平化的组织机构的直接对接性能够为执行层更好地解读财务政策制度，为制度制定者提供反馈修改建议，助推业财管理一体化的发展。

2. 重新设计财务管理岗位

业财融合需要优化原有的财务管理岗位，减少会计核算岗，增加绩效以及管理会计岗位。财务管理岗位可以设置基础管理岗、过程控制岗、决策管理岗。基础管理岗包括信息增值、信息归集与会计核算岗；过程控制岗包括绩效考核、预

算、资金运筹等岗位；决策岗可以在财务或独立于财务设立管理会计岗，负责为高校管理层提供规划指导和决策分析。

3. 优化和再造业务流程

随着组织结构的变化、信息系统的重构，高校原有的财务工作和业务工作模式被打破，所以需要业务流程再造。在开展业务流程再造的过程中，应以财务部门为主导，其他部门为辅助，细化业务流程前端内容，使其清晰展现出业务信息，同时在业务中明确财务的职能，确定财务与业务融合的方式。流程再造并不是单独的业务流程再造，也不是单纯的财务流程再造，而是利用业务流程和财务流程的重新组合和系统化再造，实现业务与财务工作的有效衔接和各个系统的有机融合。

（四）培养业财融合人才团队，助力财务人员转型

业财融合是将业务活动与财务活动有机整合，实现高校资源的合理配置与有效利用，这就需要复合型的业财人员支撑。业财融合既要求业务人员懂财务，也要求财务人员懂业务。兼具财务专业知识的业务人员就可以在工作中运用财务视角进行分析；兼具业务知识的财务人员也可以在开展财务分析时，结合业务流程和过程，及时发现问题并为业务人员提供指导。因此，需要培养复合型的业财融合人员。

1. 财务人员的业务知识阶梯性培养

对财务人员要加强业务培训，让财务人员熟悉业务的工作内容，了解业务的详细流程，提升服务业务的技能。高校可以构建阶梯性的分层次人才培养体系，并辅以科学的激励考核机制，将职称晋升与业财融合工作成效衔接起来。根据工作年限设定对应的财务职能：入职 1~3 年的财务人员分配基础性的财务核算工作；入职 4~6 年的财务人员负责财务数据信息分析、数据加工等工作；入职 6 年以上的财务人员负责财务决策制定、财务信息综合管理等，使其成为业财一体化的引领者和规划者。

2. 业务人员的财务知识贯通性培训

对业务人员要增加财务知识培训，让业务人员知晓财务原理，了解财务管理

内容。要组织业务人员进行财务培训，定期邀请财务人员对业务人员进行财务培训和业财融合的培训，使业务人员树立财务风险意识，在开展业务活动过程中既要考虑业绩目标还要留意财务数据，增强其财务敏感度，消除业务和财务间的壁垒，促进业财融合顺利进行。

第三节　医疗事业单位财务管理中的财务共享实践

为了积极贯彻落实国家卫生健康委对医疗事业单位实现科学化、信息化、精细化以及规范化的运营管理要求，达到推动医疗事业单位高质量发展、保障国民医疗健康事业的目的，医疗事业单位要尽快实现全方面经营管理体系的革新。财务管理是运营管理的核心，在大数据时代，业财数据共享、业务流程一体化与价值挖掘是财务管理信息化建设的重点。搭建战略财务、业务财务、共享财务三位一体的财务共享平台，优化配套组织体系与管理制度，培养管理会计人才是促使财务管理从"财会核算型"向"价值创造型"转变、打造智慧财务的重要手段。本节将从财务共享模式的优势与重要性入手，反观医疗事业单位财务管理现状，针对其现存问题进一步探究财务共享模式的构建路径，以此来推动财务管理的转型与智慧财务体系的实现。

一、财务共享模式的内涵分析

财务共享模式指的是依托如大数据、云计算、人工智能等新一代信息技术，通过搭建共享系统、精简组织体系、统一数据口径、优化管理框架、再造业财融合流程等手段，将分散化的财务组织部门、重复低效的财会基础工作进行集约化、自动化管理，打通业财数据屏障，把控全流程数据风险的一种数字化财务管理模式。

财务共享模式运行主要依靠信息系统，目前信息系统具有多样性与丰富性，且不同系统之间有着紧密的关联，具有相互影响、相互促进以及相互配合的积极作用。

1. 网络报销系统

网络报销系统作为财务共享模式运行体系中不可缺少的组成部分，其主要功能在线录入填单、其余业务审批、信息输送、财务审核等工作环节均可以在系统平台上进行与开展，合理减轻工作人员工作的难度与挑战，对提高信息流动的效率与效果有着不可忽视的作用，进一步推动核算工作向标准化、数字化以及信息化方向转变与发展。

2. 财务核算系统

财务核算系统与网络报销系统同样重要，均在财务共享模式中占据着极其重要的地位，对促进各项工作高效规范开展具有重大的帮助。相关工作人员可以充分合理地构建财务核算系统，完成填写记账凭证、一键过账以及生成报表等工作，对保障财务工作科学准确开展有着十分重要的作用。

3. 影像管理系统

具体操作人员可以直接利用仪器扫描原始凭证，不用再采取以往的人工方法，对原始凭证进行分析与研究，打破传统工作方法的控制与束缚，将信息系统作为业务处理工作开展的重要载体，用信息化与自动化的程序代替人工流程，以此来达到采集票据数字化内容、传输以及审批影像作业的效果。此种方法不仅能够提高审批速度，严格控制审批成本，还能够改变实物流转与调阅票据工作模式的漏洞，精准降低不良问题发生的可能性，从而保障票据内容的可靠性与真实性。

4. 资金管理系统

资金管理系统主要负责的工作内容就是当资金开展结算、拨付、收支等工作环节时，财务部门内部工作人员可以利用该系统对资金流使用与流转情况进行实时的监管，及时准确找出资金流在使用与流转过程中存在的问题，并采取与之相应的方法进行防控，进一步提高资金管理工作开展的成效，大幅度提高资金的使用效率，合理缩减财务费用，逐步降低运行风险发生的可能性，确保资金管理工作能够安全稳定开展，为后续各项工作的进行提供充足的资金支持与保障。

医疗事业单位财务共享模式以战略财务为前提，加强管理会计对业务的指导，以此实现集中财务核算与支付、降低财务管理成本、加强业财深度融合、提高风险防控水平以及创造财务多维价值，并最终作用于运营管理与医疗服务体系的优化。

二、医疗事业单位构建财务共享模式对财务管理的作用

（一）降低财务管理成本，提高财务风险防控水平

财务共享模式下，财务组织机构不断精简，减少了冗余岗位和人员，为医疗事业单位节约了大量人力、物力与财力。医疗事业单位只需要根据财务共享平台建立配套集约化的组织机构，便可实现业财深度融合和医联体运营管理，并由此进一步降低财务管理成本，提高财务管理效率。财务共享平台重构业财标准化、一体化流程，有助于实现规范化内部风险控制、智能化数据风险预警、财务集中化支付，保障数据来源的可靠性、真实性，促使业务流程趋于标准化、规范化，由此大大降低财务风险，保障单位各项资产资金安全，提高资源配置效益①。

（二）打破数据壁垒，促进业财深度融合

对于各级医疗事业单位而言，财务管理所服务的对象众多，包括财政机构、卫生部门、医保局、审计机构、税务部门、物价局、统计局、医院管理者、广大患者、员工和供应商等，财务人员每天需要处理、审核、提交与管理各类财务数据和分析报告，因此，打造业财一体化的智慧财务至关重要。财务共享平台可以将触角延伸到医疗事业单位的各个业务系统中，实现各系统间的互联互通，从原先被动、有限地采集业务部门数据转变为主动、实时、多维地采集所需的业务数据，加强财务对业务的指导，牢牢把控内部运营风险，促使各项业务流程健康高效运转。

---

① 唐晓焱. 基于财务共享的医共体财务管理体系建设探析 [J]. 财会学习，2022（26）：18-20.

（三）促进医联体资源共享、互联互通

2020 年 7 月，国家卫生健康委、国家中医药管理局发布《医疗联合体管理办法（试行）》（以下简称《办法》），《办法》提出 "城市医疗集团和县域医共体应当落实防治结合要求，做到防治服务并重"。财务共享平台借助大数据技术、人工智能等先进信息技术搭建财务共享平台，统一链接患者健康信息共享平台、远程医疗共享系统、远程共享教育系统等系统，支持各省市县域医共体高效实现资源共享、技术交流、远程医疗、信息化建设等，有助于优质医疗资源、医疗技术、管理方法下沉到基层，赋能各级医疗机构智慧财务与财务管理的转型与创新[①]。同时，财务共享平台的搭建还能够实现对医疗事业单位从上到下的财务管理规范性监督与控制，统一财务业务流程，减少人员冗余与组织臃肿，提高财务管理效率，帮助下级单位为患者提供快捷高效的智慧医疗服务。

（四）推动财务数字化转型，促进管理会计转型

在大数据时代，医疗事业单位财务管理也应尽快实现数字化转型，以适应 "数据为王" 的新时代发展要求。财务共享平台可以借助人工智能、云计算、大数据分析等技术工具，对海量的业财数据进行实时采集、跟踪、筛选、识别、分析，再利用先进的算法模型深入挖掘数据价值，实现对数据的高效治理，助力单位高质量决策[②]。如果没有财务共享平台作支撑，财务数字化无法通过业财数据共享来实现。同时，财务共享平台能够自动完成大量基础财会工作，可以将财务人员从高重复性、低价值的财会工作中解放出来，使其拥有更多的时间精力投入到数据价值分析中，为绩效管理、财务管理和内控管理等提供更可靠、更有价值的决策支持。

三、医疗事业单位财务管理中财务共享实践存在的问题分析

---

① 顾海英，张玲玲. 大数据下的医院财务信息共享系统研究［J］. 信息技术，2021（3）：1-6.
② 张郑怡. 医院财务共享服务中心构建研究［J］. 西部财会，2021（1）：31-33.

（一）业财融合不深入，数据壁垒依然存在

部分医疗事业单位财务共享平台系统搭建不全面，标准化流程与数据口径未统一，其搭建的企业资源计划（Enterprise Resource Planning，ERP）系统只能支持会计集中核算、费用报销以及会计报表生成等基础财务工作，并没有将全面预算管理、税务风险防控、内部控制、资金管理、成本管理等纳入业财系统，也未建立能够支持业财一体化的财务共享平台，导致各项业财数据之间仍然存在较大壁垒。

（二）配套组织体系未健全，管理会计职能未凸显

财务共享模式除了要搭建财务共享平台，还需要配套的组织架构和管理体制支持平台，但目前部分医疗事业单位财务共享平台还未成立，仍然采用传统的财务组织架构，没有按照财务共享模式下战略财务、业务财务与共享财务的分类来进行优化，导致财务部门内部岗位设置不完善、权责不明确，容易出现互相推诿的情况。而不配套的组织架构使得财务人员无法站到战略财务的层面指导业务、预测风险，导致医疗事业单位的财务管理工作与其长远战略发展目标相背离，且财务人员对于数据价值挖掘、深度财务分析等管理会计职能也未得到充分发挥。同时，医疗事业单位也没有更新配套的财务共享管理机制，特别是对于绩效考核指标及风险预警指标的设立，并没有以内控风险防范为核心，仍只顾及短期的成本、费用，忽略了高质量发展总目标下的专科绩效、病种绩效、诊疗难度绩效、医疗质量安全绩效等维度指标，使单位发展方向与总战略目标相去甚远。

（三）信息技术应用不足，数据治理能力较弱

数据是共享平台的核心，在"数据为王"的大数据时代，高效整合数据的能力是财务共享模式高级价值的体现。但是，部分医疗事业单位在财务共享平台建设上存在信息技术应用不足的问题，大数据技术、应用程序编程接口技术、数据库管理、物联网技术、智能商业工具等应用不足，导致多样化的数据服务场景无法搭建，数据采集、数据建模、数据分析、数据分发以及数据动态监控调整机制

都备受掣肘，部分功能或难以实现，或无法实现自动化、智能化、全方位的监测与分析，也不能完全发挥财务共享平台的优势，难以帮助财务人员对关联数据进行价值挖掘与战略分析①。由此，对于资源配置优化、经济效益提升、医疗服务效率提高、风险有效防控等精细化财务管理决策也就无法给予有力支持。

四、医疗事业单位财务管理中的财务共享实践路径

（一）搭建财务共享平台，标准化再造共享流程

1. 完善财务共享平台，打通业财系统屏障

财务共享模式的核心载体就是财务共享平台的搭建，这是实现业务深度一体化的关键支撑。因此，医疗事业单位应根据自身业务特点和服务对象来设计合理的财务共享平台，实现财务信息系统与办公自动化（Office Automation，OA）系统、医院信息系统、药品供应加工与配送（Supply，Processing&Distribution，SPD）系统、电子病历系统、物流管理系统、科研经费系统，以及药品、人事、合同、资产、票联、成本、绩效和税务等业务管理系统之间的自动化、标准化对接，集约化处理审批流、资金流、物流以及信息流。要想实现业财系统的无缝对接、数据互通，就必须完善财务共享平台的配套系统功能模块，包括在财务信息系统中增设电子档案系统、电子影像系统、共享运营平台、智慧报账系统、会计核算系统和合并报表系统等，以此来与各个信息系统及业务管理系统之间建立紧密连接，确保业务流信息可以从原始凭证扫描录入开始，数据就是可靠、真实、准确的。

2. 标准化流程再造，实现规范化共享

医疗事业单位在完善财务共享系统构架后，需要进一步梳理自动化、标准化的业财共享流程，尽可能取缔线下人工操作，精简并细化业财一体化流程，使每项操作的信息流、资金流都能在清晰、标准、规范的流程中实现可视化、可追溯、可追责，以此来降低财务共享的风险。以成本核算流程为例，再造后的成本

---

① 赵雪宁. 医院财务共享服务模式下的绩效管理分析 [J]. 商讯，2020 (36)：55-56.

核算流程应当由业务人员在影像传输终端系统上传原始数据与凭证，财务人员审核原始数据与凭证后提交到财务共享平台，财务共享平台对记账凭证进行复核，然后进行集中核算，并定期汇总编制成本报表①。

自动化集中支付流程是指在银企互联互通的共享平台上，采购人员发送预算申请，在完成采购业务后，将支付凭证通过影像系统扫描上传至财务共享平台，由系统完成初审，财务人员进行复核，确保无误后系统会自动生成记账凭证，并且关联到该笔采购款项的预算单号，保存并生成支付口令集中发送到资金管理系统，出纳检查后完成最终的支付，支付结果自动反馈至综合报账平台，自动核对记账凭证与付款单，完成清账流程，并以短信或邮件的方式自动通知收款用户，实现流程闭环。如果支付失败，需要财务人员查明原因后重新发送支付口令。

（二）构建三位一体财务管理体系，促进财务管理转型

基于财务共享平台，医疗事业单位需要建立配套的财务管理组织体系，以实现线上线下的紧密嵌合。医疗事业单位应当构建战略财务、业务财务、共享财务三位一体的财务共享组织架构，推动财务管理从基础核算型、交易处理型向风险管理型、价值创造型的方向转变，并且通过明确各部门的职能权责，实现从事后控制到事前预防、事中跟踪的动态式管理，为单位内部风险管控、资金配置安全效益、业务绩效与医疗服务质量等提供可靠的价值支持②。

具体而言，战略财务部门人员负责参与单位经营管理、财务管理等各项发展战略的制定与贯彻落实，将业务财务人员提供的财务分析信息转化为有利于战略目标达成的管理决策，引导与把控财务共享的整体方向；业务财务人员则需要转变思维，更积极主动地参与全价值链的业务财务管理，包括预算编制指导、预算执行风险控制、绩效考核、成本控制指标制定、税务风险控制和资产管理等，以战略财务目标为核心，指导与协助业务人员规避风险，兼顾成本与质量，为单位经营管理保驾护航；共享财务人员负责对各类报账单据进行审核、对账、记账、支付等，为战略财务、业务财务管理提供标准化的信息数据，做好数据管理与分

---

① 郑娜君. 试析医共体财务管理一体化模式的探索与完善 [J]. 质量与市场, 2020 (24): 55-56.
② 吴颖. 大数据时代基于财务共享模式的医院会计档案管理探析 [J]. 财经界, 2020 (32): 123-124.

析。高效统一、各司其职的财务共享组织体系可以充分发挥财务共享平台的优势，并促进财务管理的职能转型。

（三）加强财务数据库建设，赋能财务价值创造

财务共享平台需要功能强大、技术先进的数据库中心来给予高效协助，数据库建设是保障数据安全可靠、挖掘关联数据价值的重中之重。医疗事业单位应当加强先进信息技术的投入，包括大数据技术、API 技术、数据库管理、物联网技术、BI 工具等，以此来支持多维数据服务场景的构建，并提高数据采集、建模、分析以及动态化监测等治理能力，支持财务共享平台对业财各类数据的汇集、监控、分析与价值创造等，构建单位内外协同一致的数据生态圈。

参考文献

[1] 王超, 陶慧平, 韦静, 蓝凤壮, 杨志伟, 程娟. 政府会计制度（科目运用·账务处理·报表编制）[M]. 北京：中国市场出版社, 2022.

[2] 张新, 季荣花. 政府与非营利组织会计 [M]. 北京：北京理工大学出版社, 2021.

[3] 邓九生, 汪长英, 杨从印. 政府与非营利组织会计理论与实务 [M]. 武汉：华中科技大学出版社, 2021.

[4] 田高良, 曹文莉. 政府会计实务 [M]. 大连：东北财经大学出版社, 2020.

[5] 韩俊仕, 郭靖, 许娟. 政府会计制度要点解读与案例精讲 [M]. 北京：企业管理出版社, 2019.

[6] 司惠菊, 周欣, 任振和. 气象部门计财业务系统管理与应用实务（中卷）——政府会计制度信息系统实务应用 [M]. 北京：科学技术文献出版社, 2019.

[7] 胡景涛. 基于绩效管理的政府会计体系构建研究 [M]. 大连：东北财经大学出版社, 2019.

[8] 王国祥. 政府会计及其改革研究 [M]. 北京：现代出版社, 2019.

[9] 王力东, 李晓敏. 财务管理 [M]. 北京：北京理工大学出版社, 2019.

[10] 姚宾礼, 王宏萍, 陈建明. 政府会计理论与实务 [M]. 徐州：中国矿业大学出版社, 2018.

[11] 张雪芬, 倪丹悦. 行政事业单位会计 [M]. 苏州：苏州大学出版社, 2017.

[12] 汪谦. 政府会计基本理论与操作实务 [M]. 北京：中国商业出版社, 2018.

[13] 赵永华, 李其海, 王青. 水利企事业单位财务管理实务 [M]. 北京：九州出版社, 2018.

[14] 李敏. 政府会计——行政事业核算新模式 [M]. 上海：上海财经大学出版

社，2018.

[15] 魏瑞华，翟纯红，等. 行政事业单位会计实务 ［M］. 北京：中央民族大学出版社，2017.

[16] 刘淑琴，刘彩丽. 行政事业单位会计实务习题与实训（第 3 版）［M］. 大连：东北财经大学出版社，2017.

[17] 崔运政. 行政事业单位会计理论与实务 ［M］. 上海：立信会计出版社，2015.

[18] 缪匡华. 行政事业单位财务管理 ［M］. 北京：清华大学出版社，2013.

[19] 金锦萍. 社会组织财税制度 ［M］. 北京：中国社会出版社，2011.

[20] 孙开. 公共支出管理 ［M］. 大连：东北财经大学出版社，2009.

[21] 林万祥，曹钟候. 政府与事业单位会计 ［M］. 北京：中国财政经济出版社，2000.

[22] 毛倩. 数字化经济时代下事业单位财务管理转型探究 ［J］. 中国价格监管与反垄断，2024（1）：72-74.

[23] 游家俊. 基于数字化转型的事业单位管理会计与财务会计融合策略 ［J］. 市场周刊，2024，37（1）：109-112.

[24] 王长源. 探讨大数据背景下事业单位财务管理信息化建设 ［J］. 投资与创业，2023，34（24）：52-54.

[25] 束海燕. 论财务共享在事业单位财务管理中的应用 ［J］. 大众投资指南，2023（24）：76-78.

[26] 欧阳新. 事业单位财会电算化应用的推进对策 ［J］. 行政事业资产与财务，2023（18）：109-111.

[27] 李美琴. 新会计准则下事业单位会计信息化实践策略 ［J］. 行政事业资产与财务，2023（18）：106-108.

[28] 丁培举. 物联网时代电网企业财务管理创新策略探究 ［J］. 今日财富，2023（19）：146-148.

[29] 郭文菲. 新形势下事业单位财务制度的改革分析 ［J］. 财经界，2023（22）：132-134

[30] 袁珊. 新时期事业单位财务管理信息化建设路径探究 [J]. 财会学习, 2023 (25)：38-40.

[31] 刘伟. 人工智能时代企业财务会计转型探索 [J]. 中国产经, 2023 (24)：108-110.

[32] 牛素美. 人工智能时代行政事业单位财务会计的转型 [J]. 财会学习, 2023 (26)：112-114.

[33] 吕辉. 新时代提高科研事业单位财务管理水平对策研究 [J]. 当代矿工, 2023 (5)：27-28.

[34] 刘福祥, 蔡平. 业财融合下高校财务管理转型路径研究 [J]. 齐鲁师范学院学报, 2023, 38 (5)：79-86+96.

[35] 王子洋. 医疗事业单位财务管理中的财务共享实践问题研究 [J]. 投资与创业, 2023, 34 (10)：72-74.

[36] 谭树磊. 基于人工智能的事业单位财务管理研究 [J]. 中国总会计师, 2022, 228 (7)：152-154.

[37] 贾明宝. 新会计制度改革背景下的事业单位财务管理策略 [J]. 商业观察, 2022, 146 (16)：67-70.

[38] 陈丽娟. 事业单位财务管理科学化与精细化研究 [J]. 投资与创业, 2022, 33 (16)：106-108.

[39] 施培忠. 新预算法对行政事业单位财务管理的影响分析 [J]. 财会学习, 2022 (36)：81-82.

[40] 秦彩凤. "双体系"下行政事业单位财务管理体系研究 [J]. 财会学习, 2022 (11)：11-14.

[41] 李翠平. 大数据时代信息化在事业单位财务管理中的应用——以某体育学校为例 [J]. 财经界, 2022 (24)：126-128.

[42] 季爱萍. 新常态下塑料产业财务管理对事业单位财务管理优化办法影响研究——评《财务管理实务》[J]. 塑料工业, 2022, 50 (5)：210.

[43] 杨晓倩, 宋宇. 管理会计和财务会计在事业单位的融合应用研究 [J]. 财经界, 2022 (32)：153-155.

［44］冯琳. 浅析新形势下事业单位财务会计与管理会计的融合［J］. 中国管理信息化，2022，25（10）：4-6.

［45］郑大喜，田志伟，戴小喆. 医共体财务管理与会计核算：政策梳理、典型经验与启示［J］. 中国卫生经济，2021，40（3）：89-94.

［46］廖小霞. 大数据时代下事业单位财务管理的创新路径探索［J］. 财会学习，2021，299（18）：44-45.

［47］苏月琴. 强化管理会计应用 提高行政事业单位财务管理水平——基于新政府会计制度［J］. 中国管理信息化，2021，24（11）：26-27.

［48］袁天荣，王霞. 物联网时代企业数字化财务创新研究——以海尔集团为例［J］. 航空财会，2021，3（5）：4-10.

［49］周家珍. 基于物联网技术的供应链金融业务创新探索［J］. 西南金融，2021（6）：50-60.

［50］贾颖，汪蕾. 基于物联网的上市公司内部控制研究——以海澜之家为例［J］. 财会通讯，2021（20）：133-138.

［51］徐丽雅. 信息化背景下物联网企业财务共享服务的构建探析［J］. 当代会计，2021（20）：1-3.

［52］黄亮. 加强事业单位所属非企业法人单位财务管理——对《事业单位财务规则》的一点补充建议［J］. 财务与会计，2020（2）：33-34.

［53］吴颖. 大数据时代基于财务共享模式的医院会计档案管理探析［J］. 财经界，2020（32）：123-124.

［54］杨帆. 科研机构财务管理权责分析——评《科学事业单位政府会计制度实务手册——以中央级科研机构为例》［J］. 中国农业资源与区划，2020，41（1）：14+65.

［55］赵雪宁. 医院财务共享服务模式下的绩效管理分析［J］. 商讯，2020（36）：55-56.

［56］张丽. 行政事业单位管理会计与财务会计融合研究［J］. 财会学习，2020（30）：100-101.

［57］倪银珠，曹永年，张珮玮，付晓兰，洪青卉，方悦. 物联网时代企业财务

管理创新策略 [J]. 中国经贸导刊（中），2020（9）：137–138.

[58] 康峰卓. 基于"区块链+智能物联网"技术引领企业财务变革 [J]. 中国管理信息化，2020，23（14）：79–80.

[59] 黄业德，孙佳程. 物联网时代海尔财务管理模式创新研究 [J]. 财会通讯，2019（23）：46–49.

[60] 胡兰兰. 物联网时代下的企业财务管理创新 [J]. 纳税，2019，13（3）：117–118.

[61] 尹衡京. 事业单位财务会计与管理会计的相互融合重要性浅析 [J]. 农村经济与科技，2019，30（24）：101–102.

[62] 孙清华. 浅谈新形势下事业单位财务会计与管理会计的关系 [J]. 财会学习，2017（5）：97+100.

[63] 韩剑尔. 加强会计电算化环境下事业单位会计档案管理 [J]. 档案管理理论与实践-浙江省基层档案工作者论文集，2017：214–217.

[64] 陈婷，易琴琴. 财会电算化对会计理论与会计实务的影响 [J]. 中外企业家，2016（28）：122–123.

[65] 唐泽雄. 分析财会电算化在财会管理中的体现和运用 [J]. 低碳世界，2016（21）：223–224.

[66] 孙明霞. 教育事业单位实施财会电算化应用的突出问题和对策思考 [J]. 现代经济信息，2015（2）：283+292.

[67] 张宁，庞国宝，朱凌燕. 事业单位财务管理目标的转变及实现路径 [J]. 大陆桥视野，2023（12）：122–124.

[68] 谢德燕. 财会电算化在财会管理中的体现和运用 [J]. 营销界，2021（29）：164–165.

附 录 ↘

事业单位会计准则（财政部令第 72 号）

第一章 总 则

第一条 为了规范事业单位的会计核算，保证会计信息质量，促进公益事业健康发展，根据《中华人民共和国会计法》等有关法律、行政法规，制定本准则。

第二条 本准则适用于各级各类事业单位。

第三条 事业单位会计制度、行业事业单位会计制度（以下统称会计制度）等，由财政部根据本准则制定。

第四条 事业单位会计核算的目标是向会计信息使用者提供与事业单位财务状况、事业成果、预算执行等有关的会计信息，反映事业单位受托责任的履行情况，有助于会计信息使用者进行社会管理、作出经济决策。

事业单位会计信息使用者包括政府及其有关部门、举办（上级）单位、债权人、事业单位自身和其他利益相关者。

第五条 事业单位应当对其自身发生的经济业务或者事项进行会计核算。

第六条 事业单位会计核算应当以事业单位各项业务活动持续正常地进行为前提。

第七条 事业单位应当划分会计期间，分期结算账目和编制财务会计报告（又称财务报告，下同）。

会计期间至少分为年度和月度。会计年度、月度等会计期间的起讫日期采用公历日期。

第八条 事业单位会计核算应当以人民币作为记账本位币。发生外币业务时，应当将有关外币金额折算为人民币金额计量。

第九条　事业单位会计核算一般采用收付实现制；部分经济业务或者事项采用权责发生制核算的，由财政部在会计制度中具体规定。

行业事业单位的会计核算采用权责发生制的，由财政部在相关会计制度中规定。

第十条　事业单位会计要素包括资产、负债、净资产、收入、支出或者费用。

第十一条　事业单位应当采用借贷记账法记账。

第二章　会计信息质量要求

第十二条　事业单位应当以实际发生的经济业务或者事项为依据进行会计核算，如实反映各项会计要素的情况和结果，保证会计信息真实可靠。

第十三条　事业单位应当将发生的各项经济业务或者事项统一纳入会计核算，确保会计信息能够全面反映事业单位的财务状况、事业成果、预算执行等情况。

第十四条　事业单位对于已经发生的经济业务或者事项，应当及时进行会计核算，不得提前或者延后。

第十五条　事业单位提供的会计信息应当具有可比性。

同一事业单位不同时期发生的相同或者相似的经济业务或者事项，应当采用一致的会计政策，不得随意变更。确需变更的，应当将变更的内容、理由和对单位财务状况及事业成果的影响在附注中予以说明。

同类事业单位中不同单位发生的相同或者相似的经济业务或者事项，应当采用统一的会计政策，确保同类单位会计信息口径一致，相互可比。

第十六条　事业单位提供的会计信息应当与事业单位受托责任履行情况的反映、会计信息使用者的管理、决策需要相关，有助于会计信息使用者对事业单位过去、现在或者未来的情况作出评价或者预测。

第十七条　事业单位提供的会计信息应当清晰明了，便于会计信息使用者理解和使用。

第三章　资　产

第十八条　资产是指事业单位占有或者使用的能以货币计量的经济资源，包括各种财产、债权和其他权利。

第十九条 事业单位的资产按照流动性，分为流动资产和非流动资产。

流动资产是指预计在 1 年内（含 1 年）变现或者耗用的资产。

非流动资产是指流动资产以外的资产。

第二十条 事业单位的流动资产包括货币资金、短期投资、应收及预付款项、存货等。

货币资金包括库存现金、银行存款、零余额账户用款额度等。

短期投资是指事业单位依法取得的，持有时间不超过 1 年（含 1 年）的投资。

应收及预付款项是指事业单位在开展业务活动中形成的各项债权，包括财政应返还额度、应收票据、应收账款、其他应收款等应收款项和预付账款。

存货是指事业单位在开展业务活动及其他活动中为耗用而储存的资产，包括材料、燃料、包装物和低值易耗品等。

第二十一条 事业单位的非流动资产包括长期投资、在建工程、固定资产、无形资产等。

长期投资是指事业单位依法取得的，持有时间超过 1 年（不含 1 年）的各种股权和债权性质的投资。

在建工程是指事业单位已经发生必要支出，但尚未完工交付使用的各种建筑（包括新建、改建、扩建、修缮等）和设备安装工程。

固定资产是指事业单位持有的使用期限超过 1 年（不含 1 年），单位价值在规定标准以上，并在使用过程中基本保持原有物质形态的资产，包括房屋及构筑物、专用设备、通用设备等。单位价值虽未达到规定标准，但是耐用时间超过 1 年（不含 1 年）的大批同类物资，应当作为固定资产核算。

无形资产是指事业单位持有的没有实物形态的可辨认非货币性资产，包括专利权、商标权、著作权、土地使用权、非专利技术等。

第二十二条 事业单位的资产应当按照取得时的实际成本进行计量。除国家另有规定外，事业单位不得自行调整其账面价值。

应收及预付款项应当按照实际发生额计量。

以支付对价方式取得的资产，应当按照取得资产时支付的现金或者现金等价物的金额，或者按照取得资产时所付出的非货币性资产的评估价值等金额计量。

取得资产时没有支付对价的，其计量金额应当按照有关凭据注明的金额加上相关税费、运输费等确定；没有相关凭据的，其计量金额比照同类或类似资产的市场价格加上相关税费、运输费等确定；没有相关凭据、同类或类似资产的市场价格也无法可靠取得的，所取得的资产应当按照名义金额入账。

第二十三条　事业单位对固定资产计提折旧、对无形资产进行摊销的，由财政部在相关财务会计制度中规定。

第四章　负　债

第二十四条　负债是指事业单位所承担的能以货币计量，需要以资产或者劳务偿还的债务。

第二十五条　事业单位的负债按照流动性，分为流动负债和非流动负债。

流动负债是指预计在 1 年内（含 1 年）偿还的负债。

非流动负债是指流动负债以外的负债。

第二十六条　事业单位的流动负债包括短期借款、应付及预收款项、应付职工薪酬、应缴款项等。

短期借款是指事业单位借入的期限在 1 年内（含 1 年）的各种借款。

应付及预收款项是指事业单位在开展业务活动中发生的各项债务，包括应付票据、应付账款、其他应付款等应付款项和预收账款。

应付职工薪酬是指事业单位应付未付的职工工资、津贴补贴等。

应缴款项是指事业单位应缴未缴的各种款项，包括应当上缴国库或者财政专户的款项、应缴税费，以及其他按照国家有关规定应当上缴的款项。

第二十七条　事业单位的非流动负债包括长期借款、长期应付款等。

长期借款是指事业单位借入的期限超过 1 年（不含 1 年）的各种借款。

长期应付款是指事业单位发生的偿还期限超过 1 年（不含 1 年）的应付款项，主要指事业单位融资租入固定资产发生的应付租赁款。

第二十八条　事业单位的负债应当按照合同金额或实际发生额进行计量。

第五章 净资产

第二十九条 净资产是指事业单位资产扣除负债后的余额。

第三十条 事业单位的净资产包括事业基金、非流动资产基金、专用基金、财政补助结转结余、非财政补助结转结余等。

事业基金是指事业单位拥有的非限定用途的净资产，其来源主要为非财政补助结余扣除结余分配后滚存的金额。

非流动资产基金是指事业单位非流动资产占用的金额。

专用基金是指事业单位按规定提取或者设置的具有专门用途的净资产。

财政补助结转结余是指事业单位各项财政补助收入与其相关支出相抵后剩余滚存的、须按规定管理和使用的结转和结余资金。

非财政补助结转结余是指事业单位除财政补助收支以外的各项收入与各项支出相抵后的余额。其中，非财政补助结转是指事业单位除财政补助收支以外的各专项资金收入与其相关支出相抵后剩余滚存的、须按规定用途使用的结转资金；非财政补助结余是指事业单位除财政补助收支以外的各非专项资金收入与各非专项资金支出相抵后的余额。

第三十一条 事业基金、非流动资产基金、专用基金、财政补助结转结余、非财政补助结转结余等净资产项目应当分项列入资产负债表。

第六章 收 入

第三十二条 收入是指事业单位开展业务及其他活动依法取得的非偿还性资金。

第三十三条 事业单位的收入包括财政补助收入、事业收入、上级补助收入、附属单位上缴收入、经营收入和其他收入等。

财政补助收入是指事业单位从同级财政部门取得的各类财政拨款，包括基本支出补助和项目支出补助。事业收入是指事业单位开展专业业务活动及其辅助活动取得的收入。其中：按照国家有关规定应当上缴国库或者财政专户的资金，不计入事业收入；从财政专户核拨给事业单位的资金和经核准不上缴国库或者财政专户的资金，计入事业收入。

上级补助收入是指事业单位从主管部门和上级单位取得的非财政补助收入。

附属单位上缴收入是指事业单位附属独立核算单位按照有关规定上缴的收入。

经营收入是指事业单位在专业业务活动及其辅助活动之外开展非独立核算经营活动取得的收入。

其他收入是指财政补助收入、事业收入、上级补助收入、附属单位上缴收入和经营收入以外的各项收入，包括投资收益、利息收入、捐赠收入等。

第三十四条　事业单位的收入一般应当在收到款项时予以确认，并按照实际收到的金额进行计量。

采用权责发生制确认的收入，应当在提供服务或者发出存货，同时收讫价款或者取得索取价款的凭据时予以确认，并按照实际收到的金额或者有关凭据注明的金额进行计量。

第七章　支出或者费用

第三十五条　支出或者费用是指事业单位开展业务及其他活动发生的资金耗费和损失。

第三十六条　事业单位的支出或者费用包括事业支出、对附属单位补助支出、上缴上级支出、经营支出和其他支出等。

事业支出是指事业单位开展专业业务活动及其辅助活动发生的基本支出和项目支出。

对附属单位补助支出是指事业单位用财政补助收入之外的收入对附属单位补助发生的支出。

上缴上级支出是指事业单位按照财政部门和主管部门的规定上缴上级单位的支出。

经营支出是指事业单位在专业业务活动及其辅助活动之外开展非独立核算经营活动发生的支出。

其他支出是指事业支出、对附属单位补助支出、上缴上级支出和经营支出以外的各项支出，包括利息支出、捐赠支出等。

第三十七条　事业单位开展非独立核算经营活动的，应当正确归集开展经营活动发生的各项费用数；无法直接归集的，应当按照规定的标准或比例合理分摊。

事业单位的经营支出与经营收入应当配比。

第三十八条　事业单位的支出一般应当在实际支付时予以确认，并按照实际支付金额进行计量。

采用权责发生制确认的支出或者费用，应当在其发生时予以确认，并按照实际发生额进行计量。

第八章　财务会计报告

第三十九条　财务会计报告是反映事业单位某一特定日期的财务状况和某一会计期间的事业成果、预算执行等会计信息的文件。

第四十条　事业单位的财务会计报告包括财务报表和其他应当在财务会计报告中披露的相关信息和资料。

第四十一条　财务报表是对事业单位财务状况、事业成果、预算执行情况等的结构性表述。财务报表由会计报表及其附注构成。

会计报表至少应当包括下列组成部分：

（一）资产负债表；

（二）收入支出表或者收入费用表；

（三）财政补助收入支出表。

第四十二条　资产负债表是指反映事业单位在某一特定日期的财务状况的报表。

资产负债表应当按照资产、负债和净资产分类列示。资产和负债应当分别流动资产和非流动资产、流动负债和非流动负债列示。

第四十三条　收入支出表或者收入费用表是指反映事业单位在某一会计期间的事业成果及其分配情况的报表。

收入支出表或者收入费用表应当按照收入、支出或者费用的构成和非财政补助结余分配情况分项列示。

第四十四条　财政补助收入支出表是指反映事业单位在某一会计期间财政补助收入、支出、结转及结余情况的报表。

第四十五条　附注是指对在会计报表中列示项目的文字描述或明细资料，以及对未能在会计报表中列示项目的说明等。

附注至少应当包括下列内容：

（一）遵循事业单位会计准则、事业单位会计制度（行业事业单位会计制度）的声明；

（二）会计报表中列示的重要项目的进一步说明，包括其主要构成、增减变动情况等；

（三）有助于理解和分析会计报表需要说明的其他事项。

第四十六条　事业单位财务报表应当根据登记完整、核对无误的账簿记录和其他有关资料编制，做到数字真实、计算准确、内容完整、报送及时。

第九章　附　则

第四十七条　纳入企业财务管理体系的事业单位执行企业会计准则或小企业会计准则。

第四十八条　参照公务员法管理的事业单位对本准则的适用，由财政部另行规定。

第四十九条　本准则自 2013 年 1 月 1 日起施行。1997 年 5 月 28 日财政部印发的《事业单位会计准则（试行）》（财预字〔1997〕286 号）同时废止。

事业单位财务规则（财政部令第 108 号）

第一章　总　则

第一条　为了进一步规范事业单位的财务行为，加强事业单位财务管理和监督，提高资金使用效益，保障事业单位健康发展，制定本规则。

第二条　本规则适用于各级各类事业单位（以下简称事业单位）的财务活动。

第三条　事业单位财务管理的基本原则是：执行国家有关法律、法规和财务规章制度；坚持勤俭办一切事业的方针；正确处理事业发展需要和资金供给的关系，社会效益和经济效益的关系，国家、单位和个人三者利益的关系。

第四条　事业单位财务管理的主要任务是：合理编制单位预算，严格预算执行，完整、准确编制单位决算报告和财务报告，真实反映单位预算执行情况、财务状况和运行情况；依法组织收入，努力节约支出；建立健全财务制度，加强经济核算，全面实施绩效管理，提高资金使用效益；加强资产管理，合理配置和有效利用资产，防止资产流失；加强对单位经济活动的财务控制和监督，防范财务风险。

第五条　事业单位的财务活动在单位负责人的领导下，由单位财务部门统一管理。

第六条　事业单位的各项经济业务事项按照国家统一的会计制度进行会计核算。

第二章　单位预算管理

第七条　事业单位预算是指事业单位根据事业发展目标和计划编制的年度财务收支计划。

事业单位预算由收入预算和支出预算组成。

第八条　国家对事业单位实行核定收支、定额或者定项补助、超支不补、结转和结余按规定使用的预算管理办法。

定额或者定项补助根据国家有关政策和财力可能，结合事业单位改革要求、事业特点、事业发展目标和计划、事业单位收支及资产状况等确定。定额或者定项补助可以为零。

非财政补助收入大于支出较多的事业单位，可以实行收入上缴办法。具体办法由财政部门会同有关主管部门制定。

第九条　事业单位参考以前年度预算执行情况，根据预算年度的收入增减因素和措施，以及以前年度结转和结余情况，测算编制收入预算草案；根据事业发展需要与财力可能，测算编制支出预算草案。

事业单位预算应当自求收支平衡，不得编制赤字预算。

第十条　事业单位应当根据国家宏观调控总体要求、年度事业发展目标和计划以及预算编制的规定，提出预算建议数，经主管部门审核汇总报财政部门（一级预算单位直接报财政部门，下同）。事业单位根据财政部门下达的预算控制数编制预算草案，由主管部门审核汇总报财政部门，经法定程序审核批复后执行。

第十一条　事业单位应当严格执行批准的预算。预算执行中，国家对财政补助收入和财政专户管理资金的预算一般不予调剂，确需调剂的，由事业单位报主管部门审核后报财政部门调剂；其他资金确需调剂的，按照国家有关规定办理。

第十二条　事业单位决算是指事业单位预算收支和结余的年度执行结果。

第十三条　事业单位应当按照规定编制年度决算草案，由主管部门审核汇总后报财政部门审批。

第十四条　事业单位应当加强决算审核和分析，保证决算数据的真实、准确，规范决算管理工作。

第十五条　事业单位应当全面加强预算绩效管理，提高资金使用效益。

第三章　收入管理

第十六条　收入是指事业单位为开展业务及其他活动依法取得的非偿还性资金。

第十七条　事业单位收入包括：

（一）财政补助收入，即事业单位从本级财政部门取得的各类财政拨款。

（二）事业收入，即事业单位开展专业业务活动及其辅助活动取得的收入。其中：按照国家有关规定应当上缴国库或者财政专户的资金，不计入事业收入；从财政专户核拨给事业单位的资金和经核准不上缴国库或者财政专户的资金，计入事业收入。

（三）上级补助收入，即事业单位从主管部门和上级单位取得的非财政补助收入。

（四）附属单位上缴收入，即事业单位附属独立核算单位按照有关规定上缴的收入。

（五）经营收入，即事业单位在专业业务活动及其辅助活动之外开展非独立核算经营活动取得的收入。

（六）其他收入，即本条上述规定范围以外的各项收入，包括投资收益、利息收入、捐赠收入、非本级财政补助收入、租金收入等。

第十八条　事业单位应当将各项收入全部纳入单位预算，统一核算，统一管理，未纳入预算的收入不得安排支出。

第十九条　事业单位对按照规定上缴国库或者财政专户的资金，应当按照国库集中收缴的有关规定及时足额上缴，不得隐瞒、滞留、截留、占用、挪用、拖欠或坐支。

第四章　支出管理

第二十条　支出是指事业单位开展业务及其他活动发生的资金耗费和损失。

第二十一条　事业单位支出包括：

（一）事业支出，即事业单位开展专业业务活动及其辅助活动发生的基本支出和项目支出。基本支出，是指事业单位为保障其单位正常运转、完成日常工作任务所发生的支出，包括人员经费和公用经费；项目支出，是指事业单位为完成其特定的工作任务和事业发展目标所发生的支出。

（二）经营支出，即事业单位在专业业务活动及其辅助活动之外开展非独立核算经营活动发生的支出。

（三）对附属单位补助支出，即事业单位用财政补助收入之外的收入对附属单位补助发生的支出。

（四）上缴上级支出，即事业单位按照财政部门和主管部门的规定上缴上级单位的支出。

（五）其他支出，即本条上述规定范围以外的各项支出，包括利息支出、捐赠支出等。

第二十二条　事业单位应当将各项支出全部纳入单位预算，实行项目库管理，建立健全支出管理制度。

第二十三条　事业单位的支出应当厉行节约，严格执行国家有关财务规章制度规定的开支范围及开支标准；国家有关财务规章制度没有统一规定的，由事业单位规定，报主管部门和财政部门备案。事业单位的规定违反法律制度和国家政策的，主管部门和财政部门应当责令改正。

第二十四条　事业单位从财政部门和主管部门取得的有指定项目和用途的专项资金，应当专款专用、单独核算，并按照规定报送专项资金使用情况的报告，接受财政部门或者主管部门的检查、验收。

第二十五条　事业单位应当加强经济核算，可以根据开展业务活动及其他活动的实际需要，实行成本核算。成本核算的具体办法按照国务院财政部门相关规定执行。

第二十六条 事业单位应当严格执行国库集中支付制度和政府采购制度等有关规定。

第二十七条 事业单位应当依法加强各类票据管理，确保票据来源合法、内容真实、使用正确，不得使用虚假票据。

第五章 结转和结余管理

第二十八条 结转和结余是指事业单位年度收入与支出相抵后的余额。

结转资金是指当年预算已执行但未完成，或者因故未执行，下一年度需要按照原用途继续使用的资金。结余资金是指当年预算工作目标已完成，或者因故终止，当年剩余的资金。

经营收支结转和结余应当单独反映。

第二十九条 财政拨款结转和结余的管理，应当按照国家有关规定执行。

第三十条 非财政拨款结转按照规定结转下一年度继续使用。非财政拨款结余可以按照国家有关规定提取职工福利基金，剩余部分用于弥补以后年度单位收支差额；国家另有规定的，从其规定。

第三十一条 事业单位应当加强非财政拨款结余的管理，盘活存量，统筹安排、合理使用，支出不得超出非财政拨款结余规模。

第六章 专用基金管理

第三十二条 专用基金是指事业单位按照规定提取或者设置的有专门用途的资金。

专用基金管理应当遵循先提后用、专款专用的原则，支出不得超出基金规模。

第三十三条 专用基金包括职工福利基金和其他专用基金。

职工福利基金是指按照非财政拨款结余的一定比例提取以及按照其他规定提取转入，用于单位职工的集体福利设施、集体福利待遇等的资金。

其他专用基金是指除职工福利基金外，按照有关规定提取或者设置的专用资金。

第三十四条 事业单位应当将专用基金纳入预算管理，结合实际需要按照规定提取，保持合理规模，提高使用效益。专用基金余额较多的，应当降低提取比例或者暂停提取；确需调整用途的，由主管部门会同本级财政部门确定。

第三十五条　各项基金的提取比例和管理办法，国家有统一规定的，按照统一规定执行；没有统一规定的，由主管部门会同本级财政部门确定。

第七章　资产管理

第三十六条　资产是指事业单位依法直接支配的各类经济资源。

第三十七条　事业单位的资产包括流动资产、固定资产、在建工程、无形资产、对外投资、公共基础设施、政府储备物资、文物文化资产、保障性住房等。

第三十八条　事业单位应当建立健全单位资产管理制度，明确资产使用人和管理人的岗位责任，按照国家规定设置国有资产台账，加强和规范资产配置、使用和处置管理，维护资产安全完整，提高资产使用效率。涉及资产评估的，按照国家有关规定执行。

事业单位应当汇总编制本单位行政事业性国有资产管理情况报告。

事业单位应当定期或者不定期对资产进行盘点、对账。出现资产盘盈盘亏的，应当按照财务、会计和资产管理制度有关规定处理，做到账实相符和账账相符。

事业单位对需要办理权属登记的资产应当依法及时办理。

第三十九条　事业单位应当根据依法履行职能和事业发展的需要，结合资产存量、资产配置标准、绩效目标和财政承受能力配置资产。优先通过调剂方式配置资产。不能调剂的，可以采用购置、建设、租用等方式。

第四十条　流动资产是指可以在一年以内变现或者耗用的资产，包括现金、各种存款、应收及预付款项、存货等。

前款所称存货是指事业单位在开展业务活动及其他活动中为耗用或出售而储存的资产，包括材料、燃料、包装物和低值易耗品以及未达到固定资产标准的用具、装具、动植物等。

事业单位货币性资产损失核销，应当经主管部门审核同意后报本级财政部门审批。

第四十一条　固定资产是指使用期限超过一年，单位价值在 1000 元以上，并在使用过程中基本保持原有物质形态的资产。单位价值虽未达到规定标准，但是耐用时间在一年以上的大批同类物资，作为固定资产管理。

行业事业单位的固定资产明细目录由国务院主管部门制定，报国务院财政部门备案。

第四十二条　在建工程是指已经发生必要支出，但尚未达到交付使用状态的建设工程。

在建工程达到交付使用状态时，应当按照规定办理工程竣工财务决算和资产交付使用，期限最长不得超过 1 年。

第四十三条　无形资产是指不具有实物形态而能为使用者提供某种权利的资产，包括专利权、商标权、著作权、土地使用权、非专利技术以及其他财产权利。

事业单位转让无形资产取得的收入、取得无形资产发生的支出，应当按照国家有关规定处理。

第四十四条　对外投资是指事业单位依法利用货币资金、实物、无形资产等方式向其他单位的投资。

事业单位应当严格控制对外投资。利用国有资产对外投资应当有利于事业发展和实现国有资产保值增值，符合国家有关规定，经可行性研究和集体决策，按照规定的权限和程序进行。事业单位不得使用财政拨款及其结余进行对外投资，不得从事股票、期货、基金、企业债券等投资，国家另有规定的除外。

事业单位应当明确对外投资形成的股权及其相关权益管理责任，按照国家有关规定将对外投资形成的股权纳入经营性国有资产集中统一监管体系。

第四十五条　公共基础设施、政府储备物资、文物文化资产、保障性住房等资产管理的具体办法，由国务院财政部门会同有关部门制定。

第四十六条　事业单位资产处置应当遵循公开、公平、公正和竞争、择优的原则，严格履行相关审批程序。

事业单位出租、出借资产应当严格履行相关审批程序。

第四十七条　事业单位应当在确保安全使用的前提下，推进本单位大型设备等国有资产共享共用工作，可以对提供方给予合理补偿。

第八章 负债管理

第四十八条 负债是指事业单位所承担的能以货币计量,需要以资产或者劳务偿还的债务。

第四十九条 事业单位的负债包括借入款项、应付款项、暂存款项、应缴款项等。

应缴款项包括事业单位按照国家有关规定收取的应当上缴国库或者财政专户的资金、应缴税费,以及其他应当上缴的款项。

第五十条 事业单位应当对不同性质的负债分类管理,及时清理并按照规定办理结算,保证各项负债在规定期限内偿还。

第五十一条 事业单位应当建立健全财务风险预警和控制机制,规范和加强借入款项管理,如实反映依法举借债务情况,严格执行审批程序,不得违反规定融资或者提供担保。

第九章 事业单位清算

第五十二条 事业单位发生划转、改制、撤销、合并、分立时,应当进行清算。

第五十三条 事业单位清算,应当在主管部门和财政部门的监督指导下,对单位的财产、债权、债务等进行全面清理,编制财产目录和债权、债务清单,提出财产作价依据和债权、债务处理办法,做好资产和负债的移交、接收、划转和管理工作,并妥善处理各项遗留问题。

第五十四条 事业单位清算结束后,经主管部门审核并报财政部门批准,其资产和负债分别按照下列办法处理:

(一)因隶属关系改变,成建制划转的事业单位,全部资产和负债无偿移交,并相应划转经费指标。

(二)转为企业的事业单位,全部资产扣除负债后,转作国家资本金。

(三)撤销的事业单位,全部资产和负债由主管部门和财政部门核准处理。

(四)合并的事业单位,全部资产和负债移交接收单位或者新组建单位,合并后多余的资产由主管部门和财政部门核准处理。

(五)分立的事业单位,全部资产和负债按照有关规定移交分立后的事业单位，并相应划转经费指标。

第十章　财务报告和决算报告

第五十五条　事业单位应当按国家有关规定向主管部门和财政部门以及其他有关的报告使用者提供财务报告、决算报告。

事业单位财务会计和预算会计要素的确认、计量、记录、报告应当遵循政府会计准则制度的规定。

第五十六条　财务报告主要以权责发生制为基础编制，综合反映事业单位特定日期财务状况和一定时期运行情况等信息。

第五十七条　财务报告由财务报表和财务分析两部分组成。财务报表主要包括资产负债表、收入费用表等会计报表和报表附注。财务分析的内容主要包括财务状况分析、运行情况分析和财务管理情况等。

第五十八条　决算报告主要以收付实现制为基础编制，综合反映事业单位年度预算收支执行结果等信息。

第五十九条　决算报告由决算报表和决算分析两部分组成。决算报表主要包括收入支出表、财政拨款收入支出表等。决算分析的内容主要包括收支预算执行分析、资金使用效益分析和机构人员情况等。

第十一章　财务监督

第六十条　事业单位财务监督主要包括对预算管理、收入管理、支出管理、结转和结余管理、专用基金管理、资产管理、负债管理等的监督。

第六十一条　事业单位财务监督应当实行事前监督、事中监督、事后监督相结合，日常监督与专项监督相结合。

第六十二条　事业单位应当建立健全内部控制制度、经济责任制度、财务信息披露制度等监督制度，依法公开财务信息。

第六十三条　事业单位应当遵守财经纪律和财务制度，依法接受主管部门和财政、审计部门的监督。

第六十四条　各级事业单位、主管部门和财政部门及其工作人员存在违反本规则规定的行为，以及其他滥用职权、玩忽职守、徇私舞弊等违法违规行为的，依法追究相应责任。

第十二章　附则

第六十五条　事业单位基本建设投资的财务管理，应当执行本规则，但国家基本建设投资财务管理制度另有规定的，从其规定。

第六十六条　参照公务员法管理的事业单位财务制度的适用，由国务院财政部门另行规定。

第六十七条　接受国家经常性资助的社会力量举办的公益服务性组织和社会团体，依照本规则执行；其他社会力量举办的公益服务性组织和社会团体，可以参照本规则执行。

第六十八条　下列事业单位或者事业单位特定项目，执行企业财务制度，不执行本规则：

（一）纳入企业财务管理体系的事业单位和事业单位附属独立核算的生产经营单位；

（二）事业单位经营的接受外单位要求投资回报的项目；

（三）经主管部门和财政部门批准的具备条件的其他事业单位。

第六十九条　行业特点突出，需要制定行业事业单位财务管理制度的，由国务院财政部门会同有关主管部门根据本规则制定。

第七十条　省、自治区、直辖市人民政府财政部门可以根据本规则结合本地区实际情况制定事业单位具体财务管理办法。

第七十一条　本规则自 2022 年 3 月 1 日起施行。《事业单位财务规则》（财政部令第 68 号）同时废止。